应用型本科院校“十三五”系列教材/经济管理类

Training Course of Securities Investment

证券投资实训教程

（第2版）

主　编　何　嵬　于长福

副主编　张德春　黄　巍

哈爾濱工業大學出版社
HARBIN INSTITUTE OF TECHNOLOGY PRESS

内 容 简 介

本书旨在培养学生掌握证券交易常识、证券开户流程、证券系统软件使用、证券投资基本分析、证券投资技术分析以及证券信息收集的基本方法，能够熟练灵活地进行证券交易与投资分析。本书以证券交易系统软件使用、证券委托交易、证券行情观测、证券投资基本分析、证券投资技术分析为主要内容，形成了证券投资实训完整的架构。本书在结构上进行革新，以证券实践为主线，将每一项证券实践工作作为一个实训项目。本书共有9个实训项目，每个项目分为实训目标与要求、实训项目准备、实训项目内容、实训项目小结、实训项目任务五部分。本书突出工学结合的特点，以通俗易懂的例证，将证券投资、交易的流程化繁为简，易于学习。

本书主要提供给高校本、专科层次的金融学及其相关专业的学生开设“证券投资实训”课程使用，同时也适用于证券从业人员培训使用。

图书在版编目(CIP)数据

证券投资实训教程/何嵬，于长福主编. —2版. —哈尔滨：
哈尔滨工业大学出版社，2018.1(2020.1重印)
应用型本科院校“十三五”系列教材
ISBN 978-7-5603-7161-0

Ⅰ.①证… Ⅱ.①何… ②于… Ⅲ.①证券投资-高等学校-教材 Ⅳ.①F830.91

中国版本图书馆CIP数据核字(2017)第307058号

策划编辑 赵文斌 杜 燕
责任编辑 苗金英
出版发行 哈尔滨工业大学出版社
社 址 哈尔滨市南岗区复华四道街10号 邮编150006
传 真 0451-86414749
网 址 http://hitpress.hit.edu.cn
印 刷 肇东市一兴印刷有限公司
开 本 787mm×960mm 1/16 印张12 字数260千字
版 次 2014年1月第1版 2018年1月第2版
2020年1月第2次印刷
书 号 ISBN 978-7-5603-7161-0
定 价 23.80元

《应用型本科院校“十三五”系列教材》编委会

序

哈尔滨工业大学出版社策划的《应用型本科院校"十三五"系列教材》即将付梓,诚可贺也。

该系列教材卷帙浩繁,凡百余种,涉及众多学科门类,定位准确,内容新颖,体系完整,实用性强,突出实践能力培养。不仅便于教师教学和学生学习,而且满足就业市场对应用型人才的迫切需求。

应用型本科院校的人才培养目标是面对现代社会生产、建设、管理、服务等一线岗位,培养能直接从事实际工作、解决具体问题、维持工作有效运行的高等应用型人才。应用型本科与研究型本科和高职高专院校在人才培养上有着明显的区别,其培养的人才特征是:①就业导向与社会需求高度吻合;②扎实的理论基础和过硬的实践能力紧密结合;③具备良好的人文素质和科学技术素质;④富于面对职业应用的创新精神。因此,应用型本科院校只有着力培养"进入角色快、业务水平高、动手能力强、综合素质好"的人才,才能在激烈的就业市场竞争中站稳脚跟。

目前国内应用型本科院校所采用的教材往往只是对理论性较强的本科院校教材的简单删减,针对性、应用性不够突出,因材施教的目的难以达到。因此亟须既有一定的理论深度又注重实践能力培养的系列教材,以满足应用型本科院校教学目标、培养方向和办学特色的需要。

哈尔滨工业大学出版社出版的《应用型本科院校"十三五"系列教材》,在选题设计思路上认真贯彻教育部关于培养适应地方、区域经济和社会发展需要的"本科应用型高级专门人才"精神,根据前黑龙江省委书记吉炳轩同志提出的关于加强应用型本科院校建设的意见,在应用型本科试点院校成功经验总结的基础上,特邀请黑龙江省9所知名的应用型本科院校的专家、学者联合编写。

本系列教材突出与办学定位、教学目标的一致性和适应性,既严格遵照学科体系的知识构成和教材编写的一般规律，又针对应用型本科人才培养目标及与之相适应的教学特点，精心设计写作体例，科学安排知识内容，围绕应用讲授理论，做到“基础知识够用、实践技能实用、专业理论管用”。同时注意适当融入新理论、新技术、新工艺、新成果，并且制作了与本书配套的PPT多媒体教学课件，形成立体化教材，供教师参考使用。

《应用型本科院校“十三五”系列教材》的编辑出版，是适应“科教兴国”战略对复合型、应用型人才的需求，是推动相对滞后的应用型本科院校教材建设的一种有益尝试，在应用型创新人才培养方面是一件具有开创意义的工作，为应用型人才的培养提供了及时、可靠、坚实的保证。

希望本系列教材在使用过程中，通过编者、作者和读者的共同努力，厚积薄发、推陈出新、细上加细、精益求精，不断丰富、不断完善、不断创新，力争成为同类教材中的精品。

第2版前言

随着进入“十三五”规划时期，我国经济过渡到新的发展阶段。国内金融市场开放，市场规模不断扩大。传统业务的增长、新业务的筹备、专户业务的拓展都成为新时期证券行业发展的重点。而证券行业在业务拓展的同时，也对专业型高素质的证券人才产生了巨大的需求。此外，每年证券行业人才的流动频繁，使得目前证券业凸显巨大的人才缺口。

在我国，金融行业属于监管严格、涉及经济安全的行业，因此对于从业人员的综合素质和基本能力的要求都比其他行业高。除了学历上的要求，还有严格的能力要求。要进入金融证券行业，除了要先取得证券从业、期货从业资格等证书以外，还要加强实践能力，获得丰富的工作经验。

本书包括9个实训项目。实训项目1、2属于实践准备部分，主要是证券交易入门和证券交易系统软件的下载、安装。实训项目3~5属于交易软件操作部分，主要利用证券软件进行盘面解读和交易委托。实训项目6、7属于证券投资分析部分，主要介绍证券投资基本分析和技术分析的方法。实训项目8、9属于综合实训部分，主要是让学生通过对证券市场信息进行采集，模拟证券实盘交易。

本书强调课程的实用性、简化性和创新性。

一、实用性。本书强调应用型本科教育的定位，以证券行业实践工作为主线来构建结构和内容，突出实际应用性。本书不仅能应用于金融及相关专业的实践教学，还可以作为证券行业从业人员的岗前培训教材。

二、简化性。通过深入浅出的语言，着重体现教学内容组织的模块性和实际操作的简单实用性，有利于证券投资类课程的实践教学组织，培育应用型人才。

三、创新性。本书的创新性包括内容和结构的双重创新。根据证券市场政策、行情变化较快的特点，本书及时地把新观点、新技术融入教材，保证学生接收和掌握到前沿实用的知识和技能。此外，本书不再使用传统教材“章、节、目”的结构，以实训项目模块的形式替代，利于仿真化教学的开展。

本教程实训项目1、2、5、7、9由黑龙江财经学院何嵬完成，实训项目3、4、6由黑龙江财经学院黄巍完成，实训项目8由黑龙江东方学院张德春完成，黑龙江财经学院于长福对全书进行了总纂和定稿。

在编写过程中，我们参考并引用了相关的文献资料，在此向这些文献资料的作者深表谢意。限于编写人员的水平，书中难免有不足和疏漏之处，恳请各位专家和读者批评指正，以便我们做进一步的修改和完善。

编 者

2017年9月

目　录

实训项目1

Item 1

证券投资预备知识

【实训目标与要求】

在进行证券投资实训之初,学生首先应该完成的任务是了解并且掌握证券交易和投资涉及的相关预备知识。本实训项目属于基础常识部分。

本实训项目主要介绍证券交易所的相关交易规定、证券交易的品种及代码、证券开户流程及注意事项。

本实训项目要求学生熟悉基本的证券交易常识,并为之后的实训项目作好充分的知识准备。

【实训项目准备】

1. 选择一台能够正常运行并且连接网络环境的计算机。

2. 可登录上海证券交易所、深圳证券交易所、中国证监会等网站相关数据采集点的网络资源。

3. 启动能够实时观测行情的证券交易软件。

【实训项目内容】

1. 证券交易相关规定;

2. 证券交易品种及代码;

3. 证券开户流程。

1.1 证券交易相关规定

上海证券交易所(以下简称“上交所”)和深圳证券交易所(以下简称“深交所”)为了规范交易行为,保持良好的交易秩序,在中国证监会的监督下制定了统一的业务规则。

1.1.1 交易申报规则

1. 申报价格

交易所只接受会员(证券经营机构)的限价申报,申报指令应当包括证券账号、证券代码、买卖方向、数量和价格,按交易所规定的格式传送。

2. 委托买卖单位

各种证券的委托买卖单位有所不同,具体规则如下:

股票的交易单位为“股”,100 股=1 手,委托买入数量必须为 100 股或其整数倍。

基金的交易单位为“份”,100 份=1 手,委托买入数量必须为 100 份或其整数倍。

国债现券和可转换债券的交易单位为“手”,1 000 元面额=1 手,委托买入数量必须为 1 手或其整数倍。

当委托数量不能全部成交或分红送股时,可能出现零股(不足 1 手的为零股),零股只能委托卖出,不能委托买入。

3. 申报上限

股票和基金申报单笔最大笔数应低于 100 万股(份),债券单笔最多应低于 1 万手。交易所可以根据需要调整不同种类的单笔最高上限。

4. 报价单位

股票的报价单位是“每股价格”,基金为“每份基金价格”,债券为“每百元面值价格”,债券回购为“每百元资金到期年收益”。

5. 价格最小变化档位

A 股、基金、债券为 0.01 元;B 股是 0.001 美元和 0.01 港元;债券回购上交所是 0.005 元、深交所是 0.01 元。

6. 涨跌幅限制

股票、基金涨跌幅限制为 10%;ST 股为 5%。计算公式为

$$涨跌价格=前收盘价\times(1+涨跌幅度比例)$$

计算结果四舍五入。

7. 申报限制

买卖有价格涨跌幅限制的证券,超过涨跌幅的申报无效。股票、基金首日不受限。

8. **申报当日有效**

每笔申报不能一次全部成交时,未成交部分继续参加当日竞价,也可以撤销。

1.1.2　竞价原则

集合竞价是指在一段时间内,将多种报价集合在一起,依据不高于申买价和不低于申卖价的原则产生一个成交价,并且在该价格下成交的数量最多,那么就将此价格定为全部的成交价格。在证交所里成交价的产生方式有两种:集合竞价和连续竞价。上交所、深交所在上午9:15到9:25,大量买或卖某种股票的信息都输入计算机内,但此时计算机只接受信息,不撮合信息。在正式开市前的一瞬间计算机开始工作,十几秒后,计算机撮合定价,按成交量最大的首先确定的价格产生了这种股票当日的开盘价,并及时反映到屏幕上,这种方式就叫集合竞价。集合竞价未成交的,自动进入连续竞价。对于普通股民来说,在集合竞价时间,只要打入的股票价格高于实际的成交价格就可以成交了。

举例:假设深交所的某股票在开盘前有6笔买入委托和5笔卖出委托,根据价格优先和时间优先的原则,排列如下(表1.1)。

表1.1　集合竞价案例

序号	委托买入价/元	委托数量/股	序号	委托卖出价/元	委托数量/股
买1	19.81	300	卖1	19.56	600
买2	19.78	700	卖2	19.61	200
买3	19.68	500	卖3	19.64	300
买4	19.60	800	卖4	19.68	700
买5	19.55	700	卖5	19.74	700
买6	19.50	400			

则19.68元被定为成交价,所有买和卖委托都以这个价格成交,并揭示为开盘价。

1.1.3　成交清算规则

证券交易所的会员(证券经营机构)间的清算交收业务由交易所制定的登记结算机构负责办理。证券经营机构应当于T+1日(成交后第一个交易日)开始前为客户完成清算交收手续,投资者可于T+1日后卖出已成交证券(B股为T+3日后卖出)。

1.1.4　证券托管登记制度

在我国,上交所、深交所实行不同的证券托管登记制度。上交所实行全面指定交易制度(从事B股交易的境外投资者除外),深交所实行券商托管登记制度。

1. **上交所的全面指定交易制度**

全面指定交易制度是指凡在上交所交易市场从事证券交易的投资者，均应事先明确指定一家证券营业部作为其委托、交易清算的代理机构，并将本人所属的证券账户指定于该机构所属席位号后方能进行交易的制度。指定后也可以根据需要将自己指定的营业部变更办理指定交易。一般可分为四个步骤：首先，投资者应选择一家证券营业部为全面指定交易的代理机构；第二，投资者应持本人身份证和证券账户卡前往已选定的全面指定交易代理机构，经证券营业部审核同意后，与该机构签订指定交易协议书；第三，投资者指定的证券营业部须向上交所计算机交易主机申报证券账户的指定交易指令；第四，上交所计算机交易主机接受证券账户的指定交易指令，指定交易即刻生效。

2. **深交所的券商托管制度**

券商托管制度指深市投资者所持有的股份需托管在自己选定的证券经营机构处，交由证券经营机构管理。投资者在任意一个证券经营机构处买入证券，也可利用同一证券账户在国内任意一个证券经营机构买入证券。这些证券就自动托管在该证券经营机构处，投资者也只能在买入某证券的证券经营机构处卖出该证券。若投资者要在其他机构处卖出证券，则须办理转托管手续。

1.1.5 常规交易方式

1. **现场交易**

现场交易是指交易时间内投资者亲临营业部，在营业部现场下单交易的方式，包括柜台委托、自助委托、热键交易三种具体交易方式。

(1)柜台委托。

柜台委托也叫“柜台递单委托”，指投资者到证券部营业柜台填写书面买卖委托单，委托证券商代理买卖股票的方式。委托时须出示本人身份证(或代理人证件)和证券账户卡，法人委托须出示法人证件(营业执照或其他证明文件)和法人证券账户卡。证券部工作人员审核上述证件并确认委托单填写内容后即可接受委托。交易完成后，交易所计算机系统立即将成交情况传递到证券商的营业部，投资者可以在证券部的柜台通过成交回报终端查看成交结果。

(2)自助委托。

自助委托是指投资者利用资金账户卡在证券营业部内设置的自助委托机上划卡输入密码后，自行下单委托交易。这种方式适合交易资金较少的散户。其优点是可通过免费的计算机观测行情；其缺点如下：第一，环境太嘈杂，容易干扰客户的判断，除非客户想多请教别人，获得一些免费的股票信息。第二，现场交易的佣金是最高的，一般都是0.2%左右，而网上交易或电话委托通常都会低一些。佣金是投资者最大的成本。第三，行情火爆时，很难抢到计算机，连交易也要排队。

(3)热键交易。

热键交易是指投资者在营业部的证券行情界面通过输入资金账号或股东账号和密码后自行委托。这种方式一般适合营业部的大中户投资者使用。大户室是每人一台计算机,佣金也很低。

2. 电话委托

电话委托是指投资者通过拨打营业部的电话委托交易号码,向证券商计算机系统输入委托指令,以完成证券买卖委托和有关信息查询的委托方式。其最大的特点就是投资者可以不必亲临证券营业部,无论是在家里还是在办公室或其他场所,只要有一台双音频电话即可进行委托。现在这种方式已经占有相当大的比例。

3. 网上委托

网上委托是国际证券市场已经发展并日益成熟的新业务,是继电话委托后推出的又一先进的远程委托方式。所谓网上证券委托,就是指券商通过数据专线将证券交易所的股市行情和信息资料实时发送到互联网上,投资者将自己的计算机通过调制解调器等设备连上互联网,通过互联网观看股市实时行情,分析个股,查阅上市公司资料和其他信息,委托下单买卖股票。其优点是:便捷、及时、准确。

4. 传真委托和信函委托

委托人以传真或信函的形式,将确定的委托内容与要求传真给证券商,委托他们代理买卖股票交易。

5. 手机交易

手机交易也叫"移动证券"业务,利用手机接收行情,进行交易。到开户营业部开通手机炒股权限以后,在券商网站上下载。这种交易方式一般费用较高。

1.1.6　网上交易的安全措施

1. SSL 协议

目前国内网上交易系统普遍采用 SSL 协议进行交易数据的加密传输。其主要的服务有:认证用户和服务器,确保数据发送到正确的客户机和服务器;加密数据以防止数据中途被窃取;维护数据的完整性,确保数据在传输过程中不被改变。

2. CA 认证和数字签名

还有一些券商同时采用 CA 认证和数字签名。个人数字(CA)证书就是投资者在互联网络上的个人身份证,它是网络通信中标志通信各方身份信息的一系列数据,在网上交易中能够保证网络安全的四大要素,即信息传输的保密性、数据交换的完整性、发送信息的不可否认性和交易者身份的确定性。使用证券交易分析系统的投资者需要有相关证券公司认可的个人数字证书,个人数字证书的签发可在申请网上交易时同时办理。

1.2 证券交易品种及代码

所有上市的证券都有各自相应的证券代码,证券与代码一一对应,并且证券的代码一旦确定,就不再改变。这主要是便于计算机识别,使用时也比较方便。了解证券代码的有关知识,对于接下来的实际操作来说极为重要。

1.2.1 股票及其代码

1. A 股股票代码

A 股即人民币普通股,它是由我国境内的公司发行,供境内机构、组织或个人(不含台、港、澳投资者)以人民币认购和交易的普通股股票。A 股不是实物股票,以无纸化电子记账,实行"T+1"交割制度,有涨跌幅(10%)限制,参与投资者为中国大陆机构或个人。A 股市场是1990 年成立的。在上交所交易的 A 股代码由"600×××"组成(如 600008 首创股份)。在深交所交易的 A 股代码由"000×××"组成(如 000001 深发展 A),"00"表示 A 股证券,第 3 位到第 6 位为顺序编码区。2004 年深交所推出中小企业板,代码由"002×××"组成。(如 002249 大洋电机),这个"2"表示中小企业板,后 3 位表示上市顺序。创业板的申购代码、上市代码都由"30××××"组成(如华谊兄弟 300027)。上交所和深交所上市部分 A 股见表 1.2 和表 1.3。

表 1.2 上交所上市部分 A 股

600001	邯郸钢铁	600002	齐鲁石化
600003	东北高速	600004	白云机场
600005	武钢股份	600006	东风汽车
600007	中国国贸	600008	首创股份
600009	上海机场	600010	钢联股份
600011	华能国际	600012	皖通高速
600015	华夏银行	600016	民生银行
600018	上港集箱	600019	宝钢股份
600020	中原高速	600026	中海发展
600028	中国石化	600029	南方航空
600030	中信证券	600031	三一重工
600033	福建高速	600036	招商银行
600037	歌华有线	600038	哈飞股份
600039	四川路桥		

表1.3　深交所上市部分A股

000001	深发展A	000002	深万科A
000003	PT金田A	000004	北大高科
000005	ST星源	000006	深振业A
000007	深达声A	000008	ST亿安
000009	深宝安A	000010	ST深华新
000011	ST深物业	000012	南玻科控
000013	ST石化A	000014	沙河股份
000015	PT中浩A	000016	深康佳A
000017	ST中华A	000018	深中冠A
000019	深深宝A	000020	深华发A
000021	深科技A	000022	深赤湾A
000023	深天地A	000024	招商局A
000025	ST特力A	000026	飞亚达A
000027	深能源A	000028	一致药业
000029	深深房A		

2. B股股票代码

B股是以人民币标明面值,以外币认购和买卖,在境内(上海、深圳)证券交易所上市交易的外资股。在上交所交易的B股由"900×××"组成(如900901上电B股)。在深交所B股由"20××××"组成(如200002万科B)。上交所和深交所上市部分B股见表1.4和表1.5。

表1.4　上交所上市部分B股

900901	上电B股	900902	二纺B股
900903	大众B股	900904	永生B股
900905	中铅B股	900906	中纺B股
900907	发展B股	900908	氯碱B股
900909	轮胎B股	900910	海立B股
900911	金桥B股	900912	外高B股
900913	联华B股	900914	新锦B股
900915	ST永久B	900916	凤凰B股
900917	海欣B股	900918	耀皮B股
900919	ST大江B	900920	上柴B股
900921	大盈B股	900922	三毛B股

表 1.5　深交所上市部分 B 股

200003	PT 金田 B	200011	ST 物业 B
200012	深南玻 B	200013	ST 石化 B
200015	PT 中浩 B	200016	深康佳 B
200017	ST 中华 B	200018	深中冠 B
200019	深深宝 B	200020	深华发 B
200022	深赤湾 B	200024	招商局 B
200025	ST 特力 B	200026	飞亚达 B
200028	一致 B	200029	深深房 B
200030	ST 盛润 B	200037	深南电 B
200039	中集 B	200041	深本实 B
200045	深纺织 B		

1.2.2　基金代码

1. 常见基金代码

证券投资基金是一种利益共享、风险共担的集合投资方式,即通过发行基金单位集中投资者的资金,由基金托管人托管,基金管理人管理,从事股票、债券等金融工具的投资,并将投资收益按投资比例进行分配的一种间接投资方式。分为封闭式基金和开放式基金两种。在上交所交易的基金代码由“500×××”组成;在深交所交易的基金代码由“18××××”或者“15××××”组成。上交所和深交所上市部分基金见表 1.6 和表 1.7。

表 1.6　上交所上市部分基金

500001	基金金泰	500002	基金泰和
500003	基金安信	500005	基金汉盛
500006	基金裕阳	500007	基金景阳
500008	基金兴华	500009	基金安顺
500010	基金金元	500011	基金金鑫
500013	基金安瑞	500015	基金汉兴
500016	基金裕元	500017	基金景业
500018	基金兴和	500019	基金普润
500021	基金金鼎	500025	基金汉鼎
500028	基金兴业		

表1.7 深交所上市部分基金

184001	南山基金	184002	天骥基金
184003	蓝天基金	184005	半岛基金
184006	君安受益	184501	广发基金
184502	南方基金	184503	广证基金
184505	华信基金	184506	富岛基金
184509	广证受益	184510	海南银通
184688	基金开元	184689	基金普惠
184690	基金同益	184691	基金景宏
184692	基金裕隆	184693	基金普丰
184695	基金景博	184696	基金裕华

2.其他基金代码

(1)上市型开放式基金。

上市型开放式基金即LOF基金,是指交易所上市交易的开放式基金。就是说,上市型开放式基金发行结束后,投资者既可以在指定网点申购与赎回基金份额,也可以在交易所买卖该基金。不过投资者如果是在指定网点申购的基金份额,想要上网抛出,须办理一定的转托管手续;同样,如果是在交易所网上买进的基金份额,想要在指定网点赎回,也要办理一定的转托管手续。中国证监会在深交所推出LOF基金,基金代码由"16××××"组成。

(2)交易所开放式指数基金。

交易所开放式指数基金即ETF,是一种在交易所上市交易的开放式证券投资基金产品,交易手续与股票完全相同。ETF管理的资产是一揽子股票组合,这一组合中的股票种类与某一特定指数,如上证50指数,包含的成份股票相同,每只股票的数量与该指数的成份股构成比例一致,ETF交易价格取决于它拥有的一揽子股票的价值,即"单位基金资产净值"。ETF的投资组合通常完全复制标的指数,其净值表现与盯住的特定指数高度一致。

1.2.3 债券代码

1.国债及其代码

国债是中央政府为筹集财政资金而发行的一种政府债券,是中央政府向投资者出具的、承诺在一定时期支付利息和到期偿还本金的债权债务凭证,由于国债的发行主体是国家,所以它具有最高的信用度,是最安全的投资工具。在上交所国债现货的代码由"01××××"组成,中间2位为该国债的发行年份,后2位是编号。2000年前上交所的国债现货由"00××××"组成。深交所的国债现券代码由"10××××"组成,中间2位是年份,后2位是编号。2001年前的国债代码为“1019+年(1 位数)+当前国债发行上市期数(1 位数)”。上交所和深交所上市部分国债见表 1.8 和表 1.9。

表 1.8　上交所上市部分国债

009703	97 国债(3)	009704	97 国债(4)
009905	99 国债(5)	009908	99 国债(8)
010004	20 国债(4)	010010	20 国债(10)
010103	21 国债(3)	010107	21 国债(7)
010110	21 国债(10)	010112	21 国债(12)
010115	21 国债(15)	010203	02 国债(3)
010210	02 国债(10)	010213	02 国债(13)
010214	02 国债(14)	010215	02 国债(15)
010301	03 国债(1)	010303	03 国债(3)
010307	03 国债(7)	010796	96 国债(7)

表 1.9　深交所上市部分国债

101903	国债 903	101904	国债 904
101905	国债 905	101912	国债 912
101917	国债 917	101918	国债 918
101966	国债 966	101968	国债 968
101973	国债 973	101995	国债 995
101998	国债 998		

2. 企业债券、公司债券、金融债券代码

在上交所挂牌交易的企业债代码由“12××××”组成，中间 2 位代表上市年份，最后 2 位是编号；在上交所挂牌交易的金融债券代码由“11××××”组成，后 4 位数字的设定同企业债券代码。在深交所挂牌交易的企业债券代码由“11××××”组成。上交所、深交所上市部分企业债券见表 1.10。

表 1.10　上交所、深交所上市部分企业债券

111011	中铁 963	111012	中铁 965
111013	中信 983	111015	01 三峡 10
111016	01 广核债	111017	02 电网 3
111018	02 电网 15	111019	02 广核债
120001	99 宝钢债	120101	01 中移动
120102	01 三峡债	120201	02 三峡债
120202	02 中移(5)	120203	02 中移(15)
120204	02 苏交通		

3. 可转换债券代码

可转换债券是一种可以在特定时间、按特定条件转换为普通股票的特殊企业债券。可转换债券兼具债券和股票的特征。在上交所挂牌交易的可转换债券代码由“100×××”或者“110×××”组成,并且后3位一般是该发行公司股票的代码后3位。在深交所挂牌交易的可转换债券代码由“12××××”组成。深交所上市部分可转换债券见表1.11。

表1.11　深交所上市部分可转换债券

125301	丝绸转债	125302	茂炼转债
125629	钢钒转债	125630	铜都转债
125729	燕京转债	125898	鞍钢转债
125930	丰原转债	125936	华西转债
126301	丝绸转2		

4. 债券回购品种代码

债券回购是指交易双方进行的以债券为权利质押的一种短期资金融通业务。资金融入方(正回购方)在将债券卖给资金融出方(逆回购方)融入资金的同时,双方约定在将来某一日期由正回购方按约定回购利率计算的金额向逆回购方买回相等数量的同品种债券的交易行为。上交所的国债回购品种代码由“201×××”组成,上交所的企业债回购品种代码由“202×××”组成。深交所的国债回购品种代码由“13××××”组成,深交所的企业债回购品种代码也由“13××××”组成。上交所上市部分债券回购品种见表1.12。

表1.12　上交所上市部分债券回购品种

201000	R003	201001	R007
201002	R014	201003	R028
201004	R091	201005	R182
201006	R273	201007	R004
201008	R001	201009	R002
201010	R004	202001	RC001
202003	RC003	202007	RC007

1.2.4　证券代码的网上查询

由于在证券交易所上市的证券其品种数量繁多,一般投资者很难记住各种证券的代码,我们可以通过网络方式进行查询。

1. 搜索证券代码对照表

登录各种证券咨询网站,大型综合网站的财经专栏,都可以进行证券代码的查询(如在百度搜索"股票代码对照表")。

2. 登录交易所网页查询

有的网站也许会有病毒,那么我们可以选择到上交所和深交所的网页直接查询(如在深交所主页右下方点击"上市公司基本资料")。

3. 直接查询

可以进入财经网站(如网易财经)直接查询,进入交易软件,可以通过输入证券简称或其拼音首字母的方式查询。

1.3 证券开户流程

证券开户基本流程包括四个步骤:开立证券账户、选择营业部、开立资金账户、第三方存管。这里,我们主要针对个人投资者在开立各类证券账户时需要注意的事项进行介绍。

1.3.1 股票开户流程

1. A 股证券开户流程

个人投资者 A 股证券开户需携带的资料包括:证券开户本人的中华人民共和国居民身份证原件;证券账户卡原件(新开证券账户者不需提供)。

个人投资者 A 股证券开户基本流程如下:

①办理证券开户,需由本人亲自到证券公司柜台办理,若委托他人代办证券开户的,还须提供经公证的委托代办书、代办人的有效身份证明原件。

②证券开户时需填写证券交易开户文件签署表和证券客户风险承受能力测评问卷。

③如果客户从未办理过证券开户,需填写自然人证券账户注册申请表。

④如果客户是投资代办股份市场的,需填写股份转让风险揭示书。

⑤办理银行三方存管,需填写客户交易结算资金第三方存管协议,同时证券开户本人携带本人银行借记卡去银行网点柜台确认,没有该银行借记卡者仅需在银行柜台另新办借记卡。

⑥沪市 A 股一张身份证只能开一个证券账户,深市 A 股一张身份证可以开多个证券账户。

⑦16 周岁以下自然人不得办理证券开户,16 ~ 18 周岁自然人申请办理证券开户应提供收入证明。

2. B 股证券开户流程

境内个人投资者 B 股证券开户需携带中华人民共和国居民身份证原件(不包括港澳台个人客户)。

境内个人投资者 B 股证券开户基本流程如下:

①B 股客户先需咨询 B 股开户营业部在同城同行的美金与港币账户,然后携带本人有效

身份证件到其外汇存款银行，将其外币存款划入证券营业部相应的B股保证金账户，同时银行表单备注栏内注明“新开户，姓名，身份证号，联系电话”。银行操作人员受理转账后，客户持银行回单至B股开户营业部办理保证金存入手续。

②客户将有效的银行回单交B股开户营业部财务人员，财务人员确认该笔转账已入账后，填具收款通知书并签章，交客户至营业部柜台办理存入手续。

③客户至B股开户营业部柜台填写保证金存入单，连同B股收款通知书一起交B股开户营业部柜台操作人员。

④B股账户开通后，客户可以选择申请办理商业银行B股银证转账功能，以方便后续B股账户资金的划转。

境内个人投资者B股证券开户注意事项有以下几点：

①境内个人投资者办理B股证券开户可委托他人代办，但须提供经公证的委托代办书。

②境内法人不允许办理B股证券开户。

③境外居住，但未取得境外永久居住权的，视同境内居民办理B股开户。

④同一位个人投资者的A股、B股账户可以分别在两家证券公司办理开户。

需要强调的是，境内居民个人投资者用于进行B股交易的资金只能是本人存放于境内商业银行的外币存款。没有外币存款的可以选择当场购汇，每人每次购汇不超过等值2万美金，每年购汇不超过等值5万美金，否则另申请。

1.3.2　基金开户流程

通常，基金账户有两种情况：一种情况是用来买卖在交易所上市交易的基金的基金账户（称为证券投资基金账户），比如ETF、封闭式基金、开放式基金等；另一种情况就是用来申购和赎回在基金公司或者是证券公司的基金产品的基金账户。证券投资基金账户开户首先需要开通股东账户，所以开通证券投资基金账户一定要开通股东卡；而开立申购和赎回的基金账户未必一定需要开通股东账户，只需要开通资金账户即可，但是两者所需的资料都是一致的。另外，基金账户开户不再单独收取费用。

基金开户基本流程如下：

①本人携带有效身份证件原件及复印件亲自到证券公司柜台办理，若委托他人代办基金账户开户，还须提供经公证的委托代办书、代办人的有效身份证明原件。

②基金账户开户时需填写证券客户风险承受能力测评问卷。

③办理银行三方存管，需填写客户交易结算资金第三方存管协议，同时基金账户开户本人携带本人银行借记卡去银行网点柜台确认，没有该银行借记卡者仅需在银行柜台另新办借记卡即可。

1.3.3 股指期货开户流程

由于股指期货的投资风险要高于股票和基金，所以开立股指期货账户要符合三个硬性要求：第一，投资者开户的资金标准为50万元；第二，想要参与股指期货交易的投资者需通过股指期货知识测试；第三，投资者必须具备累计10个交易日、20笔以上的股指期货仿真交易成交记录，或者近三年内有10笔以上的商品期货交易成交记录。

基于以上要求，个人投资者开立股指期货账户时要提供以下资料：

①客户身份证原件。

②金融资产证明。最低要求为50万元，内容可以是证券资金账户总资产，也可以是银行存款证明。另需中国人民银行出具的个人信用报告。若金融资产超过100万元，则不需要人民银行出具信用报告。

③期货账户保证金50万元，须是可划转的现金。

④证券交易或期货交易经历证明，原则上5笔交易记录较为保险。

⑤股指期货仿真交易经历（10个有效交易日，20笔交易）或商品期货交易证明（10笔）。

1.3.4 融资融券开户流程

融资融券开户的前提条件是：第一，客户已开立股票账户18个月以上且无不良记录，不限营业部。第二，客户股票账户内资产市值达到人民币50万元以上，仅开户时符合即可。

融资融券开户需要提供以下资料：

①个人身份证明材料。

②A股普通证券账户卡。

③融资融券业务知识测试卷。

④居住证明资料，包括但不限于客户最近连续3个月的固定电话费、移动通信费、水电煤（燃）气费、有线电视费、物业管理费等交费凭据、有效的物业租赁合同等（至少提供其中一项）。

⑤中国人民银行出具的信用报告（个人查询版）。

⑥工作证明。

⑦收入证明。

⑧A股账户以外其他金融资产证明。

⑨非金融类资产证明，如房产、汽车等。

⑩其他包括学历、职称和家人支出情况等。

融资融券开户流程如下：

①个人投资者具备申请资格，通过融资融券基础知识测试、填写融资融券业务申请表并提交材料（融资融券的额度混用，可专门申请），任何时间都可以办理。

②10个工作日内营业部确认授信结果,个人投资者在申请通过后,在交易时间段,签署相关合同,开立信用账户。

③融资融券开户T日,投资者可以进行账户激活,包括:网易邮箱密码更改、三方银行确认。

④融资融券开户“T+1”日,投资者从普通账户内向信用账户转入担保物。

⑤融资融券开户“T+2”日,信用账户可以交易。

【实训项目小结】

本实训项目主要介绍了沪深证交所关于证券交易和投资的相关规定、证券交易代码的识别方法和各种证券开户的流程。在进行证券投资之前应全面掌握这些预备知识,以保证下面几个实训项目任务顺利完成。

【实训项目任务】

任务一:根据下列证券代码判断证券性质及其所属证交所。

002249	600015	900901	101904	128031
500001	010112	200017	184688	110010

任务二:假设股票“泰达股份”2004年5月20日在开盘前9:25到9:30期间分别有6笔买入委托和5笔卖出委托,根据价格优先的原则,按买入价格由高至低和卖出价格由低至高的顺序将所有委托单据进行排列,见表1.13。

表1.13　集合竞价练习

序号	委托买入价/元	委托数量/手	序号	委托卖出价/元	委托数量/手
买1	16.90	2	卖1	16.85	5
买2	16.88	6	卖2	16.86	1
买3	16.87	4	卖3	16.87	2
买4	16.84	7	卖4	16.89	6
买5	16.83	6	卖5	16.90	6
买6	16.81	3			

在这次集合竞价中,交易所发布的股票“泰达股份”的开盘价和成交量是多少?

任务三:分组进行证券代码、简称背诵接龙,组内可以互相帮助。

任务四:情景模拟各类证券账户的开户流程。

实训项目2

Item 2

证券交易系统软件下载与安装

【实训目标与要求】

证券交易系统软件是进行证券分析和交易的重要工具，投资者需要下载并安装软件，以其为载体进行后续交易。

本实训项目要求学生能够认识证券投资常用软件，熟悉钱龙、大智慧、大福星等交易软件，了解证券投资常用软件界面，掌握进入、退出方法，要求能独立操作。

【实训项目准备】

1. 选择一台能够正常运行并且连接网络环境的计算机。

2. 可登录上交所、深交所、中国证监会等网站相关数据采集点的网络资源。

【实训项目内容】

1. 常见的证券交易系统软件介绍；

2. 网上证券交易基本流程；

3. 证券交易系统软件的下载安装；

4. 证券交易系统软件的运行。

2.1　常见的证券交易系统软件介绍

2.1.1　网上证券委托的方式

随着互联网的迅猛发展,很多证券公司意识到绝大多数营业部集中在大中城市的中心区域,这些地区的市场已经饱和,竞争非常激烈。与此相对应的是广大中小城镇地区却很少有券商的营业部,因为设立营业部成本很高,数量不足的话就达不到规模效应。因而国内证券公司都不约而同地开设了自己的网站,通过网络资源拓展客户。利用公司网站,宣传公司业务,提供财经新闻、上市公司信息、当日交易提示、专家在线解答等服务。此外,客户既可以通过网站查询行情,进行证券买卖委托,也可以把免费的软件下载到本地计算机中,安装程序并通过网络查看行情以及委托交易,实现证券公司与客户的资源共享。

网上证券委托系统是证券公司或专业网络公司专门为网上交易客户提供的一套网上证券实时分析系统,其功能包括:实时动态股市行情及技术分析、实时银证转账、快速委托下单。目前证券营业部(或网上交易商)提供给投资者可选择的委托交易方式主要有以下两种。

1. 专业版网上委托方式

投资者在证券部开户网上交易时,证券部给开户客户免费提供一套安装在计算机里的、用于进行证券委托交易的软件安装盘。客户只要将委托系统软件安装在自己的计算机中,即可接通开户的证券营业部进行网上的委托交易和行情分析。根据目前证券公司提供的专业版委托系统,专业版委托方式又可分为以下两种。

(1)仅用于进行委托的“独立版”委托系统。

这是一个独立的、专用的委托交易软件系统。投资者只要通过该委托系统即可进行下单委托。在办理了相关开通手续并正确安装了委托软件系统后,投资者依然可以沿用原有的股市分析软件进行行情分析,同时可随时调用委托软件系统进行委托下单和查询操作。该系统比较适合原来在计算机中已经安装了行情接收分析系统的投资者。

(2)集接收行情、股市分析和委托交易于一身的“集成版”网上交易分析系统。

“集成版”网上交易分析系统将行情分析和委托交易结合为一体,可以在接收行情、进行行情分析的同时,下单委托。该系统与在证券部投资者利用计算机下单相似,操作简便。大部分证券公司都提供这样的网上委托方式。

2. 浏览器委托方式

选择这种委托方式无须另外安装任何软件,投资者在证券部办理了网上交易相关开通手续后，如同平时上网的方式，通过访问证券公司的网址，在证券公司网站提供网上交易服务的地方直接下单委托即可。例如，访问某证券网站，只要在该证券下属的证券营业部开户并且开通网上交易，就可以在该网站中的“网上交易”一栏登录进行网上交易。无论身处何地，只要有一台与互联网相联的计算机终端，通过访问证券公司网站的网上委托系统，就可以随意进行股票的买卖委托、查询操作，同时还能够查询大盘、个股行情，获得丰富的专业财经资讯及专家在线咨询等理财服务。

以上两种网上委托方式各有优势，前者界面直观，比较符合投资者传统买卖股票、分析行情的习惯，其行情分析系统功能强大，并可将数据下载到本地来进行离线浏览。后者操作方便，除了查询行情、分析行情和随时下单委托外，还可以获得专业财经信息、即时股评、大盘分析、专家在线等理财服务。选择何种方式视投资者自身情况而定。一般情况下，专职于炒股或大部分时间需要进行行情分析、委托下单比较频繁的投资者建议用专业版的网上委托方式；而非专职炒股，经常上班、出差的工薪族可采用浏览器委托方式。当然，二者并非不能兼容，在显示屏上多开几个窗口，使二者都能够同时为你所用，是最佳的选择。

2.1.2 选择网上证券交易系统的原则

每一个客户在开通网上交易时都会在证券部取得一套网上证券委托系统。目前股市上流行的分析软件种类繁多、版本各异，仅投资者比较熟悉的就有十余种，如钱龙、大智慧、双子星等。面对种类繁多的证券分析系统，投资者应该结合自己的实际情况，选择一款适合自己的分析系统，一般从以下几个方面着手。

1. 必须具备综合功能

一个好的分析系统应该集股市行情分析、银证转账与委托下单功能于一身，应该能够及时提供股市动态行情、技术分析、各种灵活动态排名、叠加报表、数据导出等功能，还应该具备提供保证金账户和股票账户管理、资金和成交流水查询、银证资金双向即时划转等功能。

2. 能够提供简单明了的操作界面

能够兼顾大多数投资者，采用简单的操作和热键功能，真正实现键盘、鼠标全部兼容。另外，考虑到证券投资者更熟悉证券简称，所以证券分析系统应该支持拼音简缩输入法。这样，投资者即便忘记证券代码，也能够方便地输入所查找的证券。如查询“中国联通”，既可以输入证券代码“600050”，也可以输入证券名称开头字母的缩写“ZGLT”。

3. 保证投资者的个人信息安全以及交易安全

券商在保护投资者利益上应有比较完善的风险控制管理措施。尤其是在网上委托系统应有完善的系统安全、数据备份和故障恢复手段。在软件系统的技术管理上要确保客户交易数据的安全、完整与准确。与此同时，提供快速的证券委托、资金以及证券查询、历史流水数据查询。

4. 减少投资者的操作程序

证券分析系统在设计上应该充分考虑系统灵活性、扩充性和易于维护性，尽量减少投资者的人为干预，减少投资者升级的频率；保证投资者能够链接最近、最快的主站，享受便捷顺畅的服务。

5. 突出个性化功能

大多数证券分析系统都具备股票实时分析、委托的功能。那么如何在众多分析系统中，突出自身系统特点，是吸引投资者、扩展客户的一个重要环节。比如大智慧软件的"筹码分布"、钱龙软件的动态报警设置、双子星软件的"跑马灯"界面都起到了方便投资者实时监控股市行情的作用。

2.1.3　常见的证券交易系统软件

1. 钱龙软件

钱龙软件是我国最早的证券分析软件之一，也是投资者最为熟悉的股票分析软件之一。该软件的主要功能有以下几方面。

(1)多媒体证券分析软件典范。

钱龙推出内置财经视频播放功能，为投资者提供包括央视一套、央视二套、第一财经、交易日等在内的权威财经电视节目。

(2)A+H 联动。

同时在画面中看到两地同一股票实时报价的需求也越来越迫切，钱龙软件推出 A+H 行情联动功能，解决炒股新需求。

(3)智能报表。

行情报价、财务数据、周期统计、指标等数据都能以统一的报表形式显示，并能够实现排序、统计、筛选、导出，还可根据需求自由定义新报表。

(4)条件编辑。

包括智能选股、自设指标、买卖条件、组合选股、交易测试等功能，提供了适合普通投资者使用的向导式的宜用型条件编辑器，以及功能强劲的专业型条件编辑器。

(5)个股分析。

在个股画面中整合了走势、技术分析、行情报表、权息资料、基本资料、公告资讯等个股信息,提供了叠加、统计、测试、组合、数据导出等工具按钮。

(6)数据导出。

走势、K线、基本资料、资讯、报表,几乎所有数据都可以导出成EXCEL或TXT,是专业研究人员进行进一步研究的资料。

(7)集成资讯。

公告信息、财经直播室、今日焦点、钱龙信息中心、大单成交、券商资讯等信息均在集成资讯中,具有归类整理、查询方便的特点。

(8)港股揭示。

提供延时和实时港股行情数据。

(9)板块分析。

涵盖热点、概念、行业等权威的板块分类数据。

2. 大智慧软件

大智慧软件是一套用来进行行情显示、行情分析并同时进行信息即时接收的超级证券信息平台。大智慧软件面向证券决策机构和各阶层证券分析、咨询、投资人员以及广大投资者。该软件主要有以下特点。

(1)使用简单。

传统界面和操作习惯,不需要特别维护。

(2)功能强大。

在涵盖主流的分析功能和选股功能的基础上,增加星空图、散户线、龙虎看盘等高级分析功能,基金平台、股权分置模型是软件的特色功能。

(3)资讯专业。

其制作的大势研判、行业分析、名家荐股、个股研究由专业咨询机构专门支持。

(4)互动交流。

包括路演平台和股民交流互动,由基金公司、上市公司、大智慧分析师、券商研究机构等作为技术指导。此外,模拟炒股为新投资者提供精练技艺和学习交流的场所。

3. 大福星软件

大福星行情分析系统有行情速度快、易于操作的特点。其主要功能有以下几方面。

(1)参数设置。

系统可以进行自选股设置、板块股设置、报价抬头设置、通讯设置等多种设置,此外,投资者还可以根据自己的习惯进行技术参数设置,如设置不同的K线平均天数,K线图会随之变化,但必须在一特定股票的K线图下进行设置。

(2)条件选股。

条件选股分别为:指标选股、基本面选股(财务选股)和即时盘中选股。

(3)除权数据管理。

输入股票代码,从服务器下载除权数据。

(4)股市计算器。

股市计算器可以帮助投资分析,送股、分红和配股带来的除权问题,并可以在参数设置中设置印花税、佣金和最低费用。

2.2　网上证券交易基本流程

网上证券交易是新兴的证券交易模式,因此各证券公司并无统一规定。开户流程与传统交易业务无太大区别,只是在开通交易上略有不同。根据目前已开通网上证券交易的公司规定,网上证券交易基本流程如图2.1所示。

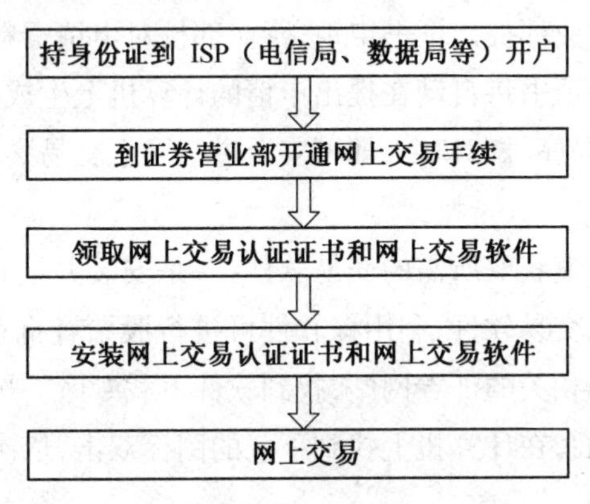

图2.1　网上证券交易基本流程

1. 开设资金账户

投资者携带身份证到当地电信局办理上网开户手续,然后到所在证券有限责任公司各营业部开设资金账户或进行网上预约开户。办理开户手续需本人持股东账户卡、身份证(或护照、军人证)、通存通兑的银行活期存折。只有办理网上委托交易开户手续,才能使用网上股票交易系统。

2. 开通网上交易业务

投资者本人持资金账户卡、股东账户卡、身份证亲自到营业部柜台提出申请或通过网上预约开户同开户的证券营业部联系。申请办理网上交易业务需签署风险揭示书和网上交易业务协议书,同时办理个人数字证书。目前国内证券公司一般可进行网上交易业务的股票种类有:沪深A股、沪深B股、基金和国债。

3. 个人数字证书的申请及使用

个人数字证书就是投资者在互联网络上的个人身份证,它是网络通信中标志通讯各方身份信息的一系列数据,在网上交易中能够保证网络安全的四大要素,即信息传输的保密性、数据交换的完整性、发送信息的不可否认性、交易者身份的确定性。使用证券交易分析系统的投资者需要有相关证券公司认可的个人数字证书,个人数字证书的签发可在申请网上交易时同时办理。一般的投资人可以从以下两个渠道获取数字证书。

一是去营业部办理相关手续。营业部工作人员将给客户发放一张带有客户端安装程序和证书密钥,该密钥内的证书密钥即为客户个人所有的个人数字证书。在获得个人所有的个人数字证书之后,投资者只需运行证券公司客户端程序,输入正确的登录序号和口令,即可安全进行网上交易。

二是网上直接申请。在证券公司网站主页下载网上交易客户端程序后,使用客户端的申请功能直接向证券公司营业部提出证书申请,营业部校对申请资料无误后将予以审批,属于投资者个人所有的个人数字证书将自动在提出申请的计算机上生成。运行证券公司网上交易客户端程序,输入正确的登录序号和口令,即可安全进行网上交易。

4. 软件的下载安装

一般可以通过两个渠道获取所需的交易软件:一是安装并运行证券公司营业部在开户时提供给客户的专业版网上交易软件,利用该软件可进行股票查询业务,当需要交易时,选择网上交易标签栏。二是登录相关的证券网站,找到软件下载专区。按照提示下载证券分析软件,下载完毕后,退出所有界面,在计算机上找到下载的图标双击,依次点“下一步”直至完成。

5. 浏览行情

软件安装完毕后,每次使用双击图标,登录账户即可。如要进行交易委托,则需选择相关的站点、营业部(初次登录时设定),输入账号、密码、通讯密码,点击“确定”即可进行操作。

2.3　证券交易系统软件的下载安装

2.3.1　交易软件下载

国内各个证券公司都设置了相关的证券分析软件,交易软件的安装程序也大致相同。首先使用浏览器下载,在“文件下载”弹出框中选择“保存”,记住保存程序×××. exe的位置。表2.1为某证券公司证券交易系统软件的下载界面。

表2.1　某证券公司证券交易系统软件的下载界面

软件名称	版本	版本说明	更新日期	立即下载
中国××股份有限公司××××网上交易软件2.1	2.1	该版本作了如下改进: 1. 新增了“股指期货”大菜单 2. 在自选股页面(快捷键F6)中增加市盈(动)、市净率、贡献度等字段 3. 解决了委托模块中营业部列表显示为空的情况,增加了修改资金密码的功能 4. 在分析页面的成交量窗口与副图指标窗口上方中增加了显示“切换指标”的按钮和“指标说明”的按钮 5. 在系统设置的“性能选项”中支持自选股页面(快捷键F6)中按股票、期货、外汇、港股品种分标签显示 6. 在个股单元表中把成交字样改成合理的“最新”,并把“市盈”字样改成了反映其本意的“市盈(动)”字样,报价表中的“市盈”也作同样处理	2012-01-17	完整下载(4.7M)

2.3.2　交易软件安装

运行下载的安装程序,开始安装,在安装过程中要同意相关的协议条款。进入如图2.2所示界面。

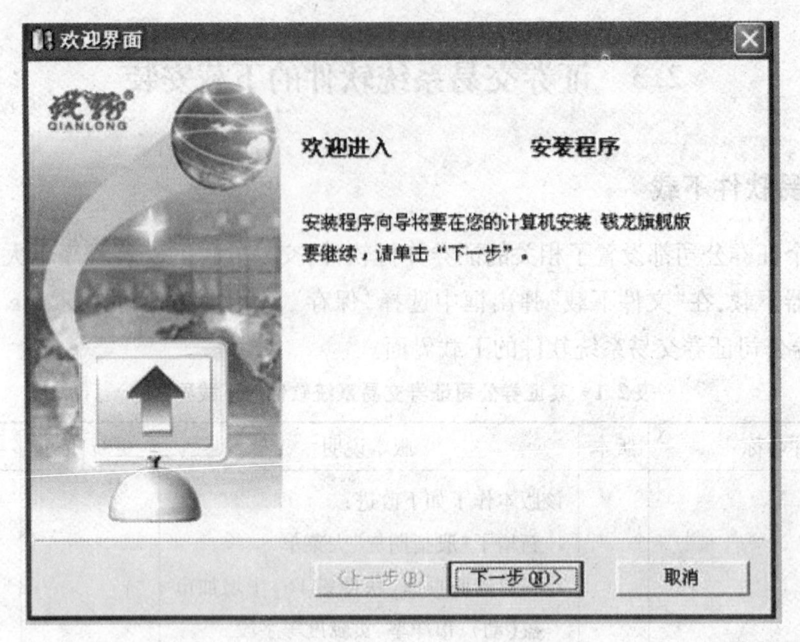

图 2.2　交易软件安装界面

安装完成后，在桌面上会生成图标：。

2.4　证券交易系统软件的运行

2.4.1　证券交易系统的使用

1. 登录行情

进入系统后，首先显示一个“登录到行情主站”对话框，选择开户的券商主站。如果第一次使用该软件，并且没有在证券有限公司开通账户，那么可以点击“试用”来使用这套系统。如果客户在证券有限公司开通了账户，那么需要点击“确定”，会看到如图 2.3 所示对话框。

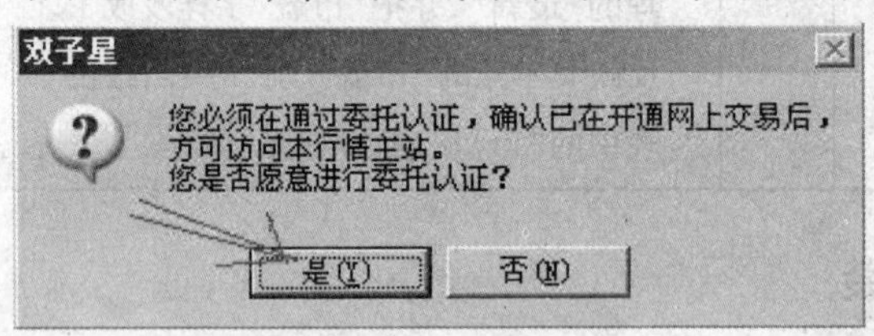

图 2.3　登录行情界面

2. 身份认证

点击“确定”后，系统会弹出如图 2.4 所示界面。

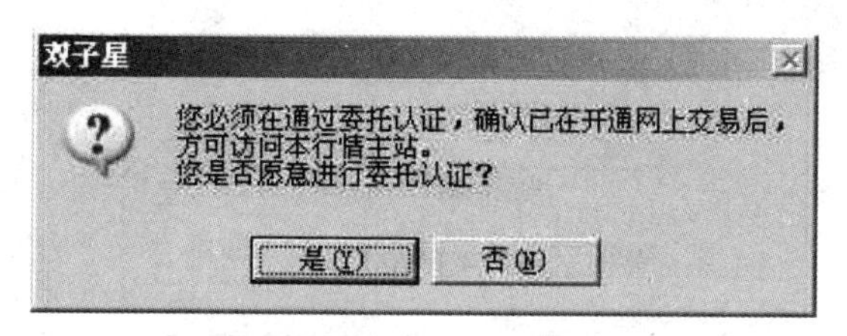

图2.4　身份认证界面

点击“是”,进入身份验证过程。参见图2.5。

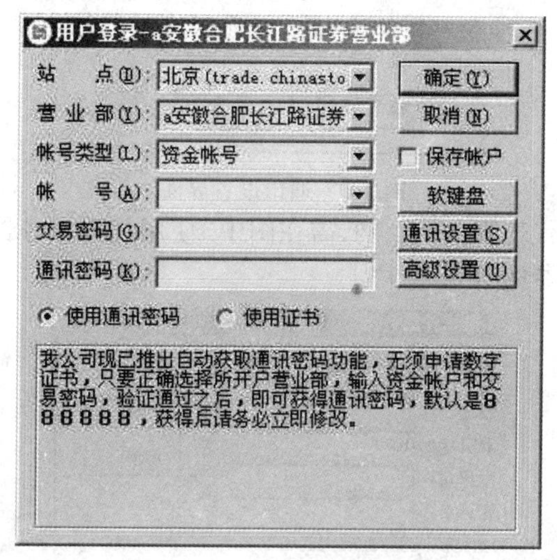

图2.5　身份验证界面

和投资者登录委托的界面一样,选择投资者的开户营业部,输入账号、密码,点击“确定”后,通过身份验证后一年的时间内系统不会要求投资者在同台机器上再次验证身份。下次使用同台机器登录时只显示登录行情的界面,选择站点直接登录即可。

2.4.2　操作说明

1. 选择“通讯设置”可进行以下设置

(1)如果客户是通过拨号上网,可通过本程序来实现自动拨号,退出时自动断线,以节省费用。如图2.6所示。

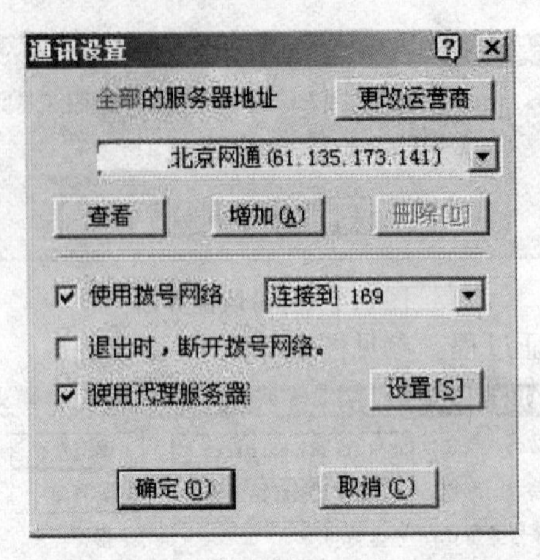

图 2.6　通讯设置界面

(2)如果客户是通过代理服务器上网,需在图中“使用代理服务器”前打“√”,并点击“设置”按钮进行以下设置。参见图 2.7。

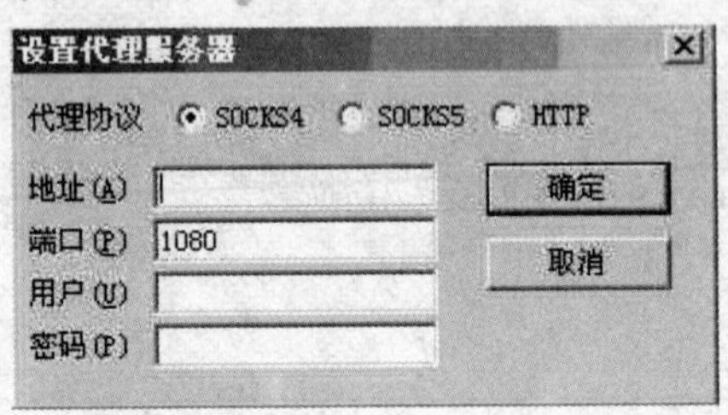

图 2.7　设置代理服务器界面

2. 委托交易需注意的问题

客户首先应该是公司的交易客户,安装完交易软件后,windows 系统右下角系统托盘将出现 SSL 安全代理运行图标。如果客户是第一次运行网上交易程序,将提示申请证书。如图 2.8 所示。

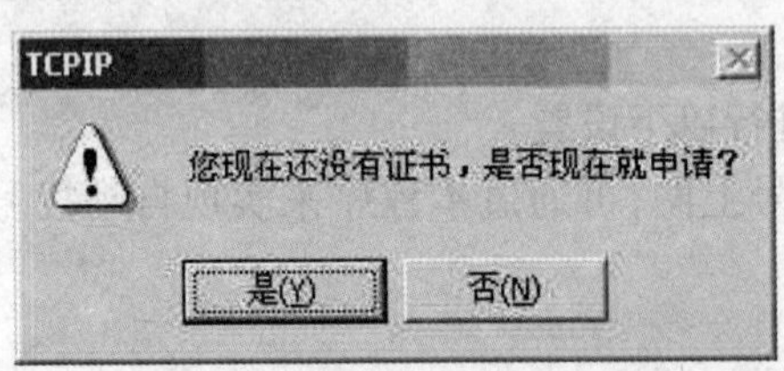

图 2.8　提示申请证书界面

按照系统提示进行申请即可,申请成功后,会出现如图 2.9 所示界面。

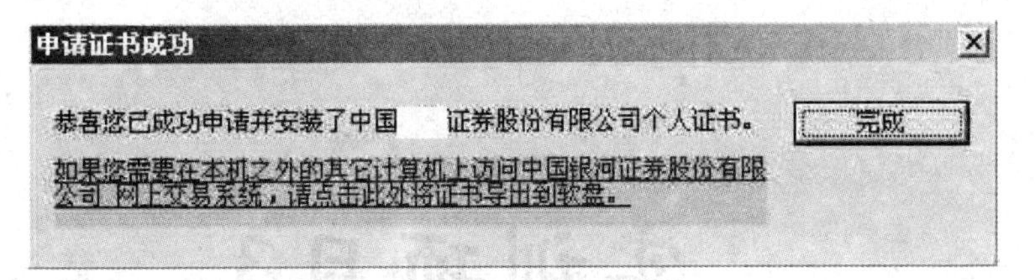

图2.9 申请证书成功界面

申请成功后,将同时获得一个通讯密码(第一次使用需要更改),这样在登录委托的时候可以选择使用证书方式还是通讯密码方式,一般通讯密码方式比较方便快捷。

【实训项目小结】

本实训项目主要介绍了证券交易系统软件的下载、安装和使用,网上证券业务的开展,离不开一套完整的证券分析系统。一个好的分析系统应该具备综合的功能,保证投资者的交易安全,提供简洁的操作界面,便于投资者操作。要想充分挖掘证券分析系统的功能,便于更好地分析行情,投资者就必须掌握证券分析软件的基本操作。

【实训项目任务】

任务一:上机操作软件的下载、安装与使用。

任务二:上机操作,分析软件常用界面介绍。

任务三:上机操作,分析软件进入、退出方法。

实训项目3

Item 3

证券分析系统软件的使用

【实训目标与要求】

本实训项目是通过掌握证券分析系统软件的使用常识和技巧，为观测和分析证券行情作准备。

本实训项目主要介绍证券分析软件基本界面元素设置、系统参数设置和软件常用工具设置。

本实训项目要求学生通过学习证券分析软件的各项参数的设置，达到熟练使用证券分析软件的目的，结合个人的投资习惯进行软件设置，使对投资对象的观测数据更有价值。

【实训项目准备】

1. 选择一台能够正常运行并且连接网络环境的计算机。
2. 检查是否安装有证券分析软件系统，并且能够正常运行。
3. 启动能够实时观测行情的证券交易软件。

【实训项目内容】

1. 基本界面元素设置；
2. 系统参数设置；
3. 软件常用工具设置。

3.1　基本界面元素设置

3.1.1　智能键盘

操作证券分析系统软件,敲击键盘上任意一个字母、数字或没有特殊用途的符号,界面都会弹出一个智能键盘,可以在智能键盘中输入中英文和数字搜索需要的类别。

1. 选择证券

输入商品代码、商品名称的首字母或直接用中文输入商品名称,都能在智能键盘中搜索到该证券,按 Enter 键后就可以直接进入这个证券的画面。

方法一:直接输入股票名称。可任意输入名称拼音的首字母,系统会自动显示符合条件的股票代码及名称。例如,输入“NBYH”,智能键盘会检索到“宁波银行”。用首字母检索商品,在连续输入字母的时候,智能键盘会把所有读音符合的词都检索出来,不管它在商品名称中是在开头还是后面。即便不能记住股票全名,不能确定股票名称的第一个字母,只要记得其中一个词照样可以迅速定位。

方法二:直接输入股票代码。可任意输入代码数字,系统会自动显示符合条件的股票代码以及名称。

2. 选择指标

输入指标的代码(英文或中文),就能在智能键盘中搜索到该指标,按 Enter 键后,等于变换当前激活指标窗口的指标。如,键入“kdj”即可将激活指标窗口的指标变换为 KDJ 指标图。

3.1.2　主菜单

通过菜单栏(图 3.1),可以找到几乎所有分析软件能够实现的功能。单击菜单栏上的各个功能项目,即可使用相应的功能。

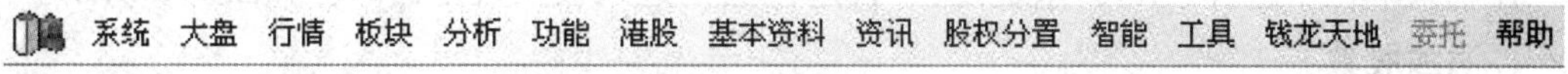

系统　大盘　行情　板块　分析　功能　港股　基本资料　资讯　股权分置　智能　工具　钱龙天地　委托　帮助

图 3.1　菜单栏

3.1.3　工具栏

工具栏中聚集了菜单中的一些最常用的功能,点击图标就可以直接调用这些功能。例如画线图标被按下后,会在现有工具栏下弹出一排画线的工具图标。如图 3.2 所示。

图 3.2　工具栏

通常,为了不影响观测行情,证券分析软件默认将工具栏设置成悬浮式的,也就是说一般情况下看不到工具栏，只有将鼠标移到它上面的标题栏上，它才会弹出来。

3.1.4 状态栏

在分析软件画面最底端有两行信息栏，即状态栏。第一行（图3.3）显示的是上证指数、涨跌、成交金额；180指数、涨跌、成交金额；深证成指、涨跌、成交金额。鼠标单击此处，即可直接切换到相应的分时走势图。

沪 1220.62 +4.95 137.8亿 深 3079.92 +15.07 79.7亿 300 978.15 +2.90 123.4亿

图3.3 状态栏第一行

第二行（图3.4）显示的分别是上海、深圳证券交易的大盘买卖人气；跑马灯；警示灯。

股指，赢金砖"活动下周即将拉开帷幕，请至www.qianlong.co 17:05

图3.4 状态栏第二行

买气（红）、卖气（绿）的强弱表示：红色箭头表示现在正处于领先指标红色的区域，绿色箭头表示现在正处于领先指标绿色的区域。如果箭头向上，表示领先指标与之同色的柱状线正在变长；如果箭头向下，表示领先指标与之同色的柱状线正在变短。

跑马灯：证券公司或合作资讯厂商可以利用跑马灯来发布消息，文字会以滚动的形式播出。

警示灯：当有符合投资者所设置的警示条件时，警示灯就会闪烁，单击警示灯即可查看具体信息。

3.2 系统参数设置

3.2.1 自选板块设置

在主菜单栏中选择“工具/系统设置/自选板块”，进入板块设定窗口。如图3.5所示。

1.添加股票

在左上方的方框中选择所需的股票，然后按Enter键或“添加”按钮，则所选定的股票出现在对话框右面的“选股列表”。也可以在左下角小框直接输入股票代码或拼音首字母，然后按Enter键，进行自选股添加。

2.删除股票

只需在右边的“自选股列表”中选中该只股票，然后单击“删除股票”，即可把某只股票移出自选股。

3.新建自选板块

按“新建”按钮，在弹出来的小窗口中输入板块名称，按“确定”即可。

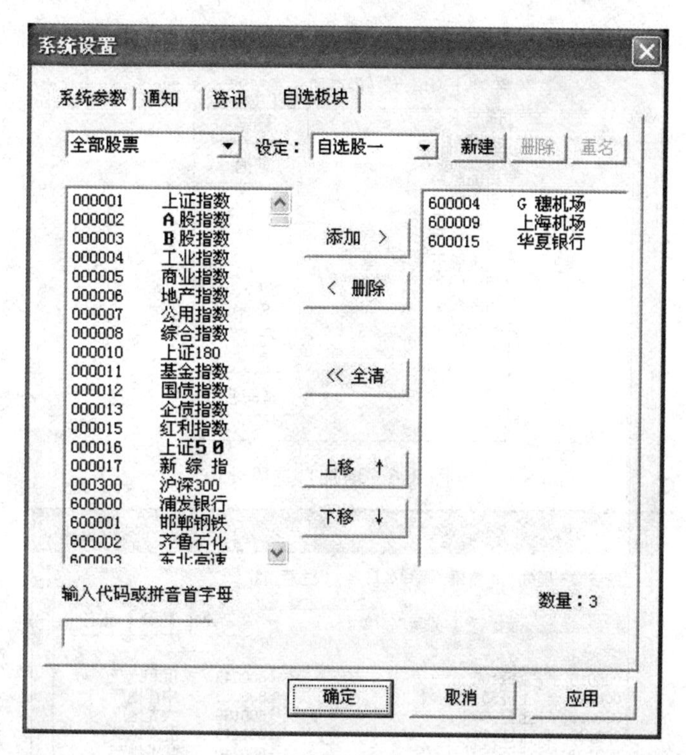

图3.5　板块设定窗口

4. 删除自选板块

在右上方的下拉框中，选中要删除的自选板块，按“删除”按钮即可删除该板块。

5. 重命名自选板块

在右上方的下拉框中，选中要重命名的自选板块，按“重命名”按钮，在弹出的小窗口中修改板块名称，按“确定”即可。

3.2.2　自选股设置

1. 增加自选股

可以在右下角输入股票代码或者股票简称，进入某一只股票的即时走势图或技术分析K线图，单击鼠标右键，即可出现如图3.6所示对话框，选择“加入自选板块”。

除此以外，也可以进入“系统设置/自选板块”界面（图3.7），在左下方输入股票代码或者股票简称，则在左侧对话框出现当前选中的股票，直接双击该股票或者点击“添加”按钮即可将该股票加入各类自选股的列表中。

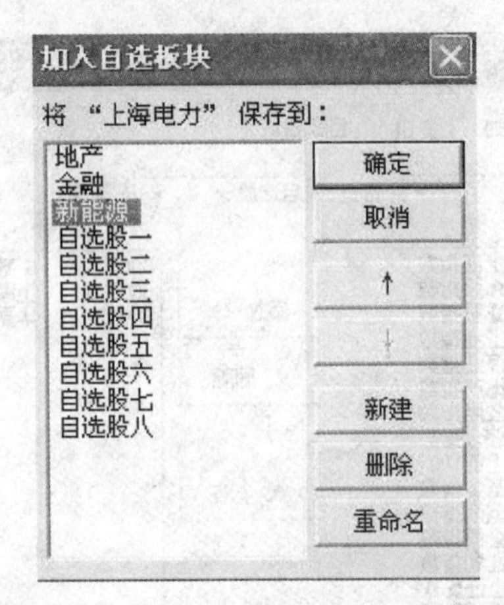

图 3.6 增加自选股

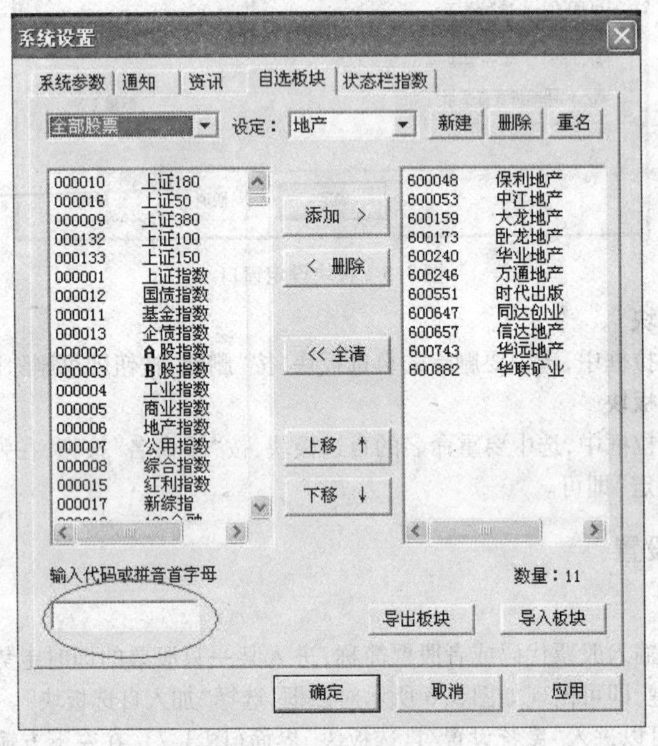

图 3.7 设置系统参数

2. 删除自选股

在已有的自选股列表中，选中需要删除的一只股票，点击“删除”按钮，则将该股从自选股中删去。另外，也可以用鼠标双击自选股列表中需要删除的一只股票，也一样可以删去该股。

3. 清空自选股

点击“全清”按钮，即可把当前所有自选股全部删除，不过，该功能没有恢复的功能，所以在使用时要谨慎。

3.2.3　技术指标设置

虽然大多数人都使用相同的技术指标，但依据个人的特殊习惯可以改变指标的参数。在分析软件里，在主菜单栏中选择“工具/系统参数设置”，就可进入系统参数设置窗口。

1. 变换指标

在分析软件中，K 线图、成交量图都是技术指标的一种，只不过因为它们最常用，往往被人们与其他技术指标区分开来。在技术分析画面里，通常默认的设置是由 3 个技术指标图组成，从上到下依次是 K 线图、成交量图和 MACD 指标图。默认的被激活的是第三个指标图。画面中的每一个指标图都可以更换。

切换的方法有两种：一是按 F5 快捷键进入技术分析画面，直接键入指标的热键，如键入“RSI”，窗口马上就会定位到 RSI 指标上。二是在右键菜单中选择“变换指标”，在弹出的窗口中选中需要的指标，点击“确定”即可。

2. 指数参数设定

投资者可以根据自己的需要对指数参数值进行调整和设定。如参数周期可选择 5 分钟线、日线、周线、月线等。

指数参数设定方法有两种：一是在“工具/指标参数设定/参数设定”里进行更改。如图 3.8所示。二是直接在技术分析画面单击右键，选择“指数参数设定”即可。

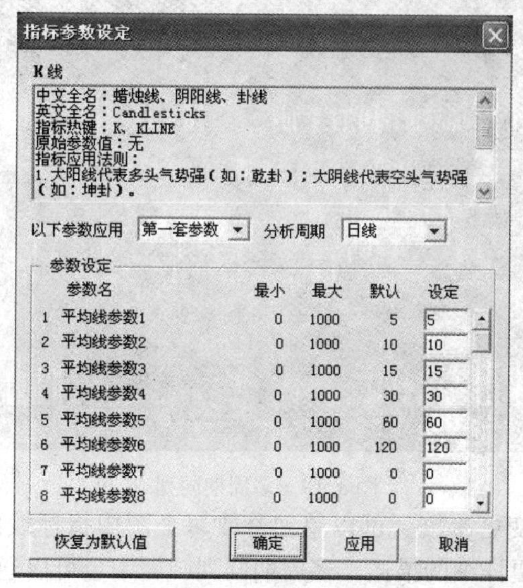

图 3.8　指数参数设定

3. 设定参考线

在技术分析画面中，我们往往需要观察技术指标的几个关键的技术点位，不过单纯看坐标值，并不十分准确，有了参考线，这个问题就迎刃而解了。对于每一个指标，允许最多设4条参考线。

大多数技术指标都已经预设了参考线，但是系统预设的参考线并不一定符合投资者的具体操作需要，因此投资者可以自己对参考线进行修改。选择右键菜单中的“设定指标参考线”，填上参考线的纵坐标值，按“保存”即可将设值保存。如图3.9所示。

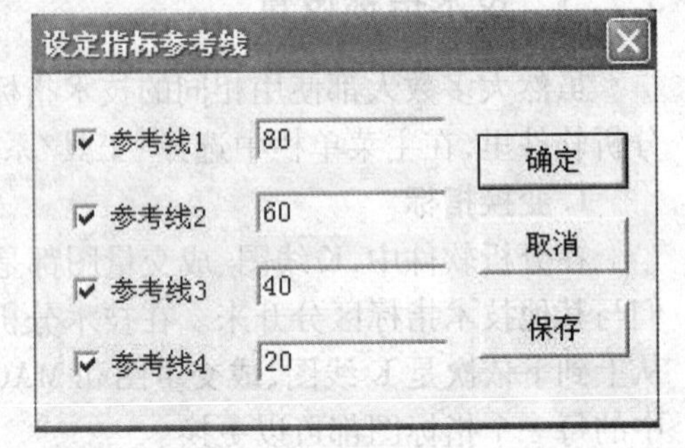

图3.9 设定参考线

4. 多周期同列

多周期同列画面可以同时看到短期、中期、长期、超短期4个K线画面组合。例如：日线、周线、月线、5分钟线的4个K线组合画面（图3.10）。多周期同列画面中每一个图都可以单独更改它的周期，在右键菜单中选择“变更周期”，就可以选择把激活窗口的K线的周期设置为日线、周线、月线、5分钟线、15分钟线、30分钟线、60分钟线、自设周期和自设分钟线。

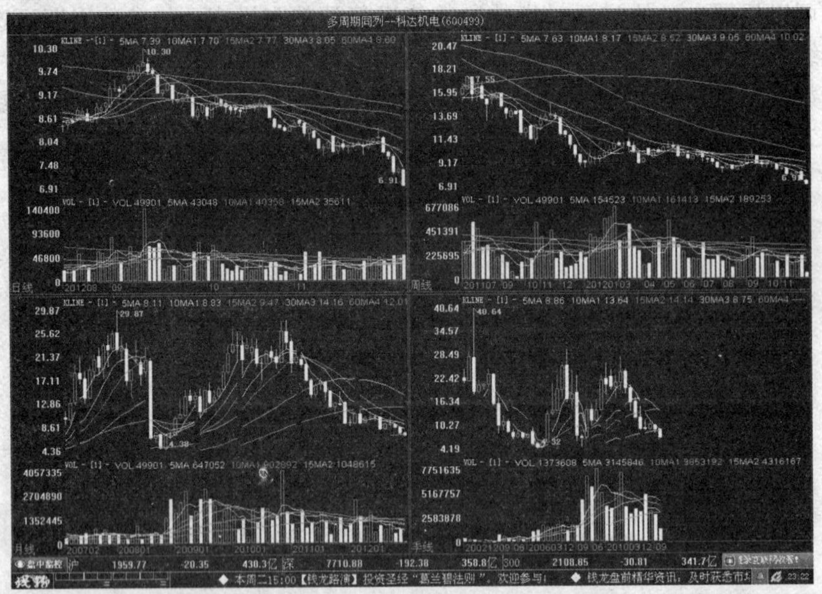

图3.10 多周期同列

在右键菜单中选择“变更参数”，可以单独修改每个图中指标线的参数，关于变更参数这一部分，单击此处能看到更详细的描述。多周期同列画面中也可以通过右键菜单选择。

5. 指标叠加

指标叠加可以在任意一个指标图形上面叠加任意另一个指标的图形。在实际应用中，有很多技术分析的方法都要用到指标叠加这个功能。比如，将两个指标叠加在一起，通过观察它们的指标曲线之间的触碰、穿越等关系来捕捉买卖信号；又如，在一个指标之上叠加另一个指标，借助前者的坐标系来衡量后者在目前所处的超买超卖状态。

鼠标单击左侧的坐标栏，激活需要叠加指标的窗口；单击鼠标右键，调出右键菜单，选择“指标叠加”；在弹出的窗口中选择要叠加的指标，单击“确定”。指标叠加之后，右键点击菜单中的“指标叠加”选项，前面会出现“√”。如果要取消叠加，单击“指标叠加”把“√”去掉即可。

6. 区间放大

通常，在技术分析画面，尽管用“↑”“↓”箭头可以放大、缩小图形，但在放大的时候，它总是放大最右侧也就是最新的部分。在右键菜单中选择“区间放大”，这时游标变成了一条竖线，将游标移到要放大区间的一端，单击鼠标左键；再将游标移到区间的另一端，单击鼠标左键确认，就能得到这个区间的放大图形。

7. 设置常用指标

选择指标的时候，要从指标选择窗口中一个一个地找，如果在主菜单栏的“技术分析”菜单项下设置一个“常用指标”，可以把经常用的指标存放在这里，这样寻找指标时就更加便捷了。

选择主菜单栏的“工具/指标设定”，在弹出的“选择指标”窗口中选择要用的指标，按右键菜单选择“设为常用条件”即可。如图3.11所示。

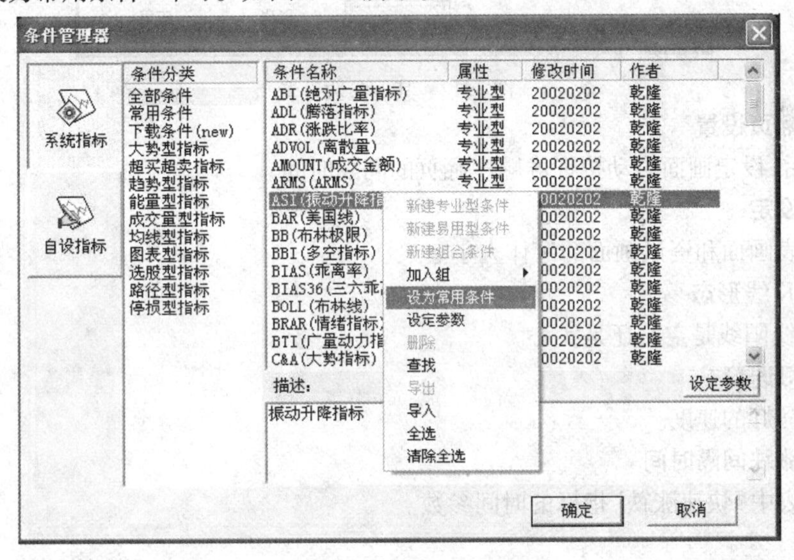

图3.11　设为常用条件

3.2.4 其他参数设置

其他参数的设置如图 3.12 所示。

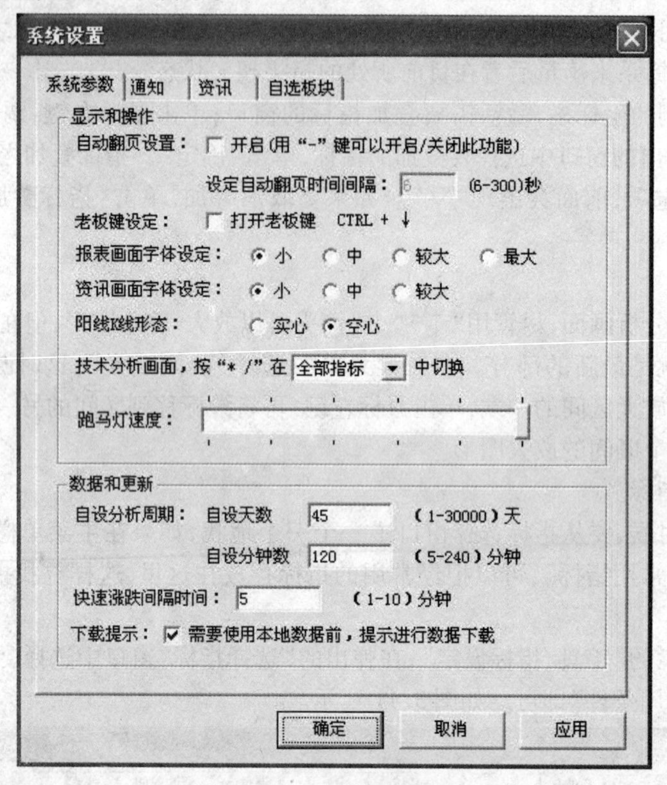

图 3.12 其他参数设置

1. 自动翻页设置

按“-”后，设定画面自动按证券顺序翻页的间隔时间。

2. 字体设定

设定报表画面和资讯画面的字体大小。

3. 阳线 K 线形态

设置 K 线阳线是空心还是实心。

4. 跑马灯速度

设定跑马灯的速度。

5. 快速涨跌间隔时间

设置报表中“快速涨跌”指标的时间参数。

3.3　软件常用工具设置

3.3.1　数据维护

在主菜单栏中选择“工具/数据维护”,即弹出数据维护小窗口。可以选择下载数据方式:通过增量(补全数据)还是覆盖;选择数据类型;选择所需要下载的数据类型。

1. 选择股票

选择需要维护的股票有两种方法:

方法一:直接在白框内输入代码后按 Enter 键,即可将该股票加入“已选股票”。

方法二:通过选择市场,并在下拉框内选择所需要的股票,按“添加”,即可将该股票加入“已选股票”。

2. 选择维护数据方式

数据维护方式有两种:一是增量维护。这种方式是在之前数据的基础上进行补全,下载的速度比较快。二是覆盖维护。这种方式是用最新下载的数据完全覆盖之前的历史数据,下载的速度比较慢。若已经有历史数据,通常选择增量维护即可。如图3.13所示。

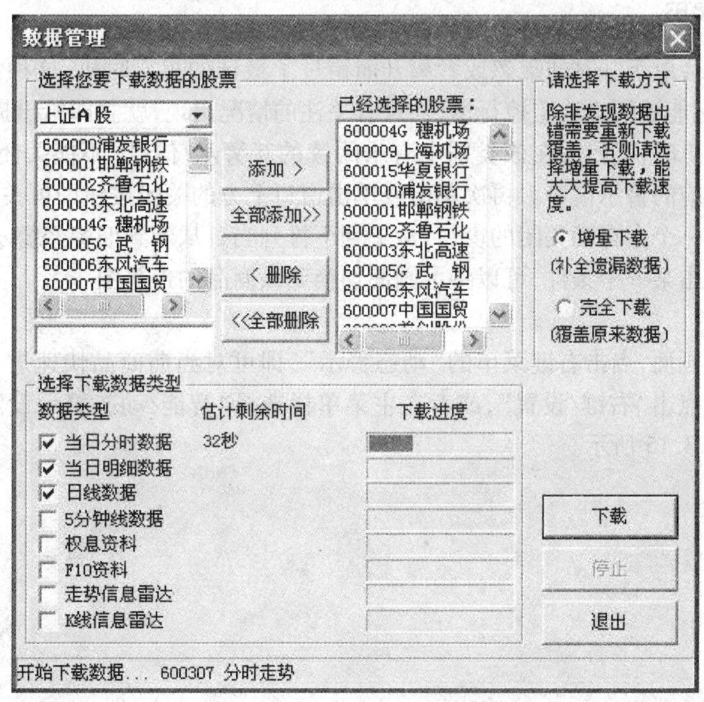

图3.13　数据管理

3.3.2 在线升级

系统会自动搜索最新的程序更新,当搜索到更新的程序时,会弹出窗口提示用户立即进行在线升级。在主菜单栏中选择"工具/在线更新",即弹出在线更新小窗口。点击"立即升级"按钮,根据提示操作,即可成功升级。如图3.14所示。

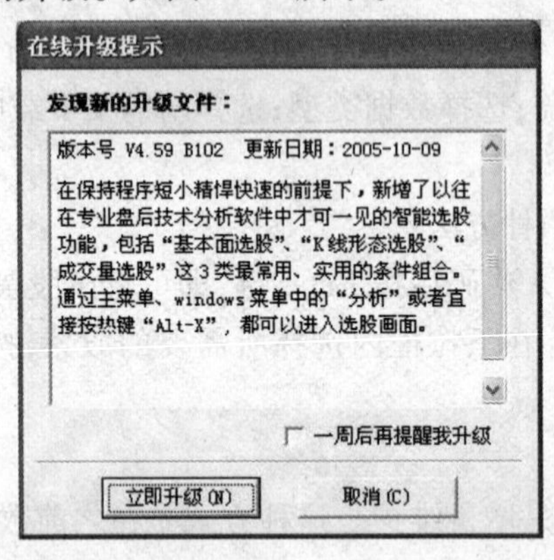

图3.14 在线升级

3.3.3 动态警示

投资者经常会由于一时的疏忽或者离开而错过了最佳的买卖时机,这种情况就需要用到动态警示功能,它能够精确地监控行情,一旦有关注的情况出现,就立即给出提示。

当警示灯闪烁时,就代表在该类别中有未阅读的新警示/信息(不能关闭该方式)。单击小灯即刻弹出相应的警示窗口。再次单击或单击窗口上方的关闭按钮即可关闭窗口。在紧贴小灯的上方弹出一个会自动关闭的窗口,从上到下排列当日从新到旧曾经警示过的警示商品、条件和时间。双击某一个条件,可以将主画面切换到该商品的走势图。

1. 警示设定

在任何个股画面,点击右键菜单的"动态警示",即可对当前商品快速进行警示设定。在状态栏的铃铛上点击"右键/设置",或者在主菜单栏选择"智能/动态警示设定",可设置警示条件。详情如图3.15所示。

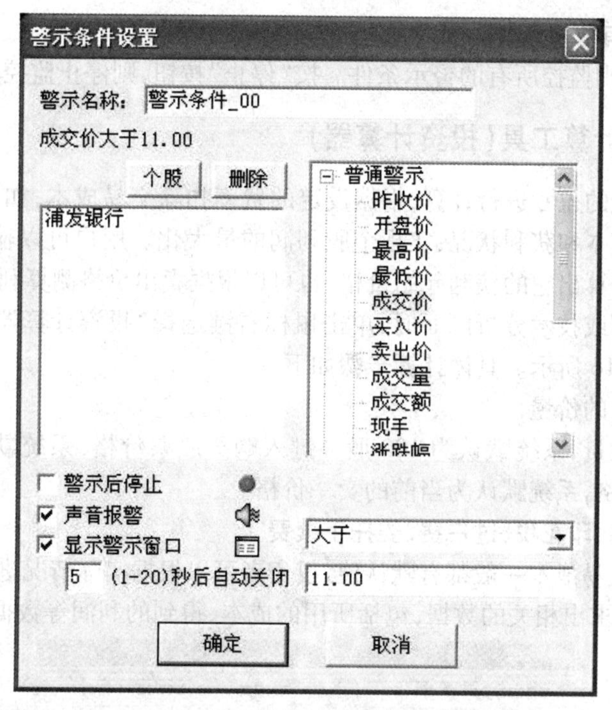

图3.15　警示条件设置

首先，添加、编辑某一个警示条件。按“添加”按钮，则弹出一个警示条件小窗口，添加一个新的警示条件。按“编辑”按钮，即在弹出的小窗口中编辑所选择的某一个警示条件。

然后，输入警示条件名称。可直接在上方白框内输入警示条件名称，如“最新价大于等于××元”等。

最后，选择警示范围。按“个股”按钮，即可在弹出的小窗口中选择所要监控的证券。

2. 警示方式

警示方式有三个选择：第一，警示后停止：表示一个条件只警示一次便暂停警示。第二，声音报警：当警报时会发出声音。第三，显示警示窗口：会在右下角弹出一个窗口，可以设置它多少秒后自动关闭。在所希望选择的警示方式前小框内打“√”。

3. 设定警示条件

分析软件会提供多种警示指标。第一种是普通警示：代表昨日收盘价、开盘价、最高价、最低价、最新价、涨幅、跌幅、振荡幅度等满足一定条件的普通警示。第二种是指标警示：满足系统指标或自设指标的某些特定条件的警示。第三种是条件警示：满足选股条件或买卖条件的警示提醒。

4. 删除警示条件

按“删除”按钮，即可删除所选择的某一个警示条件。

5. 监控、停止所有警示条件

按“监控”按钮，则监控所有的警示条件。按“停止”按钮，则停止监控所有的警示条件。

3.3.4 持仓盈亏计算工具(投资计算器)

该设置可对个股的盈亏进行计算，根据设定的费率扣除交易成本，如有权息信息，可根据实际情况改变交易成本和获利状况，实现个股利润的最大化。用户可以输入购买的个股的详细价位、数量，便可测算出它的获利起始价格；也可以根据卖出价格测算利润率等。

在即时分析画面或技术分析画面时，单击鼠标右键选择“投资计算器”，即可进入投资计算器小窗口，如图3.16所示。具体计算步骤如下。

1. 键入买卖股票的价量

键入购买股票数量，系统默认为100股。键入购买股票价格，系统默认为当前的买一价格；键入卖出股票价格，系统默认为当前的卖一价格。

2. 键入佣金费率、印花税、过户费、委托手续费

系统对这几种交易成本一般都有默认值，投资者可以根据实际情况进行变更。

按“计算”按钮，求出相关的数据，包括所用的成本、得到的利润等数据。

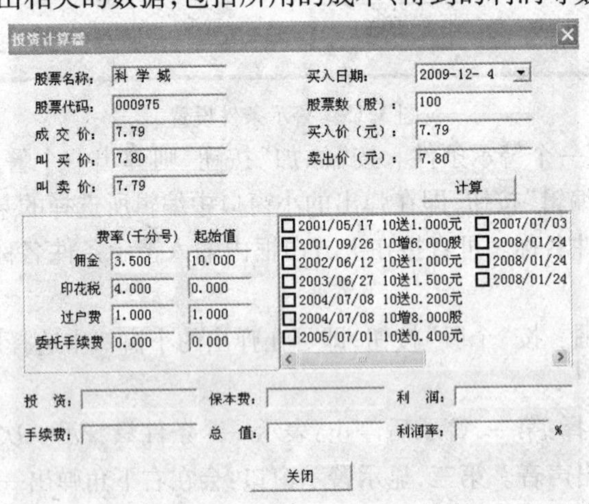

图3.16 投资计算器

3.3.5 F10基本资料查询

F10基本资料查询，是查看基本资料的最传统方式。这是资讯厂商根据以上市公司的公告、股东大会决议、中报、年报等公开信息为基础，再结合他们自己的分析整理而成的，因此它比实时的公告资讯更加易于阅读。由于F10资讯历史悠久，因此各资讯厂商的制作经验都已经相当丰富，质量也相当高。同时，这种查询方式使用起来也非常快捷。

在任何个股分析画面，只要按热键“F10”就可以查看所指定股票的基本资料。鼠标按上方的索引按钮,可切换查看不同的资料内容。鼠标滚动右方滚动条,或键盘热键 Page Up、Page Down 切换查看上页、下一页的内容。按 Esc 键关闭该画面,退回到上一个画面。

【实训项目小结】

在证券投资分析过程中,能够熟练地使用分析软件是非常重要的一个环节。通过对本实训项目的学习,学生可以基本掌握证券软件的使用方法和技巧,按照个人投资偏好对各项系统参数进行调整。虽然目前证券分析软件种类繁多,但是在设置和使用方法方面大同小异,只要熟练掌握一种分析软件的设置和分析方法,基本就可以达到触类旁通的效果。本实训项目为观测和分析行情作好了知识准备。

【实训项目任务】

任务一:改变证券分析软件中的常用技术参数。

任务二:上机操作,改变移动平均线的参数设置。

任务三:改变系统字体大小。

任务四:设置某只股票的动态预警。

任务五:利用投资计算器计算某只股票的收益。

实训项目4

Item 4

证券行情的观测与分析

【实训目标与要求】

本实训项目是通过分析软件对股票的行情进行观测与分析，把握投资个股的机会。

本实训项目主要介绍证券分析软件中用于观测大盘指数、分类报价和个股分析的操作方法和应用规则。

本实训项目要求学生了解证券市场，观察交易行情的变化，理解证券市场的基本功能，初步体会证券市场特别是股票市场价格的变化，理解股票市场数据的作用。

【实训项目准备】

1. 选择一台能够正常运行并且连接网络环境的计算机。
2. 检查是否安装有证券分析软件系统，并且能够正常运行。
3. 启动能够实时观测行情的证券交易软件。

【实训项目内容】

1. 大盘指数分析；
2. 分类报价分析；
3. 个股分析。

4.1 大盘指数分析

4.1.1 分时走势图

分时走势图也叫即时走势图,它是把股票市场的交易信息实时地用曲线在坐标图上加以显示的技术图形。坐标的横轴是开市的时间,纵轴的上半部分是股价或指数,下半部分显示的是成交量。分时走势图是股市现场交易的即时资料。大盘分析索引图和上证指数分时走势图如图 4.1 和图 4.2 所示。

图 4.1 大盘分析索引图

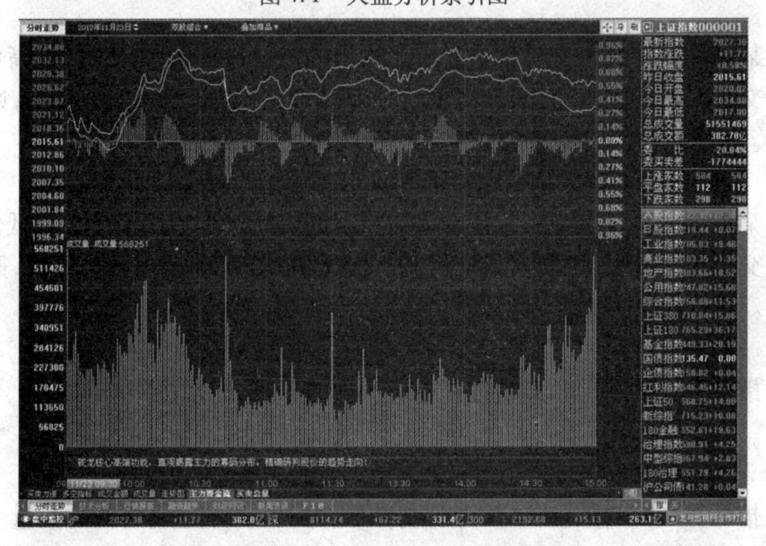

图 4.2 上证指数分时走势图

4.1.2 证券行情报价内容

1. 证券代码

沪深证券交易所挂牌交易的各证券产品,均对应一个6位数字的代码,既方便投资者查看行情,又是证券交易中的必填要素。关于识别证券相应代码的知识在实训项目1已经作了详尽的介绍,这里不再赘述。

2. 证券简称

证券的简明称号,一般由3或4个汉字组成,由证券交易所指定。例如:浦发银行(600000)就是上海浦东发展银行股份有限公司发行的股票。

3. 开盘价

开盘价又称开市价,是指某种金融产品在证券或者期货交易所每个交易日开市后的第一笔买卖成交价格。按上交所规定,如开市后半小时内某证券无成交,则以前一天的开盘价为当日开盘价。有时某证券连续几天无成交,则由证券交易所根据客户对该证券买卖委托的价格走势,提出指导价格,促使其成交后作为开盘价。首日上市买卖的证券经上市前一日柜台转让平均价或平均发售价为开盘价。

4. 收盘价

收盘价是指某种证券在证券交易所一天交易活动结束前最后一笔交易的成交价格。如当日没有成交,则采用最近一次的成交价格作为收盘价,因为收盘价是当日行情的标准,又是下一个交易日开盘价的依据,可据此预测未来证券市场行情,所以投资者进行行情分析时,一般采用收盘价作为计算依据。

5. 最高价

最高价指某种证券在每个交易日从开市到收市的交易过程中所产生的最高价格。如果当日该种证券成交价格没有发生变化,最高价就是即时价;若当日该种证券停牌,则最高价就是前一日收盘价。

6. 最低价

最低价指某种证券在每个交易日从开市到收市的交易过程中所产生的最低价格。如果当日该种证券成交价格没有发生变化,最低价就是即时价;若当日该种证券停牌,则最低价就是前一日收盘价。

7. 成交价

成交价是指某种证券在即时交易过程中所产生的价格,通常按照时间优先、价格优先的原则形成。

8. 成交量

成交量是指证券成交的数量,单位为股或者手。买卖双方达成交易的数量一般是单边计算的,例如某只股票成交量为10 000股,这是表示以买卖双方意愿达成的,在计算时成交量是

10 000 股,也就是买方买进了 10 000 股,同时卖方卖出 10 000 股。而计算交易量则双边计算,例如买方 10 000 股加卖方 10 000 股,计为 20 000 股。

9. **成交金额**

成交金额是指在进行证券交易过程中,买入(或卖出)证券时,买卖双方根据有关交易规则达成交易的金额。它用来表示已经成交证券的价值,用货币表示成交量,单位为元或者万元。

10. **涨跌**

当日股票最新价与前一日收盘价格(或前一日收盘指数)的差额,正值为涨,负值为跌,否则为持平。

11. **幅度**

当日股票最新价与前一日收盘价格(或前一日收盘指数)相比的百分比幅度。

12. **换手率**

换手率指在一定时间内市场中股票转手买卖的频率,是反映股票流通性强弱的指标之一。通常,换手率越高,意味着该只股票的交投越活跃,人们购买该只股票的意愿越高,属于热门股。不过,值得注意的是,换手率较高的股票,往往也是短线资金追逐的对象,投机性较强,股价起伏较大,风险也相对较大。

4.1.3　大盘指数

1. **上证综合指数**

上海证券综合指数是上交所编制的,反映其所挂牌股票总体走势的统计指标。该指数以上交所挂牌上市的全部股票为计算范围,以发行量为权数综合。其前身为上海静安指数,是由中国工商银行上海市分行信托投资公司静安证券业务部于 1987 年 11 月 2 日开始编制,于 1991 年 7 月 15 日公开发布,以 1990 年 12 月 19 日为基期,基期值为 100,以全部的上市股票为样本,以股票发行量为权数进行编制。

2. **上证 180 指数**

上证 180 指数是上交所对原上证 30 指数进行了调整并更名而成的,其样本股是在所有 A 股股票中抽取最具市场代表性的 180 种样本股票,自 2002 年 7 月 1 日起正式发布。作为上证指数系列核心的上证 180 指数的编制方案,目的在于建立一个反映上海证券市场的概貌和运行状况,具有可操作性和投资性,能够作为投资评价尺度及金融衍生产品基础的基准指数。

3. **上证 50 指数**

上证 50 指数由上交所编制,于 2004 年 1 月 2 日正式发布,基日为 2003 年 12 月 31 日,基点为 1 000 点。上证 50 指数是根据科学客观的方法,挑选上海证券市场规模大、流动性好的最具代表性的 50 只股票组成样本股,以综合反映上海证券市场最具市场影响力的一批优质大盘企业的整体状况。

4. 深证综合指数

深证综合指数是由深交所编制的股票指数,1991 年 4 月 3 日为基期。该股票指数的计算方法基本与上证指数相同,其样本为所有在深交所挂牌上市的股票,权数为股票的总股本。由于以所有挂牌的上市公司为样本,其代表性非常广泛。

5. 深证成指

深证成指是深交所的主要股价指数。它是按一定标准选出 40 家有代表性的上市公司作为成份股,用成份股的可流通数作为权数,采用综合法进行编制而成的股价指标。从 1995 年 5 月 1 日起开始计算,基数为 1 000 点。为保证成份股样本的客观性和公正性,成份股不搞终身制,深交所定期考察成份股的代表性,及时更换代表性降低的公司,选入更有代表性的公司。当然,变动不会太频繁,考察时间为每年的 1 月、5 月、9 月。

6. 深证 100 指数

深证 100 指数是中国证券市场第一只定位投资功能和代表多层次市场体系的指数。由深交所委托深圳证券信息公司编制维护,此指数包含了深圳市场 A 股流通市值最大、成交最活跃的 100 只成份股。深证 100 指数的成份股代表了深圳 A 股市场的核心优质资产,成长性强,估值水平低,具有很高的投资价值。

7. 中小企业板指数

中小企业板指数是以中小企业板正常交易的股票为样本股的综合指数,首批样本股包括已在中小企业板上市的全部 50 只股票。该指数以自由流通股数为权重,采取派氏加权法计算。基日为中小企业板第 50 家上市公司的上市日,即 2005 年 6 月 7 日,基日点位为 1 000 点。

8. 创业板综合指数

创业板综合指数简称为"创业板综",该综合指数选样范围包括在深交所创业板上市的全部股票。基日定为 2010 年 5 月 31 日,基日指数 1 000 点。新上市股票于上市后第 11 个交易日纳入创业板综合指数计算。创业板综合指数将全部创业板股票涵盖其内,可以避免创业板指数由于仅 100 只样本,权重股剧烈影响而略显失真的情况。与主板、中小板综合指数在总股本上加权不同,创业板综合指数将针对流通股本。因此,将能更全面地反映市场特征和流通性。

9. 创业板指数

创业板指数简称"创业板指",创业板指数的基期为 2010 年 5 月 31 日,基点为 1 000 点。指数采用派氏加权法编制。创业板指数的初始成份股为指数发布之日已纳入深证综合指数计算的全部创业板股票。样本未满 100 只前,新上市股票在上市后第十一个交易日纳入计算,样本满 100 只之后,样本锁定为 100 只,并依照定期调样规则实施调样。在指数选样方面,深交所规定了样本股的入围标准:一是在创业板上市交易的 A 股;二是有一定上市交易日期(一般为三个月);三是公司最近一年无重大违规、财务报告无重大问题;四是公司最近一年经营无异常、无重大亏损;五是考察期内股价无异常波动。

4.2　分类报价分析

4.2.1　行情排名

证券行情排名操作快捷键见表4.1。

表4.1　证券行情排名操作快捷键

快捷键	特定意义
81+Enter	上证A股综合排名
82+Enter	上证B股综合排名
83+Enter	深证A股综合排名
84+Enter	深证B股综合排名
89+Enter	中小企业板块综合排名
60+Enter	全部A股涨跌排名
61+Enter	上证A股涨跌排名
62+Enter	上证B股涨跌排名
63+Enter	深证A股涨跌排名
64+Enter	深证B股涨跌排名
69+Enter	中小企业板块涨跌排名

例如，按快捷键81+Enter可以查看上证A股综合排名，按快捷键82+Enter可以查看上证B股综合排名，按快捷键83+Enter可以查看深证A股综合排名，按快捷键84+Enter可以查看深证B股综合排名，按快捷键89+Enter可以查看中小企业板块综合排名。

以上证A股的综合排名为例，主要显示上交所A股股票当前行情的今日涨幅排名、今日跌幅排名、今日振幅排名、5分钟涨幅排名、5分钟跌幅排名、今日委比排名、今日量比排名、今日总金额排名。上证A股的综合排名如图4.3所示。

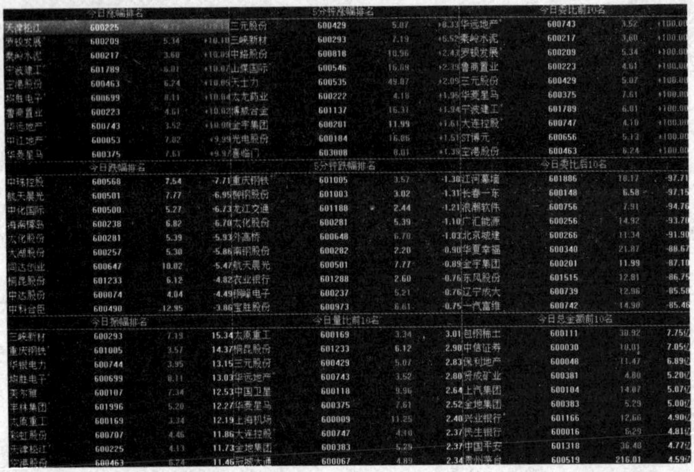

今日涨幅排名				5分钟涨幅排名				今日委比前10名			
天津松江	600225	[illegible]	[illegible]	三元股份	600429	5.07	+8.33	华远地产	600743	3.52	+100.00
罗顿发展	600209	5.34	+10.10	三峡新材	600293	7.19	+6.52	秦岭水泥	600217	3.60	+100.00
秦岭水泥	600217	3.60	+10.09	中船股份	600818	10.96	+2.43	罗顿发展	600209	5.34	+100.00
宁波建工	601789	6.01	+10.07	山煤国际	600546	16.08	+2.39	鲁商置业	600223	4.61	+100.00
空港股份	600463	6.24	+10.05	天士力	600535	49.87	+2.09	三元股份	600429	5.07	+100.00
均胜电子	600699	8.11	+10.04	太龙药业	600222	4.18	+1.95	华菱星马	600375	7.61	+100.00
鲁商置业	600223	4.61	+10.02	博威合金	601137	16.31	+1.94	宁波建工	601789	6.01	+100.00
华远地产	600743	3.52	+10.00	金宇集团	600201	11.99	+1.61	大连控股	600747	4.10	+100.00
中江地产	600053	7.82	+9.99	光电股份	600184	16.06	+1.51	ST博元	600656	5.13	+100.00
华菱星马	600375	7.61	+9.97	喜临门	603008	8.01	+1.39	空港股份	600463	6.24	+100.00
今日跌幅排名				5分钟跌幅排名				今日委比后10名			
中珠控股	600568	7.54	-7.71	重庆钢铁	601005	3.57	-1.30	江河幕墙	601886	10.17	-97.71
航天晨光	600501	7.77	-6.95	柳钢股份	601003	3.02	-1.31	长春一东	600148	6.58	-97.15
中化国际	600500	5.27	-6.73	龙江交通	601188	2.44	-1.21	浪潮软件	600756	7.91	-94.76
海南椰岛	600238	6.82	-6.70	太化股份	600281	5.39	-1.10	广汇能源	600256	14.92	-93.70
太化股份	600281	5.39	-5.93	外高桥	600648	6.70	-1.03	北京城建	600266	11.34	-91.90
大湖股份	600257	5.30	-5.86	南钢股份	600282	2.20	-0.90	华夏幸福	600340	21.87	-88.67
同达创业	600647	10.02	-5.47	航天晨光	600501	7.77	-0.89	金宇集团	600201	11.99	-87.10
桐昆股份	601233	6.12	-4.82	农业银行	601288	2.60	-0.76	东风股份	601515	12.81	-86.75
中达股份	600074	4.04	-4.49	铜峰电子	600237	5.21	-0.76	辽宁成大	600739	12.96	-85.58
中科合臣	600490	12.95	-3.86	宝胜股份	600973	6.61	-0.75	一汽富维	600742	14.90	-85.46
今日振幅排名				今日量比前10名				今日总金额前10名			
三峡新材	600293	7.19	15.34	太原重工	600169	3.34	3.01	包钢稀土	600111	38.92	7.75亿
重庆钢铁	601005	3.57	14.37	桐昆股份	601233	6.12	2.90	中信证券	600030	10.01	7.05亿
华银电力	600744	3.95	13.15	三元股份	600429	5.07	2.83	保利地产	600048	11.47	6.89亿
均胜电子	600699	8.11	13.03	华远地产	600743	3.52	2.80	贤成矿业	600381	4.80	5.20亿
美尔雅	600107	7.34	12.53	中国卫星	600118	9.96	2.64	上汽集团	600104	14.07	5.07亿
丰林集团	601996	5.20	12.27	华菱星马	600375	7.61	2.52	金地集团	600383	5.29	5.00亿
太原重工	600169	3.34	12.19	上海机场	600009	11.25	2.40	兴业银行	601166	12.66	4.90亿
彩虹股份	600707	4.46	11.86	大连控股	600747	4.10	2.37	民生银行	600016	6.29	4.81亿
天津松江	600225	4.13	11.73	金地集团	600383	5.29	2.37	中国平安	601318	36.48	4.77亿
空港股份	600463	6.24	11.46	冠城大通	600067	4.89	2.34	贵州茅台	600519	216.01	4.59亿

图 4.3　上证 A 股的综合排名

4.2.2　板块分析

1. 板块分类

对于一只股票行情走势的判断，不能脱离其所在行业和其所属地域的经济整体发展水平。同时，也可以由行业等因素来预测上市公司的业绩。地区经济布局、行业生命周期和国家产业政策等对上市公司有非常深刻的影响，有利的政策将带动这批上市公司整体上扬，反之，则整体下挫。这些在行业、地区、热点等方面具有相同特征的上市公司集合就称为“板块”。在分析软件中，根据不同性质的分类标准将股票划分成几类板块，常见的有行业、地域、概念等板块。详情参考图 4.4。

板块分析

指数板块　行业板块　地域板块　概念板块　热点板块　港股板块　咨询厂商　导　刷

画面标签切换不同板块分析画面

功能标签使您的操作更方便

次序	板块名称	涨幅%↓	强弱度%	换手率%	量比	总金额	流向%	市盈率	领涨股
1	厂[illegible]	[illegible]	[illegible]	[illegible]	1.84	22088	[illegible]	[illegible]	[illegible]
2	有[illegible]	[illegible]	[illegible]	[illegible]1	0.87	60771	2.27	26.20	中钨高新
3	股权投资	1.74	1.91	1.38	1.48	41206	1.54	23.61	华能国际
4	奥运概念	1.43	1.62	2.26	1.07	27489	1.03	45.61	G 京东方
5	中信科技	1.40	1.82	2.09	0.81	90226	3.37	41.44	G 京东方
6	电子元件	1.30	1.81	2.10	0.65	38965	1.46	52.64	G 京东方
7	其他制造	1.05	1.26	2.69	2.34	24223	0.91	50.62	三峡新材
8	水电煤气	0.87	1.04	1.27	1.98	107483	4.02	19.88	华能国际
9	有线网络	0.85	1.06	1.64	0.85	13481	0.50	66.53	歌华有线
10	传播文化	0.66	0.84	1.68	0.93	16763	0.63	62.33	永生B股
11	青海板块	0.60	0.95	1.15	0.80	4794	0.18	37.09	数码网络
12	北京板块	0.54	0.64	1.29	1.08	173965	6.50	21.53	中创信测
13	橡塑制品	0.53	0.88	1.19	0.82	14049	0.53	30.93	轮胎B股
14	中信成长	0.51	0.77	1.28	0.96	376960	14.09	33.60	桂冠电力
15	内蒙古	0.48	0.57	2.16	1.12	41905	1.57	23.43	伊利股份
16	H股板块	0.41	0.43	1.42	1.16	83599	3.12	23.86	华能国际
17	电子	0.40	0.85	1.55	0.77	76932	2.88	32.11	G 京东方
18	江西板块	0.39	0.68	2.19	0.97	23282	0.87	25.82	昌九生化

图 4.4　板块分类

行业板块常见的具体分类有：工程机械、电力、计算机、电子信息、房地产、纺织服装、钢铁、供水供气、化工化纤、电器、交通设施、银行类、旅游酒店、煤炭石油、酿酒食品、农林牧渔、商业连锁、建材、交通工具、医药、外贸、教育传媒、仪电仪表、有色金属、造纸印刷、券商、通信、运输物流、保险。这里，需要强调的是各分析软件对于行业的划分标准略有不同，所以显示的行业板块具体不完全相同。

地域板块常见的具体分类有：上海、北京、广东、江苏、山东、四川、浙江、辽宁、河南、湖北、福建、河北、湖南、黑龙江、天津、重庆、江西、山西、安徽、陕西、海南、云南、甘肃、内蒙古、贵州、新疆、西藏、青海、广西、宁夏、吉林。

所谓概念是指一种选股和炒作题材，往往将成为股市的热点。其有具体的名称或事物题材，例如资产重组股、军工股、地产股、券商股、奥运题材股、保险股、破发股、3G 股等。由于概念板块的更新较快，这里不再过多举例。

2. 板块联动

板块联动是指处于同一板块的股票出现同涨同跌的现象。掌握板块联动操作技巧，能够帮助投资者及时发现并把握市场投资热点，提高交易的收益；同时有利于回避因板块整体下跌而带来的个股风险。

板块联动是具有中国特色的一种股市波动现象，这与散户投资者惯于听消息跟风买卖股票有直接关系。股市中有一些股票会共同具备某种具有重大经济内涵的特殊性质，当这种共同性质被市场认同时，就会形成股市中的板块结构。当板块中的一两只股票领先大幅涨跌时，同类其他股票也会跟随涨跌。利用板块的这种联动效应，在某种股票成为大众追涨的对象时，及时购入联动性较好的同板块股票，是获取短线收入的一种重要方法。

将板块联动的变动规律总结起来有以下几点：第一，在板块中某一只股票领涨大盘时，整个板块往往也将行情看好；相反，在板块中某一只股票领跌大盘时，整个板块往往也将行情看空。第二，在某一板块上涨时，板块中的各股将整体行情看好；在某一板块下跌时，板块中的各股将整体行情看空。第三，不是在同一板块中的所有股票都会发生板块联动的效应，要具体问题具体分析。第四，板块联动通常会延续一段时间。第五，同一板块联动时往往出现个股轮番上涨或下跌的情况，而不是一只股票持续带动整个板块行情走势。

4.3　个股分析

4.3.1　个股分时走势图

分时走势图由两大走势图组成：上方为该股票的分时走势图，下方为动态指标图。分时走势图中有两条线，分时价位线和分时均价线。通常，白色线为分时价位线，用来表示该股票的分时成交价格；黄色线为分时均价线，用来表示该种股票的平均价格。它是从当日开盘到现在平均交易价格画成的曲线,其作用类似于移动平均线。下方的动态指标图,可通过右键菜单选择切换为:量比(该股票的分时量比走势图)和买卖力道(该股票的买卖力道走势图)。个股分时走势图如图4.5所示。

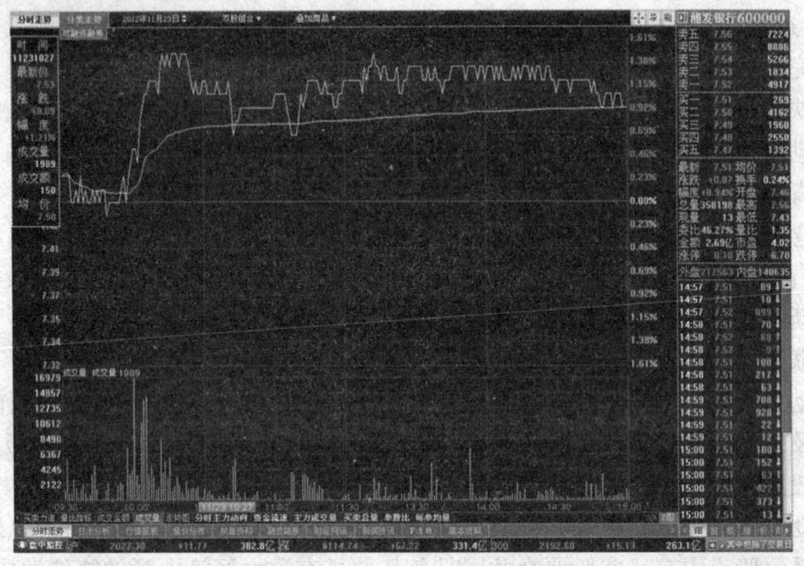

图4.5　个股分时走势图

4.3.2　辅助显示区

图4.6　个股辅助显示区

辅助显示区一般在分时走势图右侧,包括以下组成部分:卖盘等候显示栏、买盘等候显示栏、成交、均价、涨跌、开盘、幅度、最高、最低、总手、现手、量比、换手、涨停、外盘、内盘、最近几分钟成交显示栏。不过,各类分析软件辅助显示区的内容不尽相同,这里只对常见的显示内容进行介绍。个股辅助显示区如图4.6所示。

1. 证券的代码及名称

该栏中显示的是股票或其他证券的买卖代码和交易所指定名称。

2. 卖盘等候显示栏

该栏中卖1、卖2、卖3、卖4、卖5,表示依次等候卖出。按照"价格优先,时间优先"的原则,申卖报价最低排在最前面,如果卖出的报价相同,则先报价者就排在前面,由计算机自动计算。卖1、卖2、卖3、卖4、卖5后面的数字为申卖价格,再后面的数字为等候卖出的股票手数。

3. 买盘等候显示栏

该栏中买1、买2、买3、买4、买5,表示依次等候买进,与等候卖出相反，谁申买的报价高谁就排在前面，如果买进的报价相同，则先报价者就排在前面。买 1、买 2、买 3、买 4、买 5 后面的数字为申买价格，再后面的数字为等候买入的股票手数。

4. 成交

该栏显示即时交易过程中买卖双方的最新一笔的成交价格。每个交易日该股收盘时的最后一笔成交价，为当日收盘价。

5. 均价

该栏显示从开盘到当前全部交易的平均成交价。其计算公式为：均价＝成交总额/成交量。收盘时的均价为当日交易均价。

6. 升跌

该栏显示当前价与昨日收盘价格的差额，以元为单位。图中的小三角形表示涨跌，小三角形尖头朝上表示涨，小三角形尖头朝下表示跌。例如图 4.6 中“升跌 0.07”，表示当日该股上涨了 0.07 元。

7. 开盘

该栏显示当日的开盘价。开盘价是每个交易日的第一笔成交价。按上交所规定，如开市后某只股票半小时内无成交，则以该股上一个交易日的收盘价为当日开盘价。

8. 幅度

该栏显示当日成交到现在的上涨或下跌的幅度。其计算公式为：(当前价－昨收盘)÷昨收盘。如果幅度为正值，数字颜色显示为红色，表示股价在上涨；如果幅度为负值，数字颜色显示为绿色，表示股价在下跌。幅度的大小用百分比表示。收盘时涨跌幅度即为当日的涨跌幅度。

9. 最高

该栏显示开盘到现在买卖双方成交的最高价格。收盘时“最高”后面显示的价格为当日成交的最高价格。

10. 最低

该栏显示开盘到现在买卖双方成交的最低价格。收盘时“最低”后面显示的价格为当日成交的最低价格。

11. 总手

该栏显示从开市到当前的总成交股数。收盘时的“总手”则表示当日成交的总股数。

12. 现手

该栏显示已经成交的最新一笔买卖的手数。在盘面的右下方为即时的每笔成交明细，向上的箭头表示以卖出价成交的每笔手数，箭头表示以买入价成交的每笔手数。

13. 量比

该栏显示衡量相对成交量的指标。它是股票开盘后每分钟平均成交量与过去 5 个交易日每分钟平均成交量之比。其计算公式为：量比＝现成交总手÷(过去 5 日平均每分钟成交量×当日累计开市时间)。量比是投资者分析行情短期趋势的重要依据之一。

14. 换手

该栏显示在一定时间内该股票转手买卖的频率。其计算公式为:换手率=某一段时期内的成交量/发行总股数×100%。

15. 涨停

该栏显示股票每个交易日的涨跌幅度,达到上涨上限幅度。每个交易日涨跌限幅为10%,达到10%涨幅的价位就是涨停,当天价格将不会继续上涨。证交所对特别处理的ST股票规定每天涨5%就涨停。

16. 外盘和内盘

外盘栏显示股票在卖出价成交,内盘栏显示股票在买入价成交。外盘属于主动买盘,就是按市价直接买进后成交的筹码,成交价是卖出价。内盘属于主动卖盘,就是按市价直接卖出后成交的筹码,成交价是买入价。通常,当外盘累计数量比内盘累计数量大很多,而且股价也在上涨时,表示很多人在抢盘买入股票;当内盘累计数量比外盘累计数量大很多的时候,而股价下跌,表示很多人在抛售股票。

另外,在辅助显示区下方有最近几分钟成交显示栏。该栏可以显示当时最近几分钟连续10笔成交情况,即在某一时点以何种价位成交,每笔成交手数是多少。例如"14:59　7.51　12",表示该股在当天下午14时59分以7.51元成交了12手(1 200股)。

4.3.3　其他多种功能

证券分析软件一般还具备实时资讯、历史资讯、基本资料、叠加指数、多股同列、特别报道等多种功能。

【实训项目小结】

本实训项目主要介绍利用证券分析软件观测证券行情的方法和规则,具体分析的内容包括大盘指数、分类报价和个股盘面。在证券交易和投资时,熟练地观测和分析各类行情,有利于对股票未来走势准确研判。

【实训项目任务】

任务一:进入钱龙交易系统,观察报价信息,熟悉各功能菜单。

任务二:查找当天涨幅前五名的股票、观察其图形特征,并进行概括,说明当天行情具有哪些特点。

任务三:查找当天跌幅前五名的股票、观察其图形特征,并进行概括,说明当天行情具有哪些特点。

任务四:选择一只股票,观察其市场价格变化:开盘价、最高价、最低价,成交价,买入价、卖出价排列方式。

任务五:找出当天的热点板块和冷门板块。

任务六:写一份关于上证综合排名的分析报告(报告样本见附录5)。

实训项目5

Item 5

证券委托交易

【实训目标与要求】

本实训项目中,我们学习的目的是根据分析和交易的需要,掌握证券委托的流程,并能进行实际的操作。

本实训项目要求学生通过学习,能够了解证券委托的流程、掌握证券的委托下单、撤单查询、更改密码、银证转账等业务流程的具体操作。

【实训项目准备】

1. 选择一台能够正常运行并且连接网络环境的计算机。

2. 可登录上交所、深交所、中国证监会等网站相关数据采集点的网络资源。

3. 启动能够实时观测行情的证券交易软件。

【实训项目内容】

1. 网上委托的内涵及优势;

2. 网上委托交易设置;

3. 网上委托买卖与查询。

5.1　网上委托的内涵及优势

5.1.1　网上交易的内涵

所谓网上证券交易即在线交易,是指投资者利用互联网网络资源,获取证券的即时报价,分析市场行情,并通过因特网委托下单,实现实时交易。网上证券交易及其业务主要包括查询上市公司历史资料、查询证券公司提供的咨询信息、查询证券交易所公告、股票网上发行、资金划转、网上实时委托下单、委托成效查询、互联网有偿资讯、网上投资顾问、电子公告牌、电子论坛、双向交流等。

网上交易起源于20世纪90年代的美国,1994年美国的奥夫豪斯公司首先在网上开办了股票交易业务后,华尔街上的各家证券经纪公司纷纷通过自己的网络和交易系统向客户提供低成本的网上股票、基金、债券及衍生产品的服务。美国嘉信理财公司于1995年推出世界上第一个网上证券平台。以后的二十几年时间,互联网迅速普及,面向世界其他国家和地区迅速渗透,给世界范围的证券业带来了根本性的变革。

如果纯粹从交易过程来看,网上交易与传统交易方法的不同仅仅表现在交易信息在客户与营业部之间的传递方式上,对证券营业部到交易所的交易方式不会产生任何影响。传统的交易方法包括投资者通过营业部柜台下单或通过电话委托等方式进行交易,其特点是:投资者的交易指令或是直接传递给证券营业部的营业员,或是通过封闭的电话专线,因此信息传递的安全性和可靠性都有所保证。网上交易与传统交易方法的最大区别就是:投资者发出的交易指令在到达证券营业部之前,是通过公共网络即因特网传输的。传统委托交易流程和网上委托交易流程如图5.1和图5.2所示。

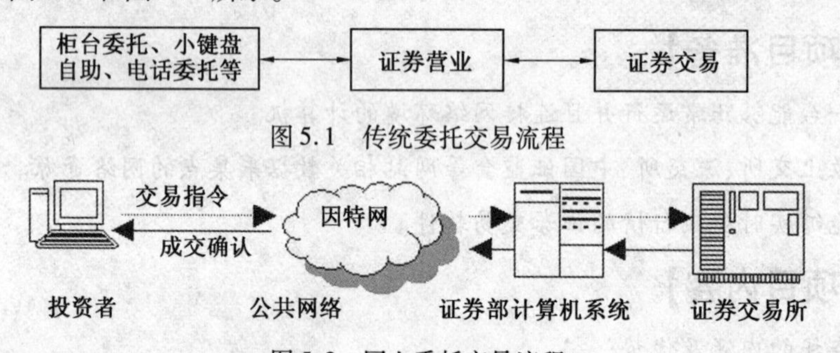

图5.1　传统委托交易流程

图5.2　网上委托交易流程

5.1.2　证券交易方式的比较

网络的发展给股票的网上交易提供了广阔的发展平台。大批的股票投资客户开始转变证券的交易方式,将在证券公司的现场交易变成了不限地点的网上交易。以前传统的交易方式,很多操作都是手工完成的。例如买卖证券是由客户自己填写申请单,交给柜台人员后,再由券商的工作人员打电话到沪、深交易所报单,才完成一笔委托,既耗时又费力,交易效率很低。而现在客户只需在计算机前轻点鼠标,瞬间即完成交易。存取款也可在银行完成,通过资金划转系统进行转入或转出工作。从各种交易方式的对比(表5.1)中我们不难发现,在各种证券交易方式中,网络交易拥有不受时间、地域限制,实现所有快捷、便利交易功能和主动获取全面证券资讯的特点,网上交易已经成为证券交易的发展趋势。

表5.1　证券委托方式的对比表

交易方式	互联网	柜台委托	电话委托	自助终端	STK手机
行情更新	8秒	1~2分	约25秒	约25秒	5.6秒
股价走势图	有	有	无	有	无
盘中分析	有	有	无	有	无
历史数据	有	有	无	有	无
委托地点	世界各地	证券部内	全国	证券部内	全国
直接下单	能	能	能	能	能
设备利用	计算机一机	接收行情下单	接收行情下单	查询行情下单	接收行情下单

5.2　网上委托交易设置

5.2.1　登录配置

投资者到开户的证券营业部办理开通网上交易的手续,即可以开始网上证券交易。选择开通网上交易的证券商,应该选择一个能提供优良服务的证券商。最重要的是要考虑网上交易的安全性,投资者应选择取得中国证监会颁发的"网上委托交易资格"的证券商。此外,网上委托系统应有完善的系统安全、数据备份和故障恢复手段。在技术和管理上要确保客户交易数据的安全、完整与准确。

选择了合适的券商,安装了相应的网上证券交易软件,就可以进行网上委托交易。投资者点击网上交易软件工具栏主功能图标按钮或者点击系统界面右上角交易系统,即可进入"用户登录"对话框,如图5.3所示。

在"用户登录"对话框中,用户第一次使用需要设置的站点及开户营业部(以后系统会默认此站点)。其中"通讯设置"选项可以设置交易中心,设置连接主站的方式,如图5.4所示。

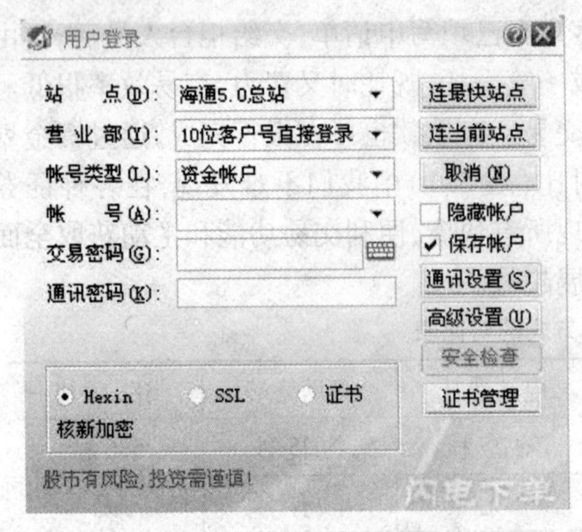

图 5.3　网上委托登录

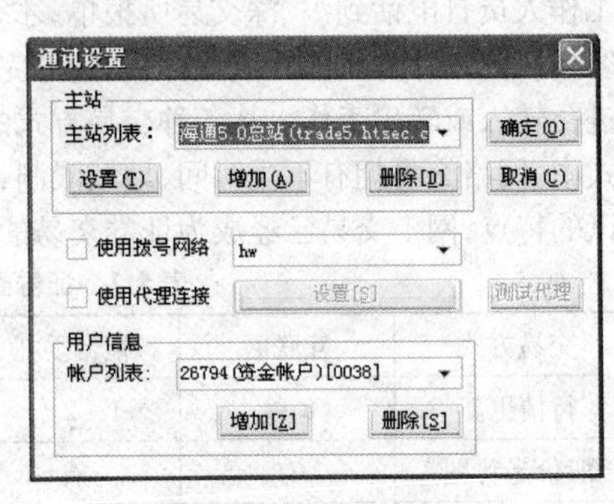

图 5.4　通讯设置界面

5.2.2　登录账户

投资者通过网络进行网上交易,需要先登录到开户的证券营业部。登录即对投资者身份进行验证。登录方式有以资金账号登录和股东账号登录两种方式。登录时需要验证投资者资金账号,然后输入交易密码和验证码。如图 5.5 所示。

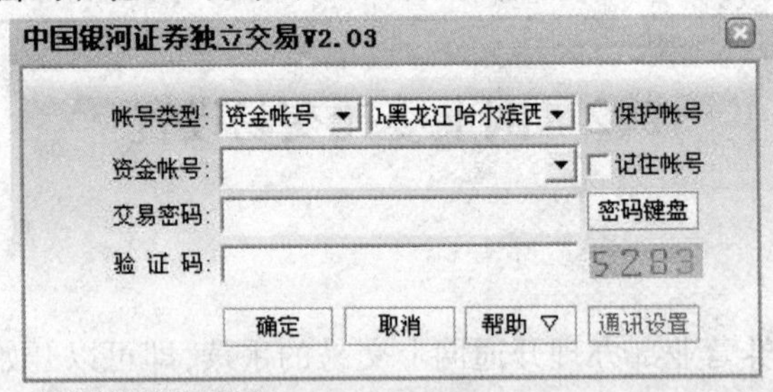

图 5.5　网上交易登录

为了加大对用户的密码保护,系统还设置了“密码软键盘”,可以用密码软键盘输入密码。如图 5.6 所示。

图 5.6　密码软键盘界面

5.3　网上委托买卖与查询

5.3.1　委托买卖

用户登录进入系统后,可以看到系统界面(图5.7)。其中包括菜单设置及买入股票、卖出股票、查询等功能选项。用户也可以根据自己的习惯设置界面。

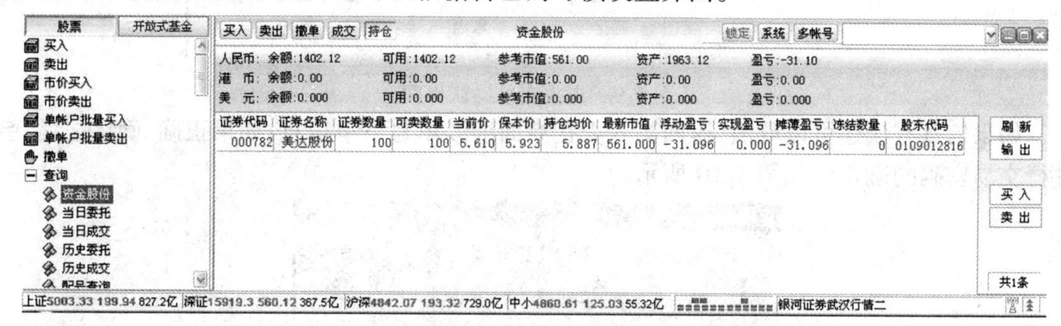

图5.7　系统界面

1. 股票买入委托

点击"买入",系统将弹出买入对话框,根据对话框提出的要求输入委托股票代码、委托股票价格和委托数量,一般情况下,委托系统会按照当前价格提示用户,当然用户也可以自己确定其他价格。如图5.8所示。

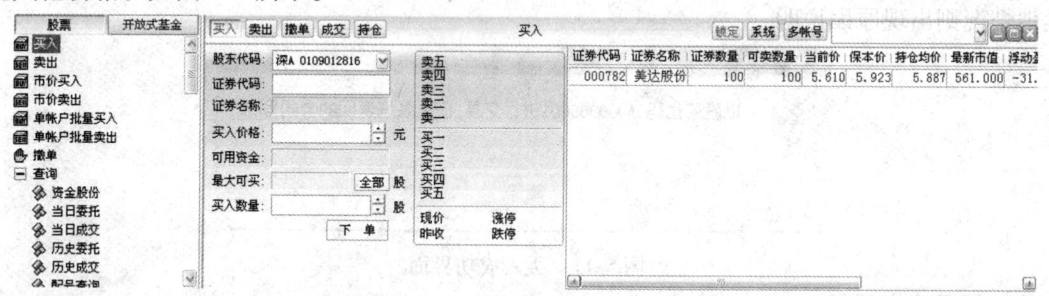

图5.8　买入委托界面

当确认输入无误之后,点击"下单"会出现确认信息。系统会将此委托通过券商发往沪、深证券交易所。此外,点击"下单",系统会自动查询客户的账户中是否有足够的余额,如果资金余额不足,程序将提示"账户余额不足",此笔委托将无法申报。买入交易确认界面如图5.9所示。

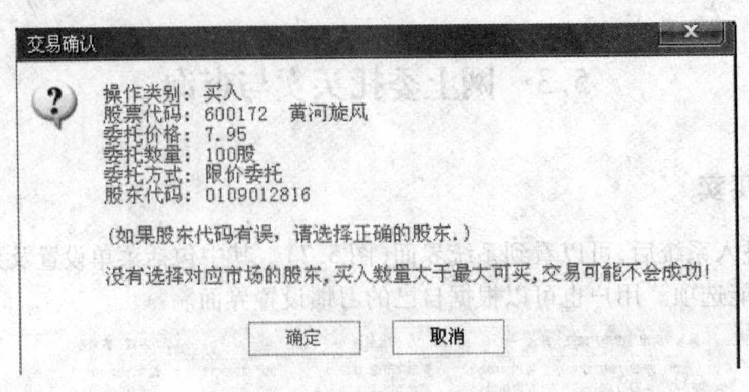

图 5.9　买入交易确认界面

如果信息有误还可以取消，返回买入委托界面继续填写下单信息；如果正确，确定之后，会进行交易密码的确认。如图 5.10 所示。

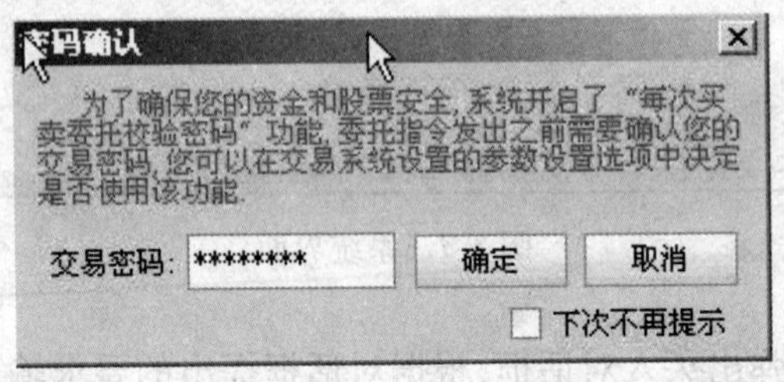

图 5.10　密码确认界面

当确定之后会出现一个提示信息，内容有股东代码以及合同号，如图 5.11 所示。如果有其他情况则出现原因说明。

图 5.11　买入成功界面

2. 股票卖出委托

点击"卖出"，系统会弹出卖出对话框，根据对话框提出的要求输入委托股票代码、委托价格和委托数量。如图 5.12 所示。

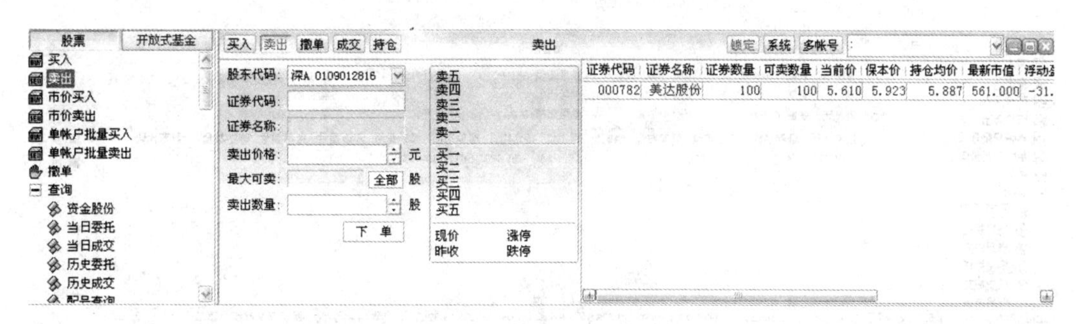

图5.12　卖出委托界面

当确认输入无误之后,点击下单会出现确认信息。如果信息有误还可以取消返回委托界面继续填写下单信息;如果正确,确定之后,会进行交易密码的确认。当确定之后会出现一个提示信息,内容有股东代码及合同号,如果有其他情况则出现原因说明。

3. 撤销委托

撤销委托的范围仅限于用户已经申报到交易所但尚未成交的委托。对于未进行输入确认的委托,客户可以任意修改,再行确认。对于已经申报并且成交的委托,因交易过程已被确认,所以客户无法撤销。如果是已经申报但尚未成交的委托,用户想改变委托价格或者委托数量,可以将此单在成交前撤回。

需要选中要撤单的信息(复选状态,用鼠标单击选择信息条,点击“全部选中”可以选中全部的信息条,“全部取消”可以取消全部的信息条),点击“撤单”之后会有确认信息。点击“确定”之后撤单完成。如图5.13所示。

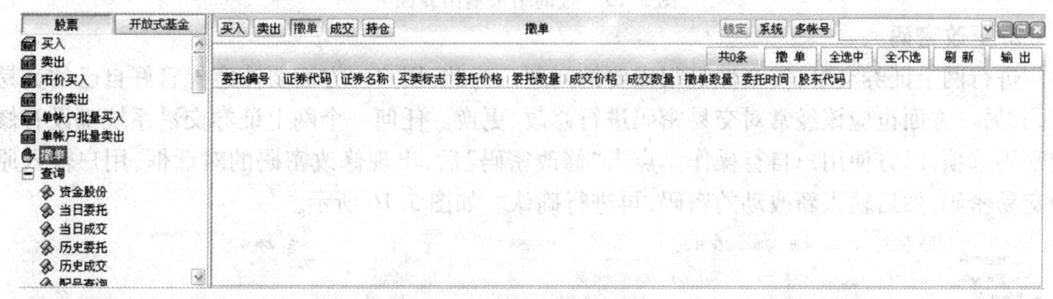

图5.13　撤销委托界面

5.3.2　账户查询

1. 查询资产

点击“资金股份”,系统将弹出对话框,用户可以通过这一界面查询个人账户中的证券余额、资金余额、可用金额、盈亏以及资产总值等。其中,资产总值包含当前账户中资金余额和持仓股票按照当前市价计算出的价值,因此是不断变化的。如图5.14所示。

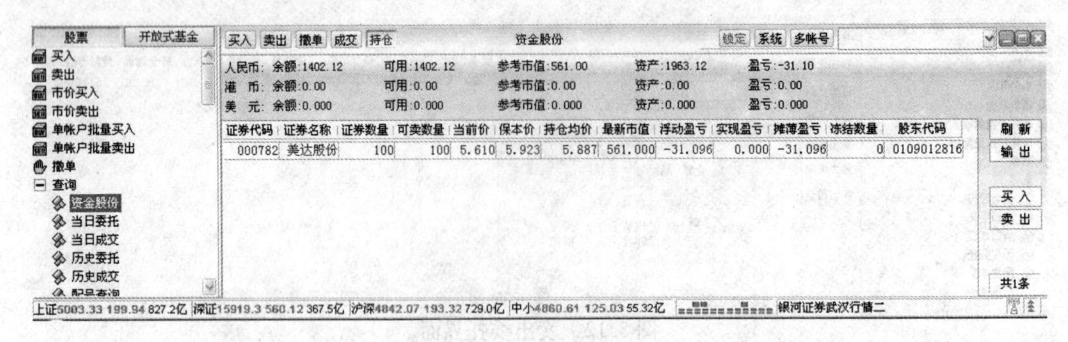

图 5.14 资产查询界面

如果点击右侧的“输出”键,可以将查询结果以合适的路径输出。如图 5.15 所示。而点击“买入”和“卖出”将切换到股票买卖界面。

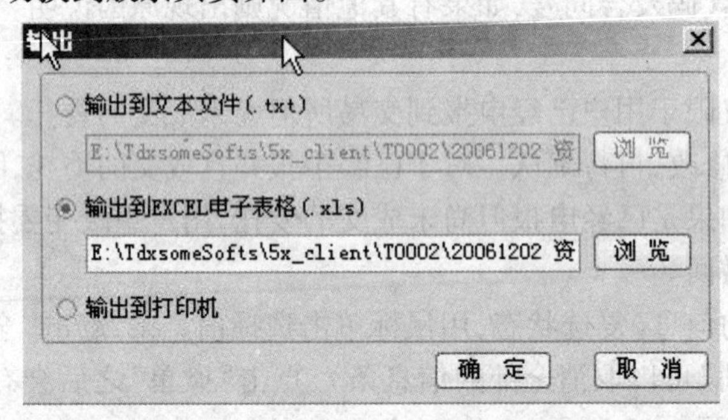

图 5.15 查询结果输出界面

2. 更改密码

进行网上证券交易,安全性是很重要的问题。为此,用户一方面要注意保管好自己的交易密码,另一方面也应该经常对交易密码进行修改、更换。任何一个网上证券交易系统都设有修改密码选项,以方便用户自行操作。点击“修改密码”后,出现修改密码的对话框,用户输入原始交易密码,然后输入新改动的密码,再进行确认。如图 5.16 所示。

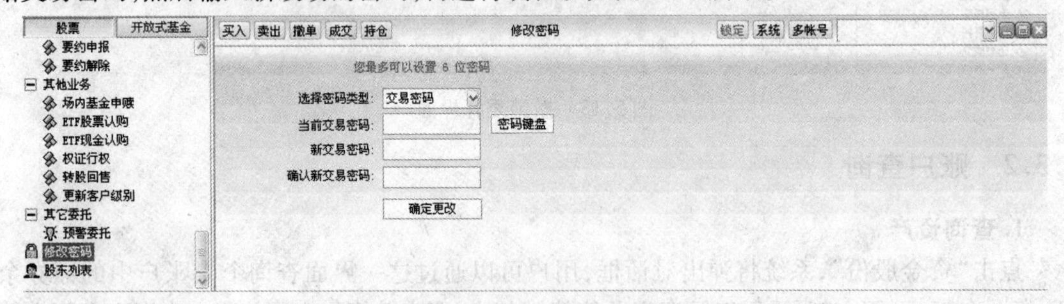

图 5.16 交易密码更改

3. 批量功能

批量功能主要包括批量买入和批量卖出。批量功能主要用于机构客户的多账号账户使用，即在同一资金账户中含有多个股东账户的情况。用户可以输入开始账号和委托笔数，其他输入方法与单账户委托相同，点击“单账户批量买入”。如图 5.17 所示。

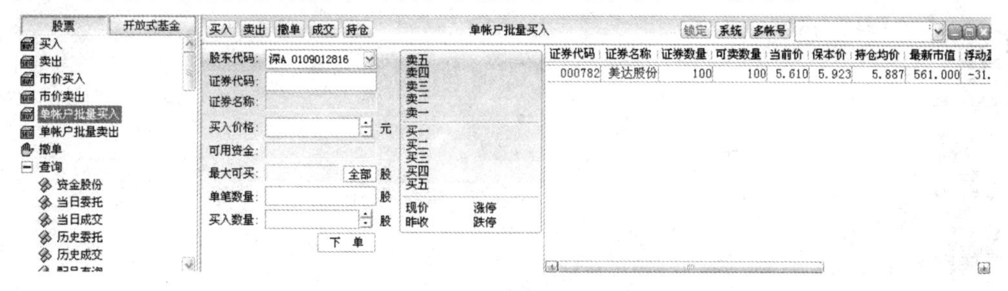

图 5.17　单账户批量买入界面

批量方式可以下拉选择，在填写完证券代码之后，证券名称会显现，起始序号和账号数按实际情况填写。当确认输入无误之后，点击“下单”会出现确认信息。如果信息有误还可以取消返回买入界面继续填写下单信息；如果正确，确定之后，会进行交易密码的确认。当确定之后会出现一个提示信息，内容有股东代码以及合同号，如果有其他情况则有解释说明。点击“单账户批量卖出”，过程同“单账户批量买入”。如图 5.18 所示。

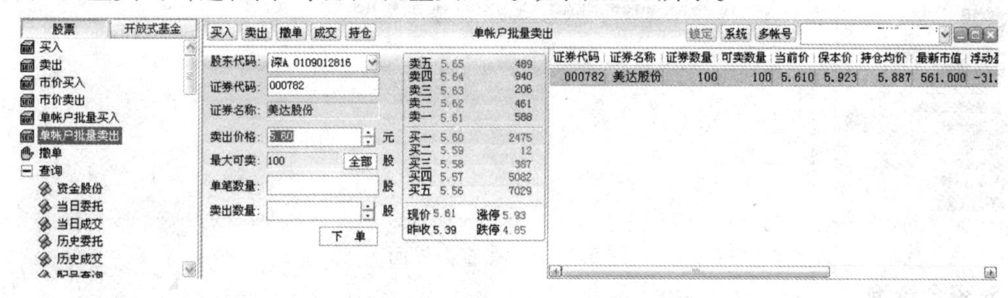

图 5.18　单账户批量卖出界面

4. 银证转账

银证转账是指投资者以电子方式，在其证券资金账户和其他账户之间直接进行资金划转。网上证券交易系统可以进行银证的转账。点击“银证转账”将进入银行资金转证券的对话框，如图 5.19 所示。

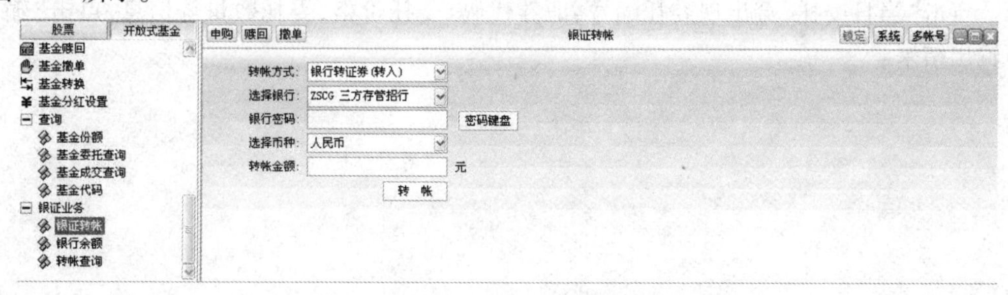

图 5.19　银证转账对话框

输入“银行密码”,“转账方式”和“选择银行”,输入“转账金额”,“转账”之后确认,然后可以查询银行账户的资金状况。点击“银行余额”,查询资金使用情况。如图5.20所示。

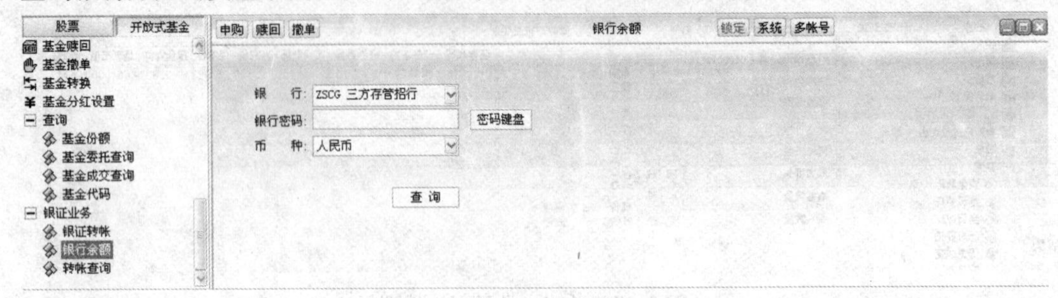

图5.20　银行账户余额查询

选择“银行”,输入“银行密码”,点击“查询”即可。

最后点击“转账查询”,看该笔转账的最终结果,包括托管银行、转账金额、银行余额、银行流水号等信息,如图5.21所示。

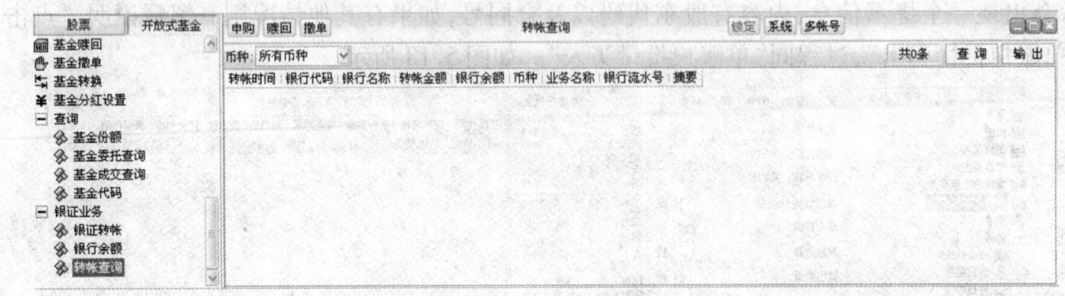

图5.21　转账查询界面

5. 资金查询

点击“查询”,会出现查询功能的下拉菜单,其中包括“资金股份”“当日委托”“当日成交”“历史委托”“配号查询”“对账单”“交割单”等功能。

(1)当日委托和历史委托。

这两项功能选项是方便用户查询当日以及之前进行的委托但尚未成交的交易。如图5.22所示。点击“当日委托”会出现委托编号、证券代码、委托价格、委托数量等信息,点击“输出”即可输出结果。

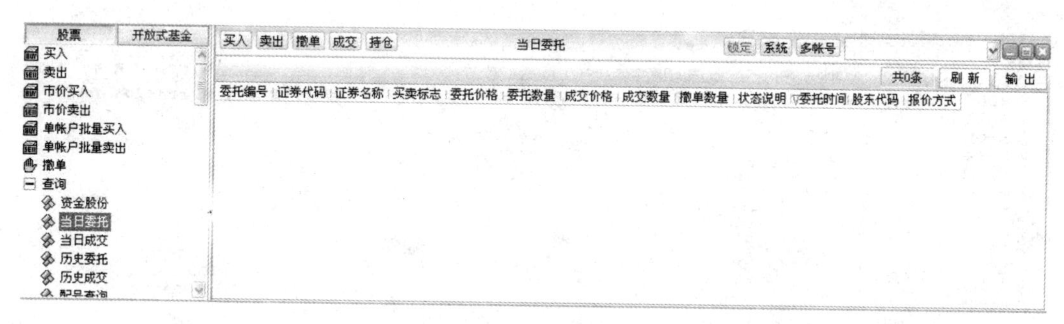

图 5.22　当日委托查询

历史委托可以查询在某一时间段所做的委托交易。如图 5.23 所示。点击“历史委托”，查询条件：“起始日期”和“终止日期”可以下拉选择。点击“输出”可以将查询结果输出。

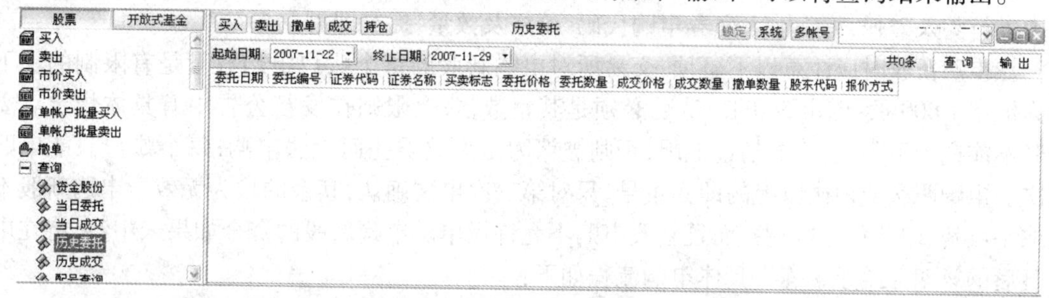

图 5.23　历史委托查询

(2)当日成交和历史成交。

这两项功能选项是方便客户查询成交记录的。当日成交是指客户当日委托买入或卖出股票的已经在交易所主机中撮合成功的记录。其中不含已经申报但未成功的记录。如图 5.24 所示。点击“当日成交/输出”可以将查询结果输出。

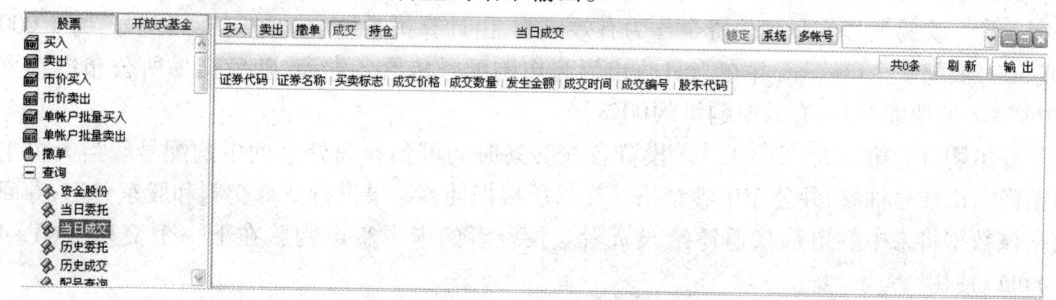

图 5.24　当日成交结果查询

历史成交用于用户查询在当日成交之前的成交记录。点击“历史成交/输出”可以将查询结果输出。如图 5.25 所示。

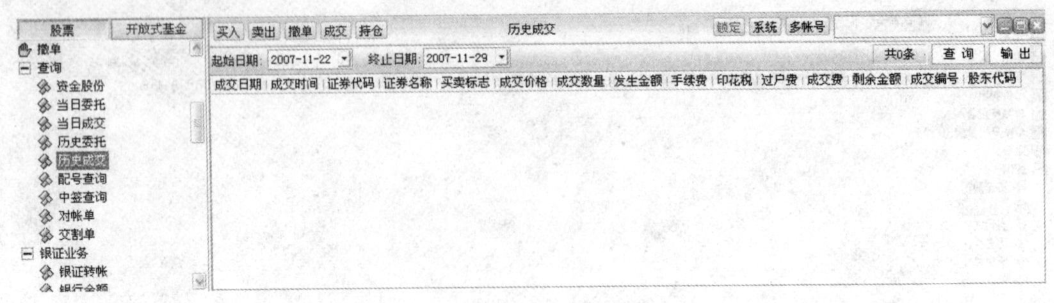

图 5.25 历史成交结果查询

(3)查询配号和中签。

新股申购的实际操作与买入股票的程序是一样的。用户只需在新股申购当日,在交易时间内进行买入委托,正确输入证券申购代码、价格及数量,提交即可。

在申购新股时应注意以下事项:交易所对申购新股的每个账户申购数量是有限制的。下限为沪市 1 000 股、深市 500 股,认购必须是其整数倍;上限则在发行公告中有具体规定。委托时不能低于下限,也不能超过上限,否则被认为是无效委托而无法申购;每个账户只能申购一次。申购两次或两次以上的即为重号,只对第一次申购确认,其余的均为无效。申购新股不收取手续费、印花税、过户费,而且新股申购不允许撤单。申购新股的资金如果未中签,将在申购日后的第四天给予解冻。具体申购流程如下:

①申购新股之前。应持股东代码卡到证券商开户并存入足额申购资金。

②申购当日(T 日)。投资者以发行价格委托买入该股票,券商全额冻结投资者的保证金。

③申购日后第一天(T+1 日)。交易所将申购资金冻结在唯一指定的清算银行的申购专户中。

④申购日后第二天(T+2 日)。登记结算公司配合主承销商和会计师事务所对申购资金进行验资。交易所以实际到位资金作为有效申购,由计算机系统自动进行连续配号,每 1 000(或 500)股配一个申购号,并在当日收市后将申购配号传给各券商,随后交易所公布中签率(中签率=股票发行量/有效申购量×100%)。

⑤申购日后第三天(T+3 日)。投资者在交易时间可到券商处查询申购配号。当天由主承销商组织摇号抽签,并公布中签结果。交易所根据抽签结果进行清算交割和股东登记;券商根据该数据将未中签申购款返还给投资者。投资者的未中签申购款在下一个交易日(T+4 日)可以使用。

⑥申购日后第四天(T+4 日)。交易所对未中签的申购款予以解冻,并向各券商返还未中签申购款。

配号查询是查询用户获得的申购配号,点击“配号查询”。如图 5.26 所示。

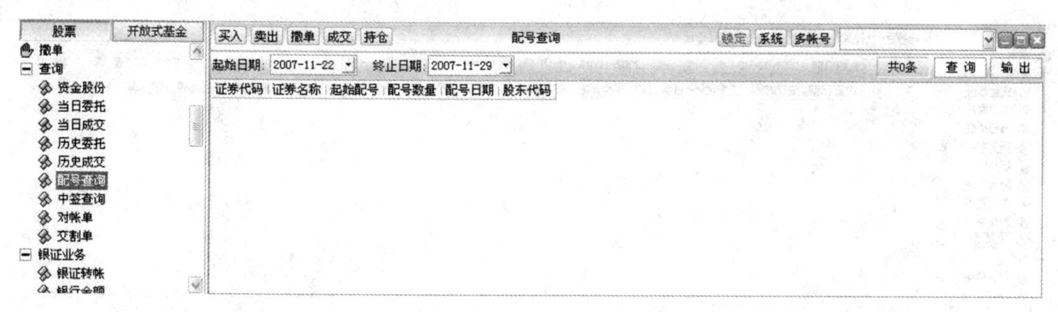

图5.26　配号查询

查询条件:“起始日期”“终止日期”可以下拉选择。“输出”可以将查询结果输出。

中签查询是用于用户查询已参与的向二级市场投资者配售新股是否中签的功能选项。点击“中签查询”。如图5.27所示。

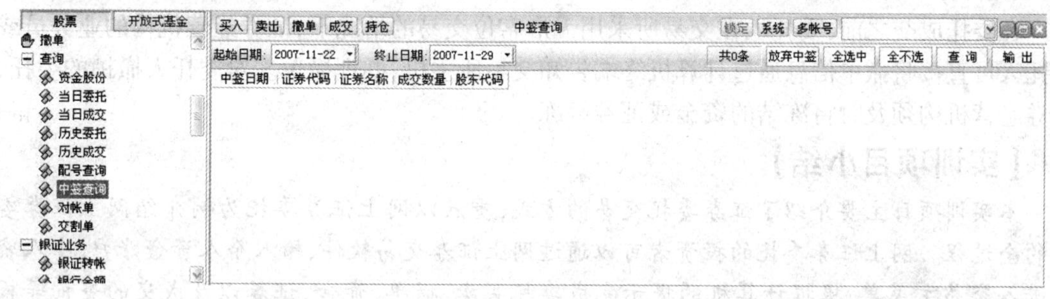

图5.27　中签查询

(4)查询对账单和交割单。

对账单可以显示证券的成交日期、成交价格、数量、手续费等。点击“对账单”。如图5.28所示。

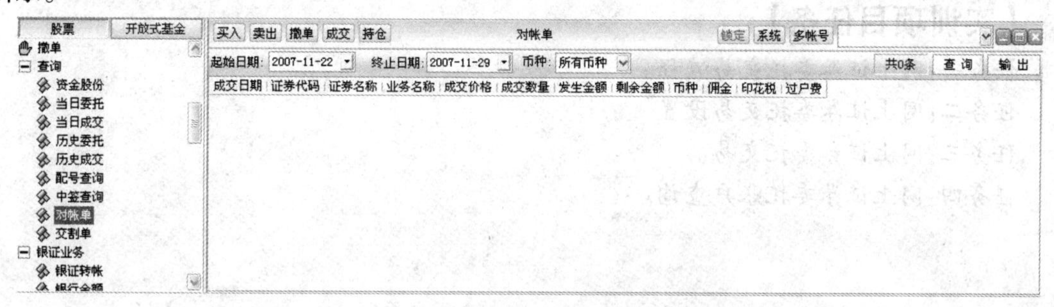

图5.28　对账单查询

查询条件:“起始日期”“终止日期”“币种”可以下拉选择。“导出对账单”“导出汇总对账单”路径可以选择。交割单除对账单所列项目外还包括“买卖标志”“成交编号”等项目。点击“交割单/输出”可以将查询结果输出。如图5.29所示。

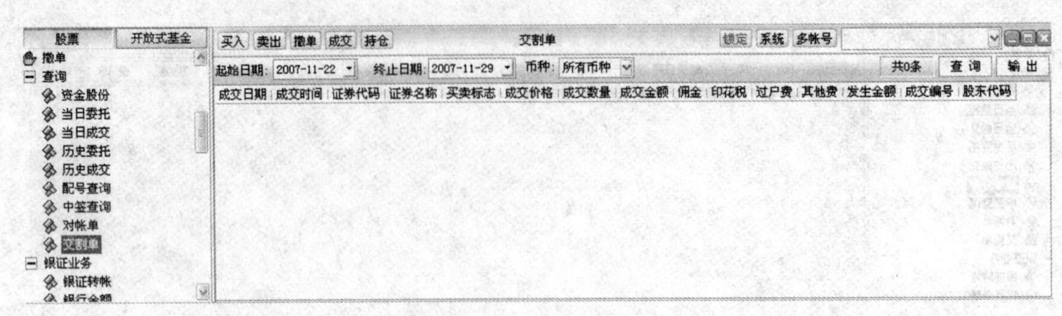

图 5.29　交割单查询

5.3.3　委托撤销

在委托成交之前,委托人有权变更或撤销委托。证券营业部申报竞价成交后,买卖即成立,成交部分不得撤销。撤销程序如下:

在委托成交之前,委托人在交易所采用无形席位交易的情况下,证券经营机构的业务员或委托人可直接将撤单信息通过计算机终端告知交易所主机,办理撤单。对委托人撤销的委托,证券经营机构须及时将冻结的资金或证券解冻。

【实训项目小结】

本实训项目主要介绍了证券委托交易的方式,重点以网上证券委托为例介绍网上证券委托的全过程。网上证券委托的投资者可以通过网上证券交易软件,输入个人资金账户、个人密码进入交易主菜单,根据计算机的提示完成委托买卖、撤单、资金、证券以及成交的查询等操作。网上委托交易主要包括股票买入、卖出委托,以及撤销操作失误或者需要改动的委托。投资者想了解自己的资金使用状况,可利用账户查询功能,包括资产查询、银证转账、更改密码、查询配号及中签等。

【实训项目任务】

任务一:网上证券委托交易流程。

任务二:网上证券委托交易设置。

任务三:网上证券委托交易。

任务四:网上证券委托账户查询。

实训项目6

Item 6

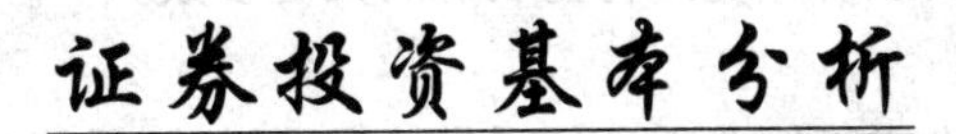

【实训目标与要求】

本实训项目根据证券分析和交易的需要，要求学生掌握证券投资基本分析方法。并利用该方法对证券价格走势进行分析、预测。

本实训项目主要介绍证券投资宏观分析、行业分析和公司分析三种基本分析方法。该部分内容为实训重点之一。

【实训项目准备】

1. 选择一台能够正常运行并且连接网络环境的计算机。

2. 检查是否安装有证券分析软件系统，并且能够正常运行。

3. 检查相关软件网络连接和证券行情数据接收是否正常。

4. 实训前了解本次实训的目的与要求，认真预习相关知识，保证实训的连续性，达到预期的实训效果。

【实训项目内容】

1. 证券投资宏观分析；

2. 证券投资行业分析；

3. 证券投资公司分析。

6.1　证券投资宏观分析

6.1.1　宏观经济分析的内容

1. 国内生产总值

国内生产总值是一国全部产品和服务的度量,是指在一定时期(一般按年统计),在一国领土范围内生产的产品和劳务的总值。

2. 经济增长率

经济增长率反映一定时期一个国家或地区经济发展水平的变化程度。各国经济自身的波动会对股市产生影响。一国经济环境是行业表现的关键参数。

3. 货币供应量

货币供给量和股票价格成正比关系。货币供给量的增减,是影响股价的重要因素之一,货币供给量增加,扩大的社会购买力就会投资于股票上,从而把股价抬高。反之,如果货币供给量减少,社会购买力降低,投资就会减少,失业率就会增加,因而股价也必定会受影响。

4. 利率

一般情况下,利率的升降与股价的变化反向相关。在预测时,应侧重分析以下几个因素的变化:贷款利率的变化情况、市场的景气动向、资金市场的松紧状况和国际金融市场的利率水准。

5. 通货膨胀率

通货膨胀率指的是一般价格水平持续上涨的程度。通货膨胀是影响股票市场价格的一个重要宏观经济因素。这一因素对股票市场趋势的影响比较复杂,它既有刺激股票市场的作用,又有压抑股票市场的作用。

6. 失业率

失业率是劳动总人数中没有找到工作人数的比率。失业率低,也就是就业率高,居民生活稳定,消费、投资欲望强,对股市走强有利。过高的失业率不仅影响个人投资意愿,而且会影响社会整体情绪,引发一系列社会问题,股市因此震荡走低。

7. 汇率

影响一个国家产业的国际竞争力的重要因素之一是汇率,即本国货币可以换成外国货币的比率。

8. 财政收支

财政收与支的平衡关系对社会供求的总平衡发生影响,进而对经济产生影响。财政收入大于支出为财政盈余,股市应呈现下跌的趋势;财政收不抵支为财政赤字,股市会随着经济增长呈现强势。

9. 国际收支

国际收支是一国居民在一定时期内与非居民在政治、经济、军事、文化及其他往来中所产生的全部交易的系统记录。一般来说,国际收支出现持续顺差,外汇储备增加,本币投放增加,由此会刺激投资和经济增长,同时也有利于形成促使汇价和股价上升的心理预期,推动股价的上涨。

6.1.2　宏观经济分析的应用

在股市投资中,所谓的宏观经济分析,就是分析整体经济与证券市场之间的关系,其主要目的是分析将来经济情况及前景是否适合进行股票投资。在宏观经济状况良好的情形下,大部分公司有比较优良的经营业绩,股票价格才有上涨的趋势;而如果宏观经济处于低迷状态,大部分公司的经营业绩就会比较差,其股票价格自然会下跌。因此,在进行股票投资分析时,应把宏观经济分析放在第一步。投资者可从以下几个方面分析宏观经济。

1. 经济景气度

当经济由低谷向复苏阶段过渡时,投资者的信心开始大增,股票市场开始活跃,股价开始回升;在复苏阶段后期,股价的升温甚至比经济的实际复苏还要快。当经济进入繁荣时期的初期和中期,投资者的信心更大,预期收益更高,股价进一步上升。但到了繁荣时期的后期,由于银根紧缩,利率上升,企业收益相对减少,在危机到来之前,股价涨势便停止了,并开始下跌;在危机阶段,投资收益明显减少,金融环境趋紧,股价会进一步下跌。在萧条时期,经济不景气造成股价仍会在较低水平上沉浮。

另外,在经济繁荣时期,企业营业状况好,获利丰厚,可分配股息多,股价会上升;在经济衰退时期,企业获利不多,可分配股息低甚至没有,股价会下跌。

2. 通货膨胀

通货膨胀主要是货币供应量过多造成的。货币供应量增加,一开始能刺激经济,增加企业利润,推动股票价格上升。但是,当通货膨胀发展到一定程度,利率会上升,从而又会使股票市场收缩,股票价格下跌。

3. 利率

利率就像一个杠杆,用它可以调节经济增长的快慢。当银根紧缩、利率提高时,企业的融资成本提高,投资利润下降。利率高,大量的闲置资金会存入银行,用来实业投资和股票投资的资金会大大减少,特别是在储蓄和买股票之间进行选择时,多数人会选择储蓄。当利率下调到一定程度时,部分资金会流入股市。在成熟股市,降息通常是重大利好。首先,降息直接促进上市公司经营状况的改善,利息降低会大大减少企业的利息支出,从而增加企业利润。其次,利率降低,存款利率所对应的市盈率将提高,这意味着即使在公司平均每股收益不变的前提下,股价也会升高。

4. 国际收支

现代经济日益国际化、一体化,因而一国国际收支的状况也是影响股市的一个重要因素。一般情况下,当国际收支处于逆差状态时,政府为平衡收支将控制进口,鼓励出口,致使国内一部分投资从股市中流失,股票价格下跌。反之,股价将看涨。

宏观经济形势的发展直接影响着股市的进度,这是股市变化的重大宏观指数。宏观经济形势因受各种因素的影响,常常呈现周期性变化。经济周期是由经济运行内在矛盾引发的经济波动,是一种不以人们意志为转移的客观规律。经济周期一般经历上升期、高涨期、下降期和停滞期四个阶段。由于股市是经济的“晴雨表”,它会随着经济周期性波动而变化,因此,当经济处于经济周期的不同阶段时股市就会表现出相应的变化。在分析宏观经济形势对股市的影响时,还要注意两者之间变化的前后时间关系。

6.2 证券投资行业分析

6.2.1 市场结构类型分析

行业的经济结构随该行业中企业的数量、产品的性质、价格的制定和其他一些因素的变化而变化。由于经济结构的不同,行业基本上可分为四种市场类型:完全竞争、垄断竞争、寡头垄断、完全垄断。

1. 完全竞争

完全竞争指许多生产者生产同质产品的市场情形。其特点是:

①生产者众多,各种生产资料可以完全流动。

②生产的产品(有形与无形)是同质的,无差别的。

③生产者不是价格的制定者,生产者的盈利基本上由市场对产品的需求来决定。

④生产者和消费者对市场情况都非常了解,并可自由进入或退出这个市场。

从上述特点可以看出,完全竞争其实质在于所有的企业都无法控制市场的价格和使产品差异化。初级产品的市场类型多与此相近似。

2. 垄断竞争

垄断竞争指许多生产者生产同种但不同质产品的市场情形。其特点是:

①生产者众多、各部生产资料可以流动。

②生产的产品同种但不同质,即产品之间存在着差异。

③由于产品差异性的存在,生产者可借以树立自己产品的信誉,从而对其产品的价格有一定的控制能力。

制成品的市场类型一般都属于这种。

3. 寡头垄断

寡头垄断指相对少量的生产者在某种产品的生产中占据极大市场份额的情形。在这个市场上通常存在着一个起领导作用的企业,其他的企业则随该企业定价与经营方式的变化而相应地进行某些调整。领头的企业不是固定不变的,它随企业实力的变化而异。资本密集型、技术密集型产品,如钢铁、汽车等,以及少数储量集中的矿产品,如石油等的市场类型多属此类。

4. 完全垄断

完全垄断指独家企业生产某种特质产品(指没有或缺少相近的替代品)的情形。完全垄断可分为政府完全垄断和私人完全垄断两种。在这种市场中,由于市场被独家企业所控制,产品又没有(或缺少)合适的替代品,因此垄断者能够根据市场的供需情况制定理想的价格和产量,在高价少销和低价多销之间进行选择,以获取最大的利润。但垄断者在制定产品的价格与生产数量方面的自由性是有限度的,它要受到反垄断法和政府管制的约束。公用事业和某些资本、技术高度密集型或稀有资源的开采等行业就属于这种完全垄断的市场类型。

6.2.2　行业的生命周期分析

一个典型的行业生命周期可以分为四个阶段:

1. 初始阶段

在这一阶段,人们对新产品或服务的认知程度不高,并且新技术本身也不成熟,市场前景不明朗,公司失败的可能性很大。选择这类行业的投资者获利潜力大同时承担的风险也很大。例如生物技术行业,许多企业有较高的投资率,高回报率和低派息率,这与低回报率和高派息率的电力设备行业并不一样。生物科技行业还是新事物,新产品受专利保护,利润高,使投资有利可图。企业会把所有的利润进行再投资。于是,这类公司成长速度比一般公司快。

2. 成长阶段

此时,产品已为市场所接受,公司的利润增加。高利润率会吸引新企业进入这个行业,加剧的竞争会降低价格和利润率,新技术被确认并且容易把握后,风险下降。随着该行业的进入门槛的降低,投资吸引力下降,这类公司就减少了再投资比率,现金分红增加了。此时投资者会得到较丰厚的利润。

3. 成熟阶段

在这一阶段,行业的成长速度不慢于总体经济,大多表现出稳健发展的特征。各公司有稳定的红利和现金流及低风险。一个行业在生命周期的启动阶段提供高风险和高潜在回报,在成熟阶段提供低风险和低回报。稳健型投资者可投资此类行业的股票。

4. 衰退阶段

这一阶段的特征是成长速度慢于其他行业,或者行业开始收缩,利润下降。投资此类行业股票的投资者应随时关注行业变化,随时调整投资策略。

6.2.3　行业分析的应用

1. 投资行业的选择

(1)增长型行业。

增长型行业的运动状态与经济活动总水平的周期及其振幅无关。这些行业收入增长的速率与经济周期的变动不同步,因为它们主要依靠技术的进步、新产品推出及更优质的服务,从而使其经常呈现出增长势态。例如,计算机和复印机行业。投资者对高增长的行业非常感兴趣,是因为这些行业能够带来丰厚的利润。然而,这种行业的特点使得投资者难以把握精确的购买时机,因为这些行业的股票价格不会随着经济周期的变化而变化。

(2)周期型行业。

周期型行业的运动状态与经济周期密切相关。当经济处于上升时期,这些行业会紧随其扩张;当经济衰退时,这些行业也相应衰落。产生这种现象的原因是,当经济上升时,对这些行业相关产品的购买相应增加。消费品业、耐用品制造业及其他需求的收入弹性较高的行业,就属于周期性行业。

(3)防御型行业。

防御型行业的相关产品需求相对稳定,并不受经济周期处于衰退阶段的影响。正是由于这个原因,对其投资便属于收入投资,而非资本利得投资。有时候,当经济衰退时,防御型行业或许会有实际增长。例如,食品业和公用事业属于防御型行业,因为需求的收入弹性较小,所以这些公司的收入相对稳定。

2. 投资板块的选择

所谓板块是指因市场表现具有联动性或处于相同地域等共同特征,而被人为归类在一起的一组股票。股票市场的板块效应是我国证券市场的特殊现象,其板块特征往往被所谓的股市庄家用来作为炒作的题材。

板块分类标准不一,如根据地域划分,比较著名的有北京板块、深圳板块、上海板块及浦东板块等;根据上市公司的经营业绩划分,包括绩优股板块、ST 板块等;根据行业分类划分为高科技板块、金融板块、房地产板块、酿酒板块、建材板块等;按照上市公司的经营行为划分为重组板块等。随着上市公司的不断发展及数量的日益增多,划分板块的标准也越来越多,各个板块之间的联动关系也日趋复杂。

3. 行业兴衰与证券投资策略

任何公司的发展水平和发展的速度与其所处行业密切相关。一般来说,任何行业都有其自身的产生、发展和衰落的生命周期,正如前面所述,我们把行业的生命周期分为初创期、成长期、稳定期、衰退期四个阶段,不同行业经历这四个阶段的时间长短不一。一般在初创期,盈利少,风险大,因而股价较低;成长期利润大增,风险有所降低但仍然较高,行业总体股价水平上升,个股股价波动幅度较大;成熟期盈利相对稳定但增幅降低,风险较小,股价比较平稳;衰退期的行业通常称夕阳行业,盈利减少、风险较大、财务状况逐渐恶化,股价呈跌势。因此,公司的股价与所处行业存在一定的关联。通常人们在选择个股时,要考虑到行业因素的影响,尽量选择高成长行业的个股,而避免选择夕阳行业的个股。例如我国的通信行业,近年来以每年30%以上的速度发展,行业发展速度远远高于我国经济增长速度,是典型的朝阳行业,通信类的上市公司在股市中备受青睐,其市场定位通常较高,往往成为股市中的高价股。另外,像生物工程行业、电子信息行业的个股,源于行业的高成长性和未来的光明前景也都受到欢迎。

上市公司的股价,更多的是受到其自身发展水平和盈利能力的影响。任何一家公司,与行业发展周期相仿,也存在自己的生命周期,同样也可以划分为初创期、成长期、稳定期和衰退期。以家电行业的四川长虹为例,从初创到打出自己的知名品牌,之后经历了11年的高速成长期,目前已进入成熟期,它的股价,也在几年中经历了十余倍的狂飙后稳定下来。又如沪市中的大盘股"新钢矾",虽然属于被认为是夕阳行业的钢铁行业,但是由于市场钢材的需求旺盛,加上自身良好的经营和管理水平,仍然实现了不俗的业绩,说明夕阳行业中照样可以出现朝阳企业。以上事实表明,行业发展周期和公司自身的发展周期有时可能差别很大,投资者在选股时既要考虑行业周期,又要具体问题具体分析。在我国,由于公司的一般规模较小,抗风险能力较弱,企业的短期经营思想比较浓厚,要想获得长期持续稳定地发展难度较大,这从某种程度上增大了选股的难度。

6.3　证券投资公司分析

6.3.1　公司基本素质分析

1. 公司经营管理能力

(1)公司管理人员的素质和能力分析。

在现代企业里,管理人员不仅担负着对企业生产经营活动进行计划、组织、指挥、控制等管理职能,而且从不同角度和方面负责或参与对各类非管理人员的选择、使用与培训工作。一般而言,企业的管理人员应该具备如下素质:从事管理工作的愿望;专业技术能力;良好的道德品质修养;人际关系协调能力;综合能力。

(2)公司经营理念分析。

经营理念是企业发展一贯坚持的一种核心思想,是公司员工坚守的基本信条,也是企业制定战略目标及实施战术的前提条件和基本依据。

(3)公司业务人员素质和创新能力分析。

公司业务人员应该具有如下素质:熟悉自己从事的业务,必要的专业技术能力,对企业的忠诚度,对本职工作的责任感,具有团队合作精神等。

2. 产品分析

产品分析包括对公司产品竞争能力、产品市场占有情况以及产品品牌战略的分析。产品的竞争能力主要考虑产品的成本优势、质量优势和技术优势。一般来说,公司掌握较同行业其他公司更为先进的技术,那么公司的生产效率就会高于其他公司,成本优势自然非常明显,而且其产品的技术含量和质量也会较高。

3. 公司在行业中的地位分析

公司行业地位分析的目的是判断公司在所处行业中的竞争地位。一般来说，行业内的领军企业市场占有率高、赢利能力强、信誉高、企业形象好。在目前的经济形势下，许多行业都存在着规模经济效应，即在某一行业内，公司规模越大，其赢利能力越强，市场占有率越高。

6.3.2 公司财务分析

财务分析是基本分析的重要组成部分。投资者通过对股份公司财务报表的分析，可以了解该公司的财务情况、经营效果，进而了解财务报告中各项变动对股票价格的有利影响和不利影响。

1. 财务报表分析

在股票市场中，股票发行企业的经营状况是决定其股价的长期的、重要的因素。而上市公司的经营状况，则通过财务报表反映出来，因此，分析和研究财务统计报表，也就是通常所说的基本分析的部分，就显得尤为重要了。

在公司的财务报表中，最重要的是资产负债表、利润表和现金流量表。资产负债表是反映企业在某一特定日期财务状况的会计报表，反映了公司的资产负债情况，如果一个公司的负债过多，那么就有被清算的危险。现金流量表反映了企业获得现金和现金等价物的能力，现金流量表也是最能反映公司真实经营状况的财务报表。现金流量表主要分经营活动、投资活动和筹资活动产生的现金流量三个部分。现金流量充足的公司，受资金限制较小，在公司的发展上会显得游刃有余，公司可能面临的风险也会相对较小，赢利能力较强。

2. 财务比率分析

比率分析法，是以同一期财务报表上的若干重要项目间相关数据，互相比较，用一个数据除以另一个数据求出比率，据以分析和评估公司经营活动，以及公司目前和历史状况的一种方法。它是财务分析最基本的工具。这种方法是对本公司一个财务年度内的财务报表各项目之间进行比较，计算比率，判断年度内偿债能力、资本结构、经营效率、盈利能力情况等。作为股票投资者，主要应掌握和运用以下几种比率来进行财务分析。

(1)获利能力。

公司利润的高低、利润额的增长速度是其有无活力、管理效能优劣的标志。作为投资者，购买股票时，当然首先是考虑选择利润丰厚的公司进行投资。所以，分析财务报表，先要着重分析公司当期投入资本的收益性。

$$\text{销售毛利率}=\left[\frac{(\text{销售收入}-\text{销售成本})}{\text{销售收入}}\right]\times 100\%$$

该项指标反映公司销售收入的获利水平。销售毛利指扣除销售成本、销售折让、销售折扣和销售退回之后的毛利额。

$$\text{销售净利率}=\left(\frac{\text{净利润}}{\text{销售收入}}\right)\times 100\%$$

该项指标反映公司销售收入的获净利水平。这里,净利润指税后利润。

$$资产收益率=\left(\frac{净利润}{平均资产总额}\right)\times100\%$$

该项指标表明公司资产利用的综合效果,用于衡量公司运用全部资产获利的能力。

$$股东权益收益率=\left(\frac{净利润}{平均股东权益}\right)\times100\%$$

该项指标表明公司运用全部股东权益获得收益的能力。

$$主营业务利润率=\left(\frac{主营业务利润}{主营业务收入}\right)\times100\%$$

(2)偿债能力。

具体从两个方面进行分析:一是分析其短期偿债能力,看其有无能力偿还到期债务,这一点须从分析、检查公司资金流动状况来判断;二是分析其长期偿债能力的强弱。这一点是通过分析财务报表中不同权益项目之间的关系、权益与收益之间的关系,以及权益与资产之间的关系来进行检测的。

$$流动比率=\frac{流动资产}{流动负债}$$

流动比率衡量公司在某一时点偿付即将到期债务的能力,又称短期偿债能力比率。

$$速动比率=\frac{(流动资产-存货)}{流动负债}$$

速动比率是衡量公司在某一时点运用随时可变现资产偿付到期债务的能力。速动比率是对流动比率的补充,也称为酸性测试比率。该指标应保持在2∶1的水平。过高的流动比率反映了公司财务结构不尽合理。

$$利息支付倍数=\frac{税息前利润}{利息费用}$$

利息支付倍数指标是指公司经营业务收益与利息费用的比率,用以衡量偿付借款利息的能力,也叫利息保障倍数。

$$应收账款周转率=\frac{赊销净额}{平均应收账款余额}\times100\%$$

其中

$$赊销净额=销售收入-现销收入-销售退回、折让、折扣$$

$$平均应收账款余额=\frac{(期初应收账款余额+期末应收账款余额)}{2}$$

$$应收账款周转天数=\frac{360}{应收账款周转率}$$

应收账款周转率也称收账比率,用于衡量公司应收账款周转快慢。由于公司赊销资料作为商业机密不对外公布,所以,应收账款周转率一般用赊销和现销总额,即销售净收入计算。

及时收回应收账款,不仅能增强公司的短期偿债能力,也反映出公司对应收账款方面的管理效率。应收账款周转率,是年度内应收账款转为现金的平均次数,它说明应收账款流动的速度。用时间表示的周转速度是应收账款周转天数,也叫应收账款回收期或平均收现期,表示公司从取得应收账款的权利到收回款项,转换为现金所需要的时间。

(3)经营能力。

进行成长性分析,是投资者选购股票进行长期投资最为关注的重要问题。

存货周转率和存货周转天数:

$$存货周转率=\left(\frac{产品销售成本}{平均存货成本}\right)\times 100\%$$

其中

$$平均存货成本=\frac{(期初存货成本+期末存货成本)}{2}$$

$$存货周转天数=\frac{360}{存货周转率}$$

存货周转率用于衡量公司在一定时期内存货资产的周转次数,反映公司购、产、销经营效率的综合性指标。存货周转率又叫存货周转次数。存货周转时间长短就是存货周转天数。

$$固定资产周转率=\left(\frac{销售收入}{平均固定资产}\right)\times 100\%$$

该比率是衡量公司固定资产运用效率的指标。

$$总资产周转率=\left(\frac{销售收入}{平均资产总额}\right)\times 100\%$$

该项指标反映资产总额的周转速度。

$$股东权益周转率=\left(\frac{销售收入}{平均股东权益}\right)\times 100\%$$

该指标说明公司所有者资产的运用效率。

$$主营业务收入增长率=\frac{(本期主营业务收入-上期主营业务收入)}{上期主营业务收入}$$

(4)资本结构。

$$股东权益比率=\left(\frac{股东权益总额}{资产总额}\right)\times 100\%$$

该指标反映所有者提供的资本在总资产中的比重,反映公司基本财务结构是否稳定。该指标主要用来反映公司的资金实力和偿债安全性,它与负债比率之和等于1。股东权益比率高,公司经营相对安全。但该比率过高,则说明公司财务结构不尽合理,未能充分利用财务杠杆的作用。对于不同的行业,该指标高低标准有所不同。

$$资产负债率=\left(\frac{负债总额}{资产总额}\right)\times 100\%$$

资产负债率反映经营活动总资产中有多大比例是债务融资，可衡量公司负债水平的高低，也可衡量公司在清算时保护债权人利益的程度。

$$长期负债比率=\left(\frac{长期负债}{资产总额}\right)\times 100\%$$

长期负债比率是从总体上判断公司债务状况的一个指标。

$$股东权益与固定资产比率=\left(\frac{股东权益总额}{固定资产总额}\right)\times 100\%$$

该比率是衡量公司财务结构的稳定性的一项指标，反映购买固定资产所需要的资金有多大比例是来自于所有者权益的。

(5)投资收益。

$$普通股每股净收益=\frac{(税后利润-优先股股利)}{发行在外的加权平均普通股股数}$$

该项指标反映公司每股普通股在一年中的净收益。根据我国目前上市公司没有优先股以及每股面值为1元的情况，可直接用税后利润除以平均股本计算，此时，这一指标称为“股本净利率”。

$$红利派发率=\left(\frac{每股红利}{每股净收益}\right)\times 100\%$$

该项指标反映公司的股利政策。这一指标的评价，很大程度上取决于投资者注重于现金分红还是注重于公司的发展潜力。一般来说，若作为短期投资，注重于现金分红者应选择红利派发率比较高的股票；注重于公司发展潜力者，则应选择红利派发率不是很高的股票，因为这预示着该公司正在把资金再投资于好的发展项目，从而将使其未来的利润增长具有较大的动力，投资者从这类股票往往能有较好的资本利得。

$$市盈率=\frac{每股股票价格}{每股税后利润}$$

该项指标又称价格-盈利比，表示股票的市场价格是每股税后利润的多少倍，即按每股税后利润水平，需要多少年收回投入的资金。这是一个评价股票投资价值的指标，其倒数表示投资于该种股票的投资回报率。如某股票市盈率20倍，其投资回报率就是1/20=5%。

$$投资收益率=\frac{投资收益}{(期初长、短期投资+期末长、短期投资)/2}$$

该项指标反映公司利用资金进行长、短期投资的获利能力。

$$每股净资产=\frac{净资产}{发行在外的普通股股数}$$

该项指标反映每股普通股所代表的股东权益额。

$$市净率=\frac{每股市价}{每股净资产}$$

该项指标表明股价是每股净资产值的多少倍。有人把低市净率股票看作是较安全的投资,因为他们把账面价值看作市价的底线。这种观点是值得商榷的。事实上,账面价值并不一定代表股票的流动性价值,这使得"安全升水"概念不可靠。

$$资本保值增值率=\frac{期末所有者权益总额}{期初所有者权益总额}\times 100\%$$

该项指标主要反映投资者投入公司的资本完整性和保全性。如果资本保值增值率等于100%,为资本保值;资本保值增值率大于100%,为资本增值。

在财务分析中,比率分析用途最广,但也有局限性,突出表现在:比率分析属于静态分析,对于预测未来并非绝对合理可靠。比率分析所使用的数据为账面价值,难以反映物价水平的影响。可见,在运用比率分析时,一是要注意将各种比率有机联系起来进行全面分析,不可单独地看某种或各种比率,否则便难以准确地判断公司的整体情况;二是要注意审查公司的性质和实际情况,而不光是着眼于财务报表;三是要注意结合差额分析,这样才能对公司的历史、现状和将来有一个详尽的分析和了解,达到财务分析的目的。

3. 财务比较分析

比较法是通过经济指标不同数量的比较,来揭示经济指标数量差异的一种分析方法。经济指标出现了数量差异就说明有值得进一步分析的原因。所以,比较法的主要作用,在于揭示客观存在的差距,发现问题,为进一步分析问题、寻找潜力指出了方向和线索。在财务报表分析中比较法应用得比较广泛。根据分析的目的和要求不同,可以进行以下几种形式的比较:实际与计划(定额)比较、本期实际与前期(上年同期或历史最高水平)实际比较、与同行业其他公司进行比较、本期实际与国内外先进水平比较。

6.3.3 公司分析的应用

公司状况会影响自身的股票价格,这些因素包括:公司的财务状况、公司的盈利能力、股息水平与股息政策、公司资产价值、公司的管理水平、市场占有率、新产品开发能力、公司的行业性质等。

判断一家上市公司股票价格是否合理,一般会以市盈率指标作为衡量标准。但是,由于市盈率是一个静态指标,投资者更应该从企业的基本素质、财务报表等多方面、多角度去了解企业,以动态的眼光去衡量公司股票定价的合理性,从而做出适当的投资决策。

1. 市盈率

市盈率是一家公司股票的每股市价与每股盈利的比率。股票市场的整体平均市盈率基本上与银行利率水平相当。市盈率指标计算以公司上一年的盈利水平为依据,其最大的缺陷在于忽略了对公司未来盈利状况的预测。从单个公司来看,市盈率指标对业绩较稳定的公用事业、商业类公司参考较大,但对业绩不稳定的公司,则易产生判断偏差。

比如,由于公司市场前景广阔,具有很高的成长性,受到投资者的青睐,股价上升,市盈率居高不下，但以公司每年 80% 的利润增长速度，以现价购入，一年后的市盈率已经大幅下降；相反，一些身处夕阳产业的上市公司，目前市盈率低到 20 倍左右，但公司经营状况不佳，利润呈滑坡趋势，以现价购入，一年后的市盈率可能非常高。

市盈率高，在一定程度上反映了投资者对公司增长潜力的认同，但并不是说股票的市盈率越高就越好，投资者应该从公司背景、基本素质等方面多加分析，对市盈率水平进行合理判断。

2. 公司背景

除了了解公司的主营业务和注册地，以便进行行业和地域分析外，对公司进行全方位了解也是必要的。

(1)大股东构成。

大股东对公司有绝对的控制权，其实力及对上市公司的扶持态度直接影响上市公司的前景。例如，天津港(600717)原名津港储运，控股股东天津港务局实力雄厚，以实物配股的形式将优质资产注入股份公司，既可以达到天津港(600717)借壳上市的目的，也保证了股份公司近 3 年业绩的高速增长。

(2)公司的历史沿革。

了解公司在上市以前的历史，有利于对公司做出正确判断。例如中关村(000931)，有重组琼民源的背景，由于牵涉到 1.8 亿琼民源社会公众股股东的切身利益，公司的设立受到管理层的扶持，对它上市后的走势起到了很好的推动作用。

(3)公司管理者。

公司决策层和高级管理人员的经营管理能力及员工的整体素质是决定公司命运的关键，也直接影响该公司股票的价格。

(4)公司产品的知名度。

产品知名度问题实际上是公司在行业竞争中的地位问题，在竞争中占有优势，有利于公司的成长和壮大。就像提及彩电，投资者马上想到长虹、康佳；提到银行会想到招商。评判企业的竞争地位，除了市场知名度、市场占有率，还要看企业的技术水平和新产品开拓能力。

(5)公司财务报表。

公司财务报告，是评判公司经营状况的重要信息源。

投资者可选取有代表性的指标作为关注重点，例如每股收益、每股净资产、净资产收益率。不但要纵向比较公司经营业绩变化，还要横向比较不同公司经营的优劣。

此外，还要密切关注利润表，对业绩来源进行可靠性分析。对于投资者来说，不仅要知道一家公司业绩出现了增长，还需要细致了解公司业绩的增长从何而来，能否持续。查阅财务报告中的利润及利润分配表，分析利润的构成，当发现净利润的增长与主营业收入不同步时，就有必要进行更深入的分析。

3. 有无已存在或潜在的重大问题

例如：公司生产经营是否存在极大问题，甚至难以持续经营；是否发生重大诉讼案件；投资项目失败，公司是否遭受重大损失；是否从财务指标中发现重大问题。财务指标中的重大问题包括：应收账款绝对值和增幅巨大，应收账款周转率过低，说明公司在账款回收上可能出现了较大问题；存货巨额增加、存货周转率下降，很可能公司产品销售发生问题，产品积压，这时最好再进一步分析是原材料增加还是产成品大幅增加；关联交易数额巨大，或者上市公司的母公司占用上市公司巨额资金，或者上市公司的销售额大部分来源于母公司，利润可能存在虚假，但是对待关联交易需认真分析，也许一切交易都是正常合法的；利润虚假，对此问题一般投资者很难发现，但是可以发现一些蛛丝马迹，例如净利润主要来源于非主营利润，或公司的经营环境未发生重大改变，某年的净利润却突然大幅增长等。通常情况下，一家公司的背景、财务状况都无异常情况，投资者便可大胆地投资。

【实训项目小结】

本实训项目主要介绍了证券投资基本分析的方法，包括宏观经济分析、行业分析和公司分析，在实际应用中注意将各种分析方法综合运用。

【实训项目任务】

任务一：根据下面这家上市公司 2012 年的财务指标表(表 6.1)，回答下列问题。

表 6.1　某上市公司 2012 年财务指标表

项目 \ 月份	1	2	3	4	5	6	7	8	9	10	11	12	月平均
流动比率	2.2	2.3	2.4	2.2	2	1.9	1.8	1.9	2	2.1	2.2	2.2	2.1
速动比率	0.7	0.8	0.9	1	1.1	1.15	1.2	1.15	1.1	1	0.9	0.8	0.98
资产负债率/%	52	55	60	55	53	50	42	45	46	48	50	52	51
资产报酬率/%	4	6	8	13	15	16	18	16	10	6	4	2	10
销售净利润率/%	7	8	8	9	10	11	12	11	10	8	8	7	9

(1)绘制流动比率与速动比率的变动趋势曲线，两者为什么会产生差异？

(2)3 月份资产负债率最高能说明什么问题？

(3)该公司生产经营有什么特点？

任务二：根据 2012 年度的宏观经济数据，写一份关于下一年度的证券市场走势的预测报告。

任务三：写一份关于 2012 年酿酒行业的分析报告(报告样本见附录 5)。

实训项目7

Item 7

证券投资技术分析

【实训目标与要求】

证券投资技术分析是通过对市场行为本身的分析来预测市场价格的变动方向，即根据证券价格的历史数据，运用图表归纳分析研究，以推测未来价格的趋势。

本实训项目中，学习的主要目的是熟练掌握和运用证券投资技术分析的各种方法对证券品种价格走势进行判断。

本实训项目要求学生通过学习，能够熟悉K线的表现形式以及K线组合代表的投资含义、熟练运用趋势分析、形态分析、指标分析的方法对证券品种进行分析。

【实训项目准备】

1. 选择一台能够正常运行并且连接网络环境的计算机。

2. 检查是否安装有证券分析软件系统，并且能够正常运行。

3. 检查相关软件网络连接和证券行情数据接收是否正常。

4. 实训前了解本次实训的目的与要求，认真预习相关知识，保证实训的连续性，达到预期的实训效果。

【实训项目内容】

1. K线与趋势分析；

2. 形态分析；

3. 指标分析。

7.1 K线与趋势分析

7.1.1 K线基本图形与组合分析

1. K线的画法

K线是一条柱状的线条,由实体和影线两部分组成。中间的矩形称为实体,影线在实体上方的部分称为上影线,下方的部分称为下影线。实体的上下两端表示最高价和最低价。上影线的上端顶点表示一个交易日的最高价,下影线的下端顶点表示一个交易日的最低价。根据开盘价和收盘价的位置,K线又可以分为阳线和阴线,如图7.1所示。

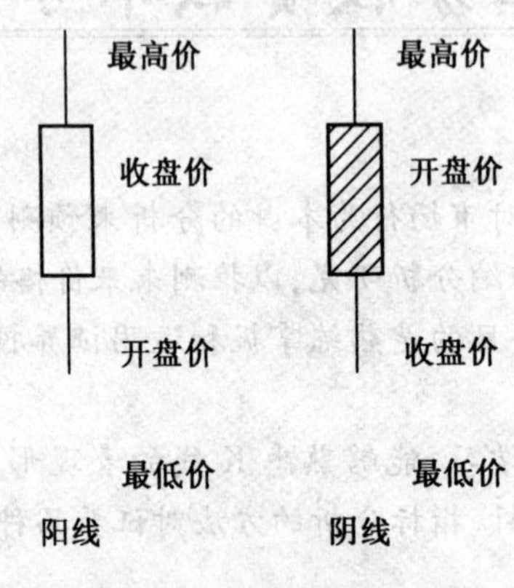

图7.1 K线示意图

2. K线的基本形态

K线是用最高价、最低价、开盘价、收盘价来表现的,但这四个价格在市场上的表现存在着差异,所以单根K线在表现形式上也不太可能会出现完全相同的图形,不过,细细比较我们还是会发现它们彼此之间存在着相似性。其基本形态如下:

①光头光脚大阳线。开盘价为最低价,收盘价为最高价,如图7.2和图7.3所示。

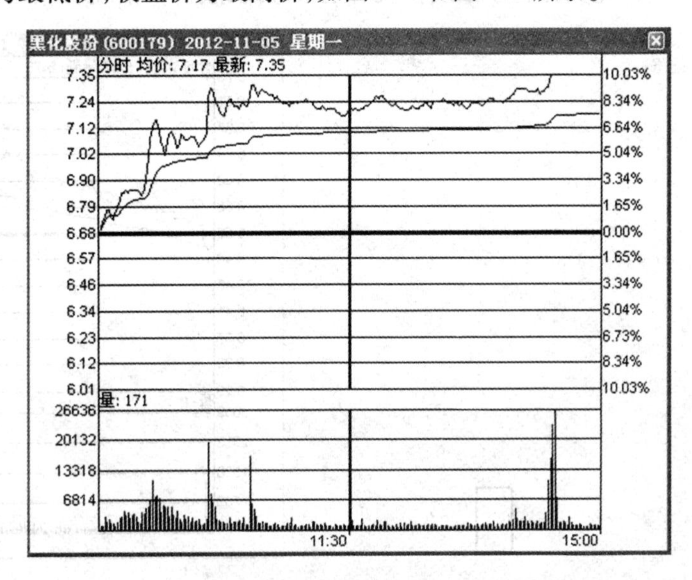

图7.2　光头光脚大阳线　　　　图7.3　光头光脚大阳线市场分时走势表现图

②光头光脚大阴线。开盘价为最高价,收盘价为最低价,如图7.4和图7.5所示。

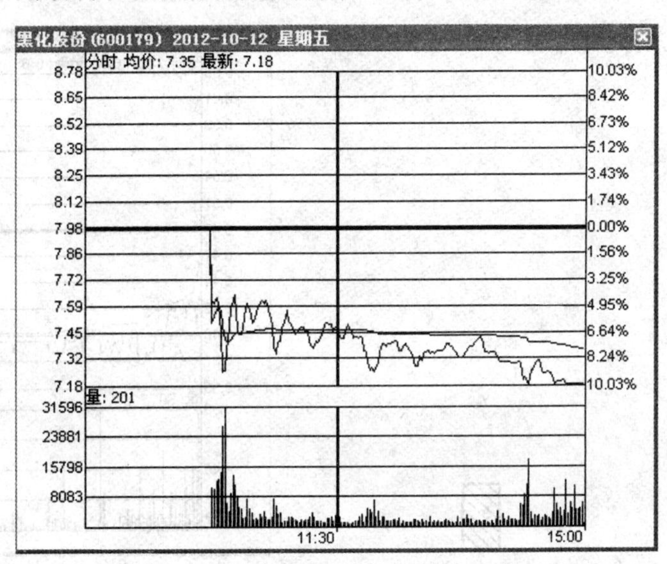

图7.4　光头光脚大阴线　　　　图7.5　光头光脚大阴线市场分时走势表现图

③光头光脚小阳线。没有上下影线,股价窄幅波动,如图 7.6 和图 7.7 所示。

图 7.6　光头光脚小阳线

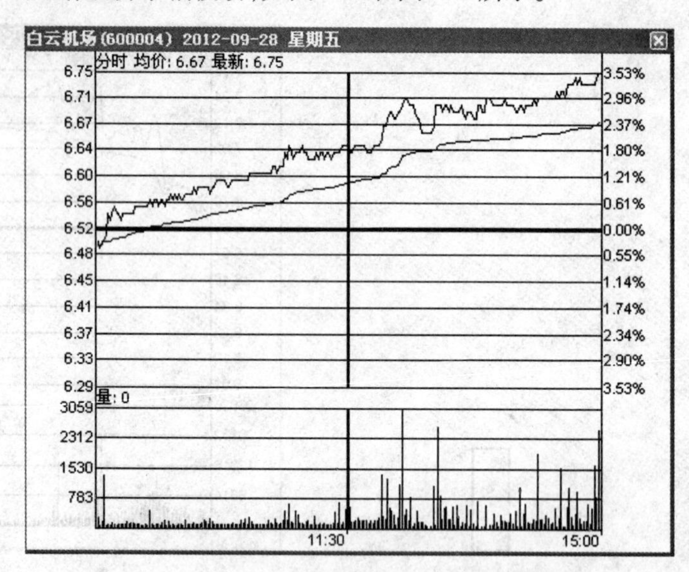

图 7.7　光头光脚小阳线市场分时走势表现图

④光头光脚小阴线。没有上下影线,价格波动幅度有限,如图 7.8 和图 7.9 所示。

图 7.8　光头光脚小阴线

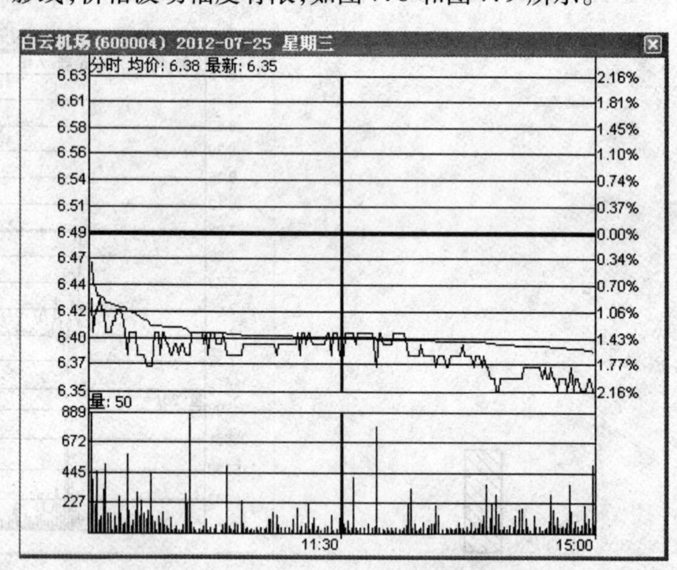

图 7.9　光头光脚小阴线市场分时走势表现图

⑤带上影线的阳线,如图7.10和图7.11所示。

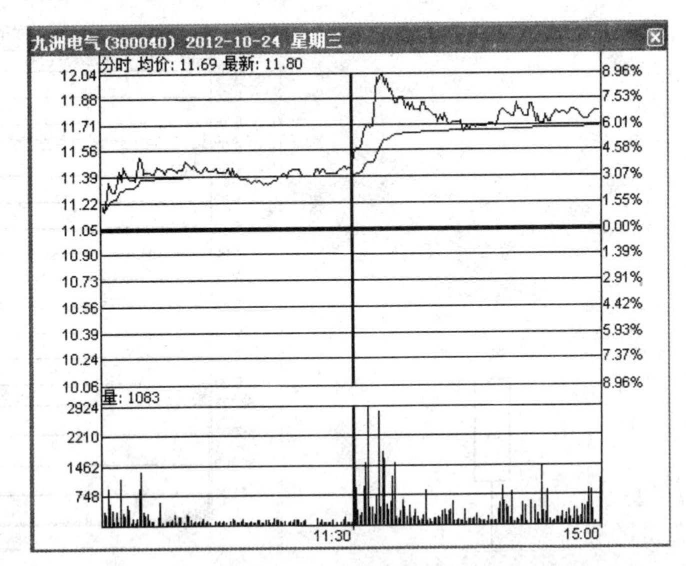

图7.10　带上影线的阳线

图7.11　带上影线的阳线市场分时走势表现图

⑥带上影线的阴线,如图7.12和图7.13所示。

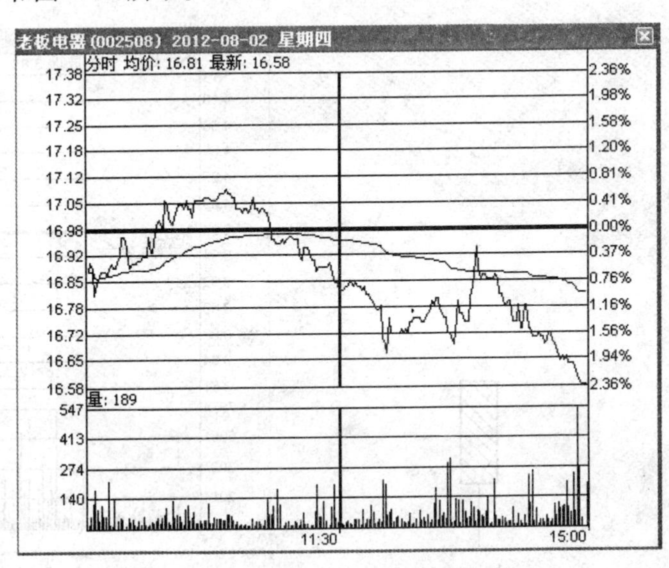

图7.12　带上影线的阴线

图7.13　带上影线的阴线市场分时走势表现图

⑦带下影线的阳线，如图 7.14 和图 7.15 所示。

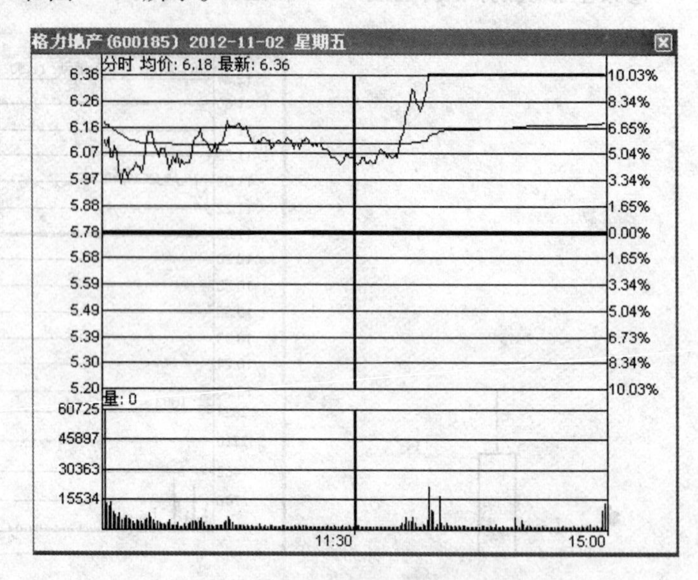

图 7.14　带下影线的阳线　　　图 7.15　带下影线的阳线市场分时走势表现图

⑧带下影线的阴线，如图 7.16 和图 7.17 所示。

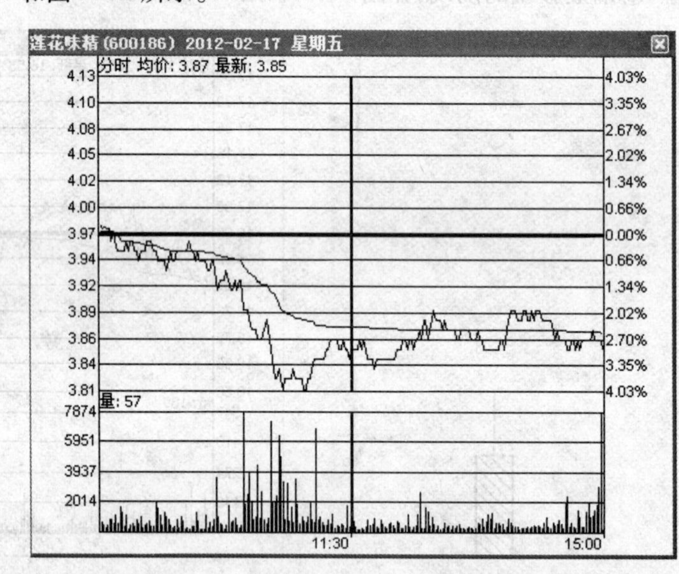

图 7.16　带下影线的阴线　　　图 7.17　带下影线的阴线市场分时走势表现图

⑨带上下影线的阳线,如图7.18和图7.19所示。

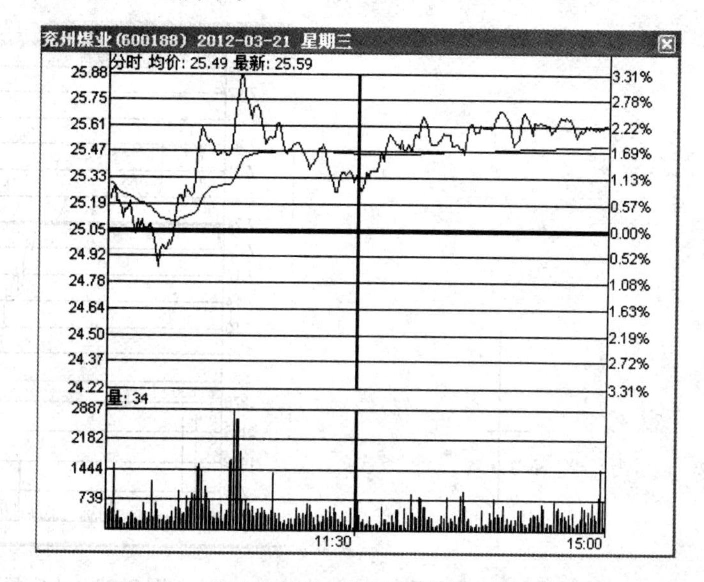

图7.18　带上下影线的阳线

图7.19　带上下影线的阳线市场分时走势表现图

⑩带上下影线的阴线,如图7.20和图7.21所示。

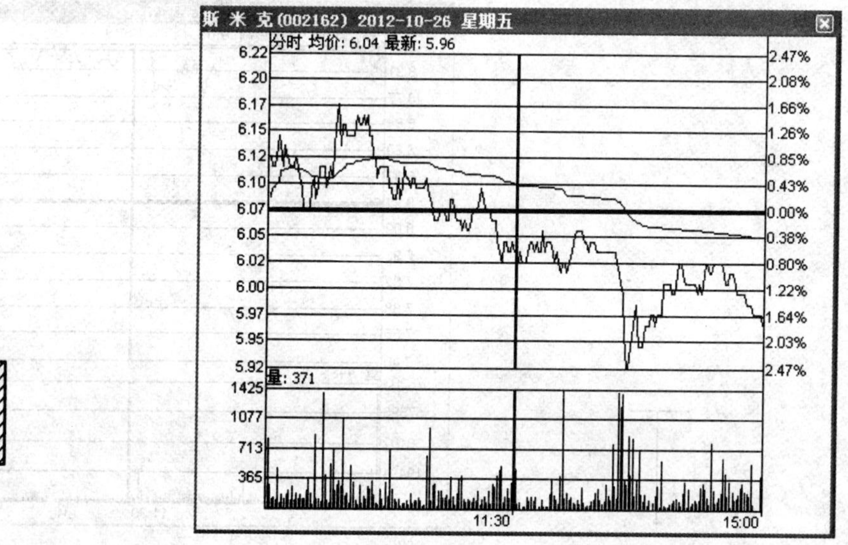

图7.20　带上下影线的阴线

图7.21　带上下影线的阴线市场分时走势表现图

⑪十字星形。开盘价等于收盘价并处于交易区间的中间，如图 7.22 和图 7.23 所示。

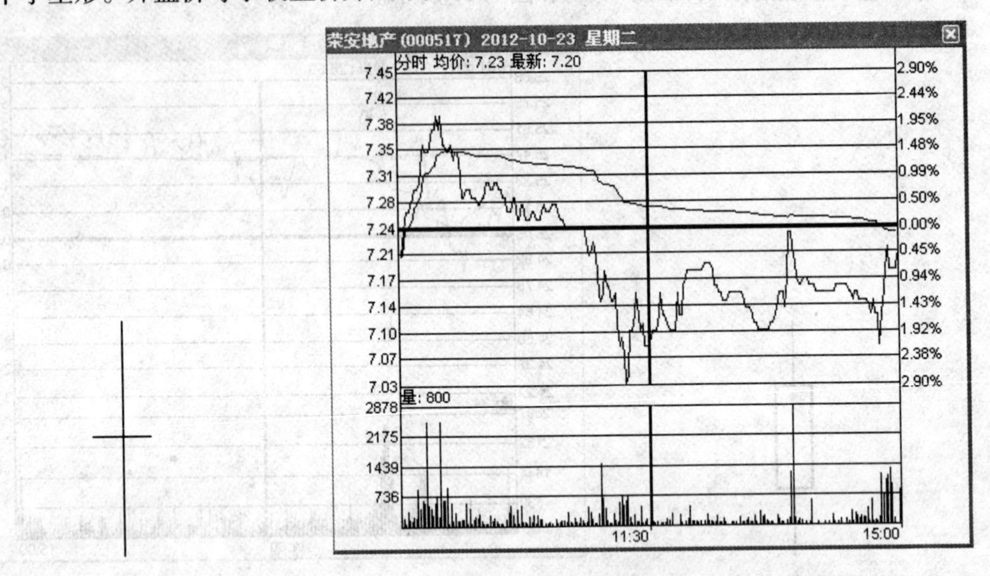

图 7.22　十字星形　　　　图 7.23　十字星形市场分时走势表现图

⑫T 字形。开盘价和收盘价为全日最高价，如图 7.24 和图 7.25 所示。

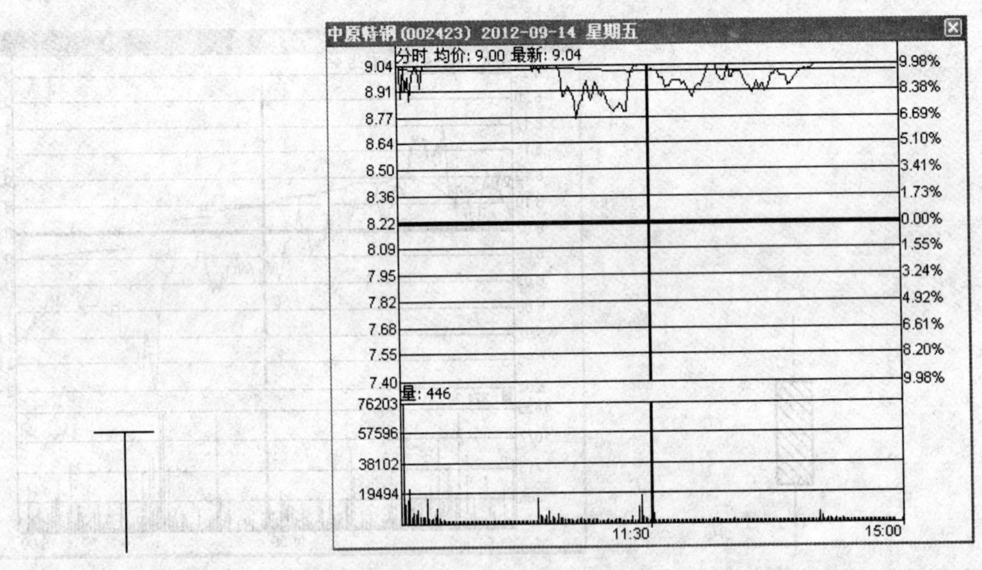

图 7.24　T 字形　　　　图 7.25　T 字形市场分时走势表现图

⑬倒T字形。开盘价与收盘价为全日最低价,如图7.26和图7.27所示。

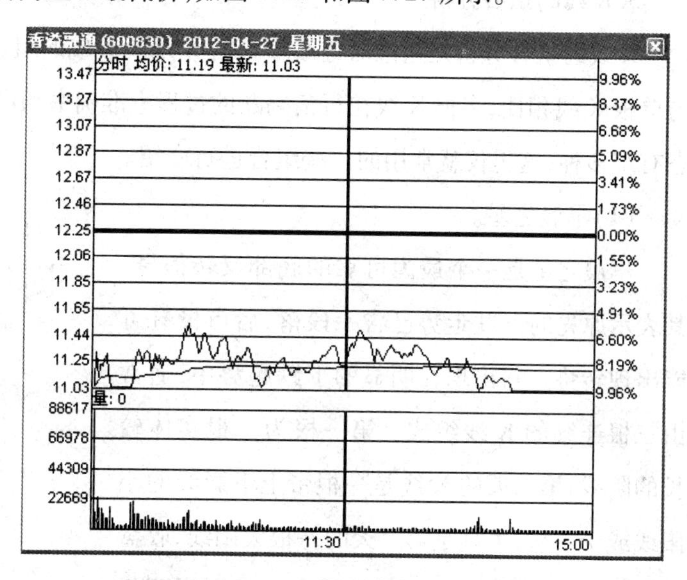

图7.26　倒T字形

图7.27　倒T字形市场分时走势表现图

⑭一字形。开盘价、收盘价、最低价、最高价都相同,如图7.28和图7.29所示。

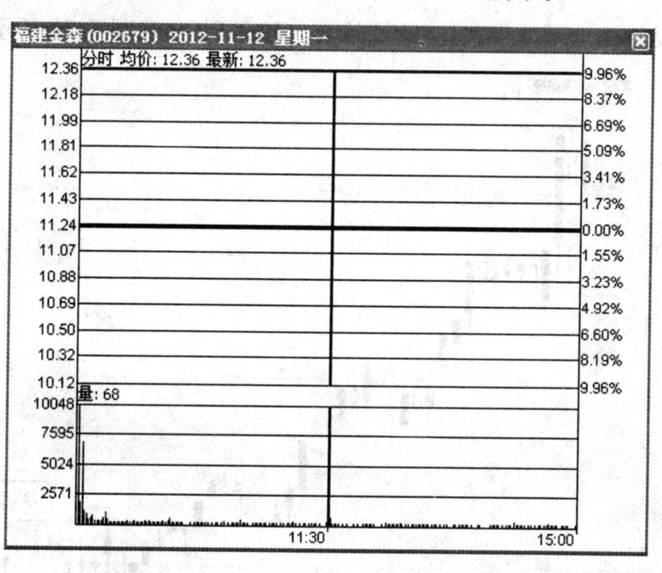

图7.28　一字形

图7.29　一字形市场分时走势表现图

3. K 线的组合分析

K 线的组合分析是通过对连续多天的 K 线所形成的组合走势来对未来的行情进行研判，与单根 K 线相比，多根 K 线在行情判断的过程中准确率和可信度都要高很多。K 线的组合形态有很多种，这里仅就常用的一些组合进行介绍。

(1)早晨之星。

早晨之星是一个最为可靠的底部反转信号，其表示原先的下跌走势已告一段落，后市极有可能出现转势。它出现在明显的下跌趋势中，通常由三根连续的 K 线组成。第一根为一根实体较长的阴线，第二天的 K 线是一根带上下影线的小阳线或十字星，关键是第三天的一根大阳线，收盘价一定要超过第二根 K 线的最高价且同时要超过第一根 K 线实体的一半以上。第三根 K 线越长且收盘价相对于第一根 K 线的位置越高，则反转的力量越强，可能性就越大。如图 7.30 和图 7.31 所示。

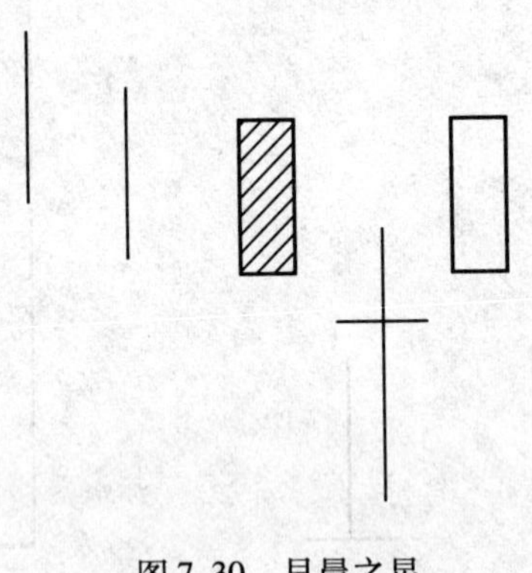

图 7.30　早晨之星

图 7.31　早晨之星市场实例

(2)黄昏之星。

黄昏之星是一个顶部反转信号,它出现在明显的上升趋势中,通常由三根连续的 K 线组成。第一根为一根实体较长的阳线,第二天的 K 线是一根带上下影线的小阴线或十字星,第三天的一根大阴线,收盘价一定要低于第二根 K 线的最低价且同时要超过第一根 K 线实体的一半以上。第三根 K 线的实体越长且收盘价相对于第一根 K 线的位置越低,则反转的力量越强,可能性就越大。如图 7.32 和图 7.33 所示。

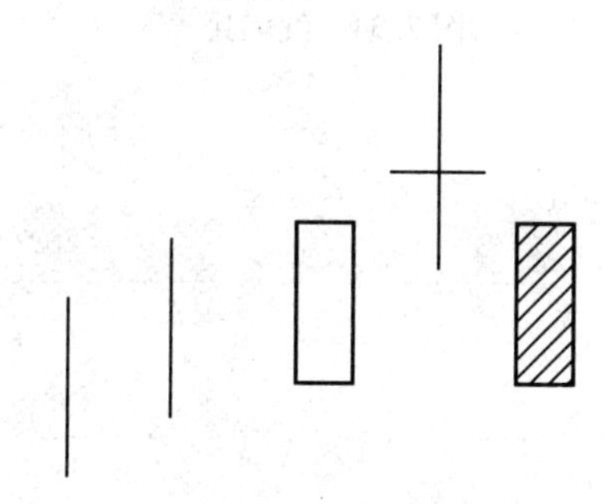

图 7.32　黄昏之星

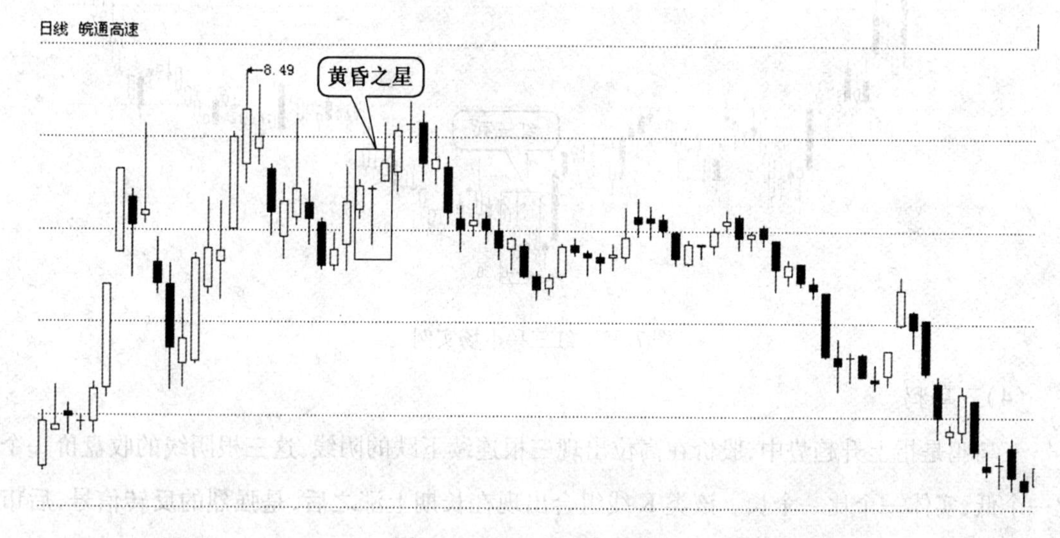

图 7.33　黄昏之星市场实例

(3)红三兵。

红三兵是指下跌趋势中,股价在低位出现三根连续上涨的阳线,这三根阳线的收盘价一个比一个高,实体一个比一个长。该类 K 线组合出现在长期下跌之后,是强烈的反转信号,后市

将加速上涨。如图 7.34 和图 7.35 所示。

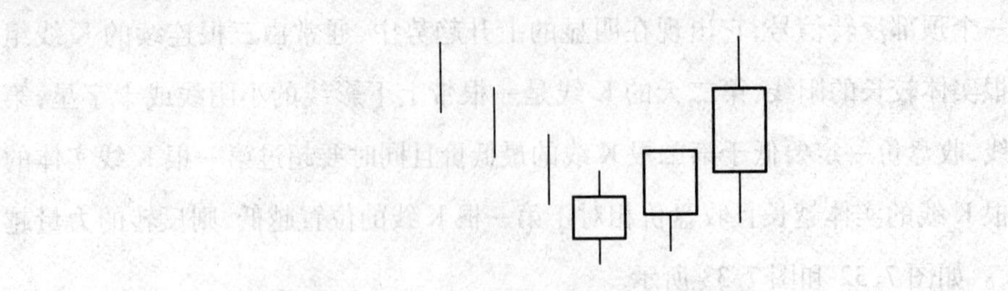

图 7.34　红三兵

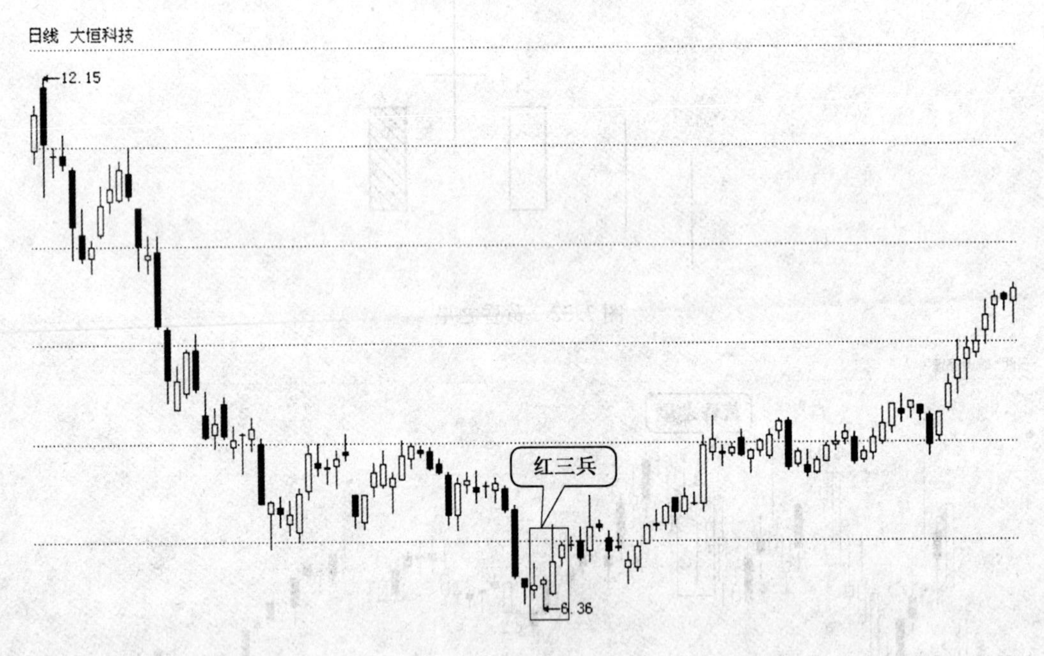

图 7.35　红三兵市场实例

(4)三乌鸦。

三乌鸦是指上升趋势中,股价在高位出现三根连续下跌的阴线,这三根阴线的收盘价一个比一个低,实体一个比一个长。该类 K 线组合出现在长期上涨之后,是强烈的反转信号,后市将加速下跌。如图 7.36 和图 7.37 所示。

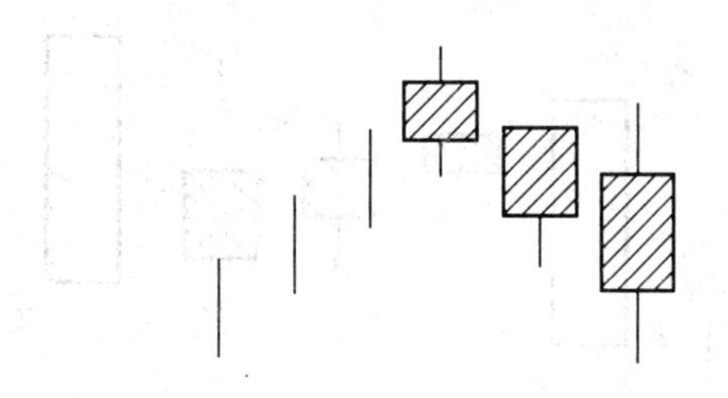

图7.36　三乌鸦

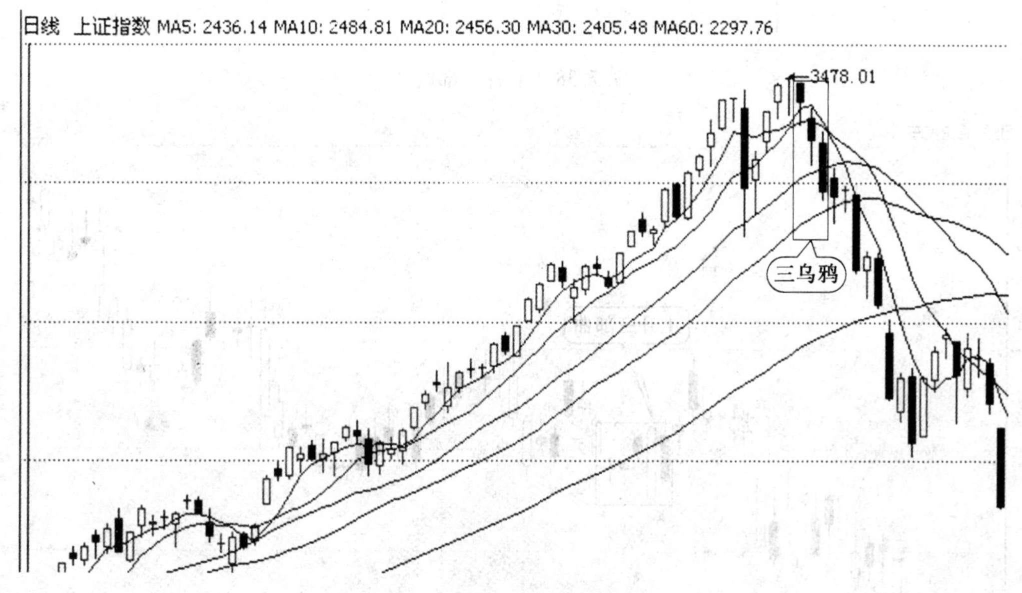

图7.37　三乌鸦市场实例

(5)上升三部曲。

上升三部曲通常出现在股价的上升趋势中,由5根K线组成。第一根是长阳线,第二到四根是3根较小的阴线且均处于第一根阳线的实体中,最后一根是收盘价高于第一根阳线收盘价的长阳线。该类组合表示一组小阴线只是对股价进行小幅的调整作用,最后一根长阳线结束了调整,开始继续涨升,向上趋势不会被改变。如图7.38和图7.39所示。

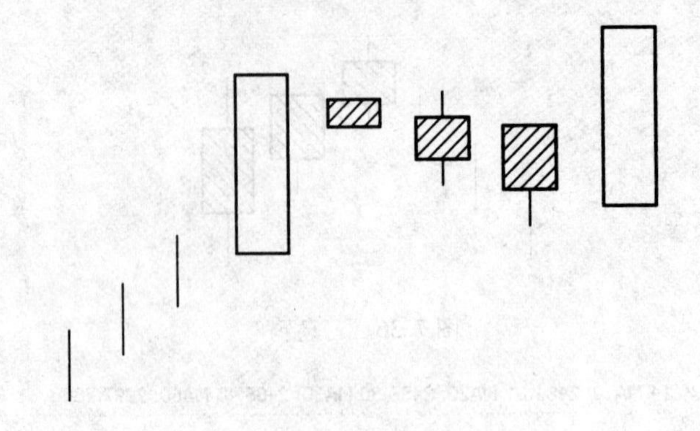

图 7.38　上升三部曲

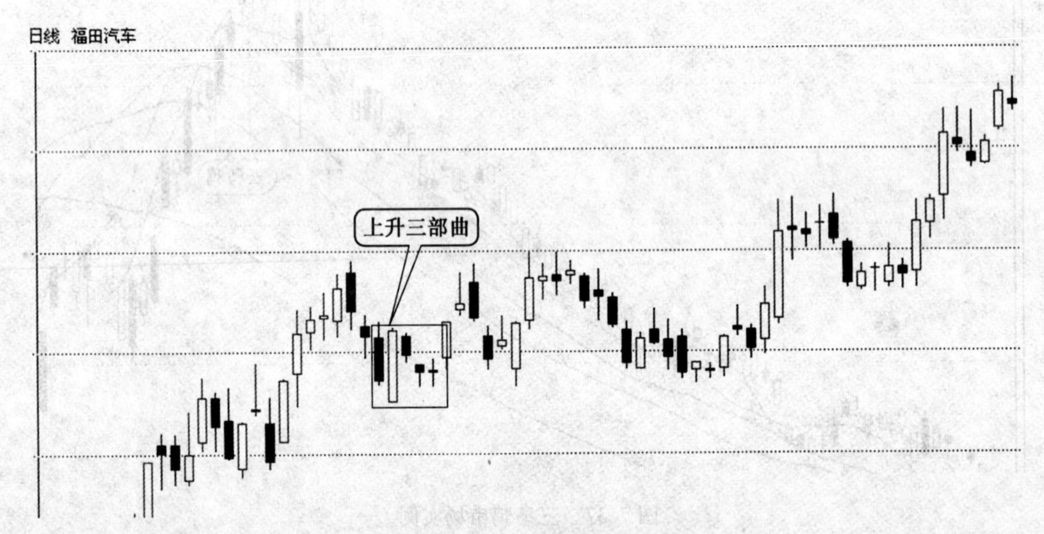

图 7.39　上升三部曲市场实例

(6)下跌三部曲。

下跌三部曲通常出现在股价的下跌趋势中,由 5 根 K 线组成。第一根是长阴线,第二到四根是 3 根较小的阳线且均处于第一根阴线的实体中,最后一根是收盘价低于第一根阳线收盘价的长阴线。该类组合表示一组小阳线只是对股价进行小幅的反弹作用,最后一根长阴线结束反弹,开始继续下跌,向下趋势不会被改变。如图 7.40 和图 7.41 所示。

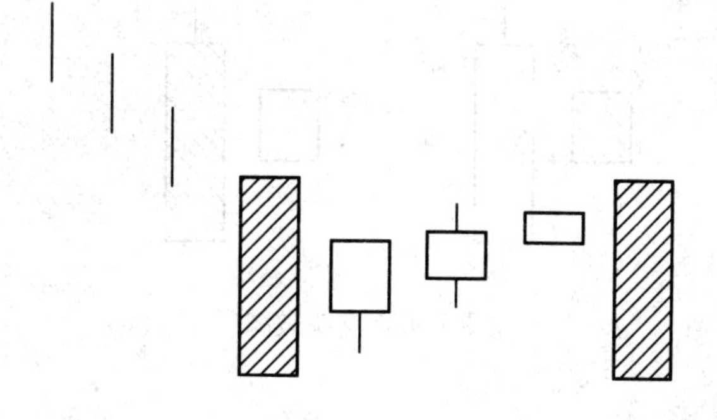

图7.40　下跌三部曲

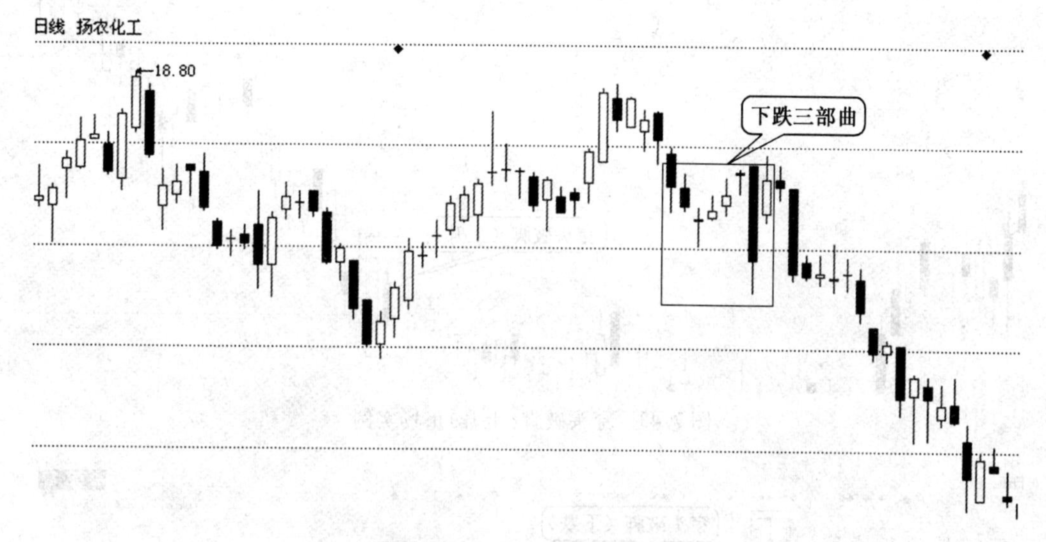

图7.41　下跌三部曲市场实例

(7)穿头破脚。

穿头破脚是市场上常见的一种最为剧烈的K线组合形态,是市场强烈反转的信号,它若出现在一个涨势的后期,往往会带来“崩盘”;它若出现在熊市的尾部,则可能造成“井喷”。如图7.42、图7.43和图7.44所示。

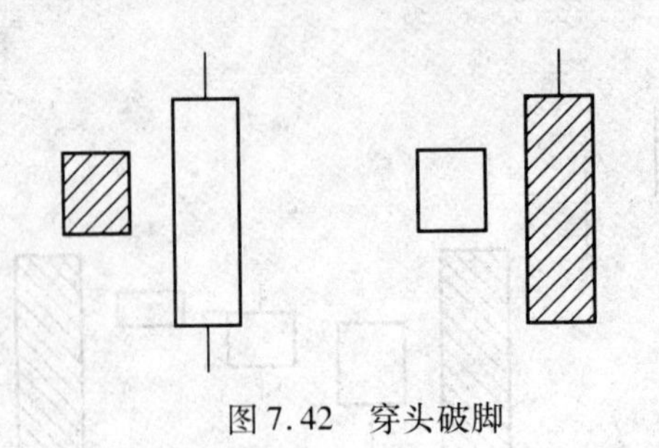

图 7.42　穿头破脚

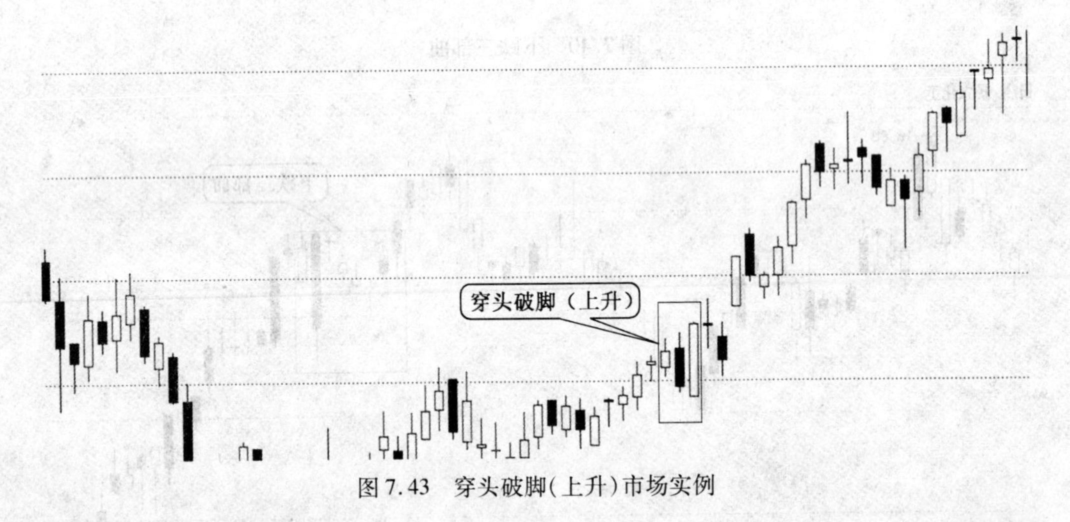

图 7.43　穿头破脚(上升)市场实例

图 7.44　穿头破脚(下跌)市场实例

(8)锤头和吊颈。

锤头是一个小实体下面带有长长的下影线的K线形态,好像锤子带着锤把的形状。锤头的出现预示着下跌趋势将结束,表示市场在用锤子夯实底部,是较可靠的底部形态。

吊颈是在高位出现的小阴实体,并带有长长的下影线,形状像一具上吊的尸体。预示上涨趋势结束,主力正在出货。如图7.45、图7.46和图7.47所示。

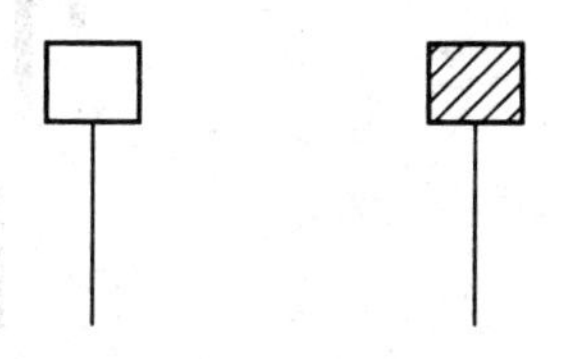

图7.45　锤头和吊颈

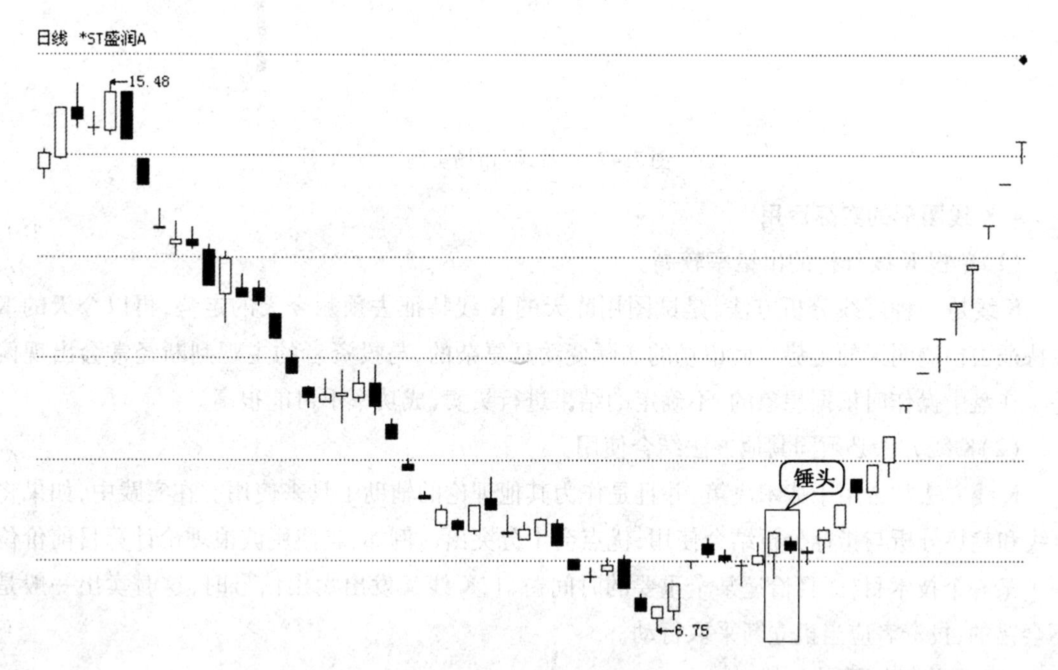

图7.46　“锤头”市场实例

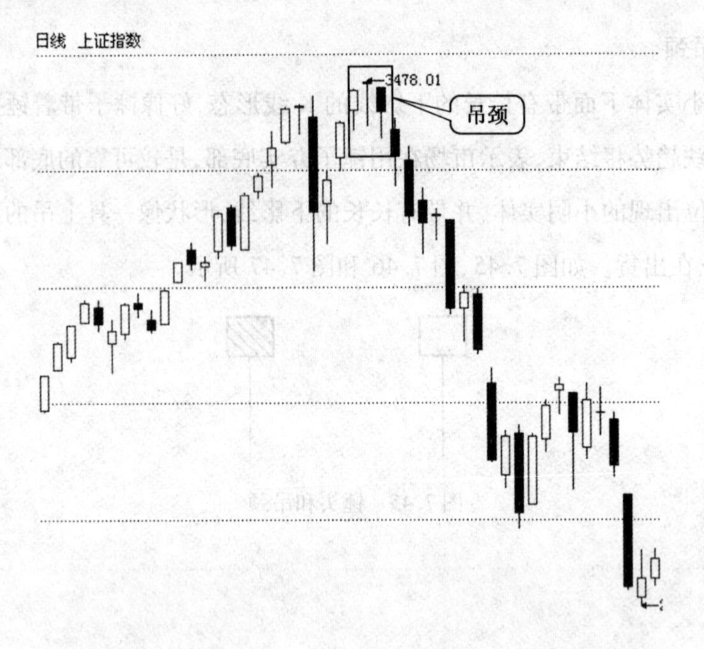

图7.47 “吊颈”市场实例

4. K线图形的实际运用

(1)单根K线分析的出错率较高。

K线是一种短线分析方法，是试图用昨天的K线特征去预测今天的走势，再以今天的K线特征去预测明天的走势。而市场的实际变动是复杂的，与投资者的主观判断经常会出现偏差。在盘中操作时依据想象的、不确定的结果进行买卖，成功率不可能很高。

(2)K线方法必须同其他方法结合使用。

K线方法常常用于战术决策，并且是作为其他理论的辅助工具来使用。在实践中，如果将K线和趋势分析与指标分析结合使用，优点会十分突出。例如，当使用波浪理论计算目前价位到了某一个技术目标，且恰逢某个重要的时间窗口，K线又发出卖出信号时，这时卖出一般是不会错的，投资者应当机立断采取行动。

(3)要善于使用周K线。

周K线对于指导中线投资者操作有较好的效果。在股市中，多数投资者都看日K线，用日K线指导操作。但日K线容易出错，且经常被庄家操纵做出骗线。而周K线反映的是中级行情，时间周期长，庄家做骗线的难度非常大，所以周K线的准确性远高于日K线。例如，当日K线是底部形态，而周K线是持续下跌形态时，说明股价并未见底。只有当周K线见顶或见底，日K线也见顶或见底时，这个顶部或底部才真实可靠。

(4)K线组合分析要根据实际情况进行修改和调整。

K线组合形态是总结历史经验的产物。在实际市场中,完全符合前面所介绍的组合形态的情况并不多见,如果一成不变地照搬组合形态,有可能会错失买入或卖出的良机。所以,投资者在实战中要根据情况适当地改变组合形态和调整操作策略。

7.1.2　趋势分析

证券投资应"顺势而为"不能"逆势而动",这已经成为广大投资者普遍认同的投资原则,因此,投资者对趋势的研判显得格外重要。只有准确地研判趋势变化,才有可能准确地确立买卖时机,从而获取投资利润,避免相应风险。

1.趋势线

尽管股票价格的波动反复无常,但从一定时间范围来看,股票价格的运动总是沿着某个特定的方向或状态发展变化。通常人们将这些特定的方向或状态进行了归纳,得出趋势运动的分类。按照趋势运动的方向划分,可以分为上升趋势、下降趋势、水平趋势。如图7.48所示。按照趋势运动的周期划分,可以分为长期趋势、中期趋势、短期趋势。如图7.49所示。

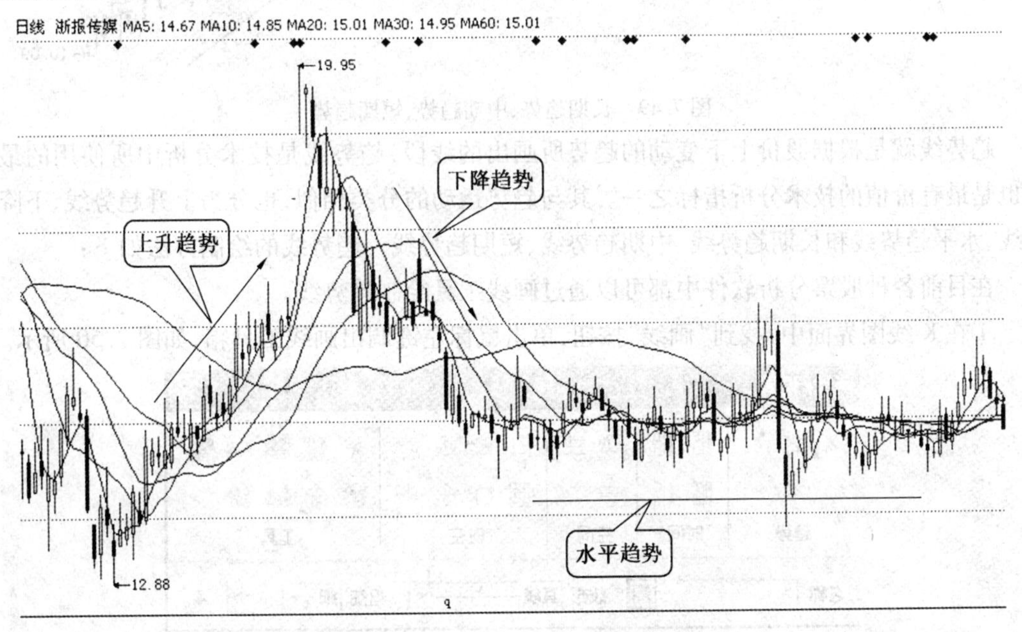

图7.48　上升趋势、下降趋势、水平趋势

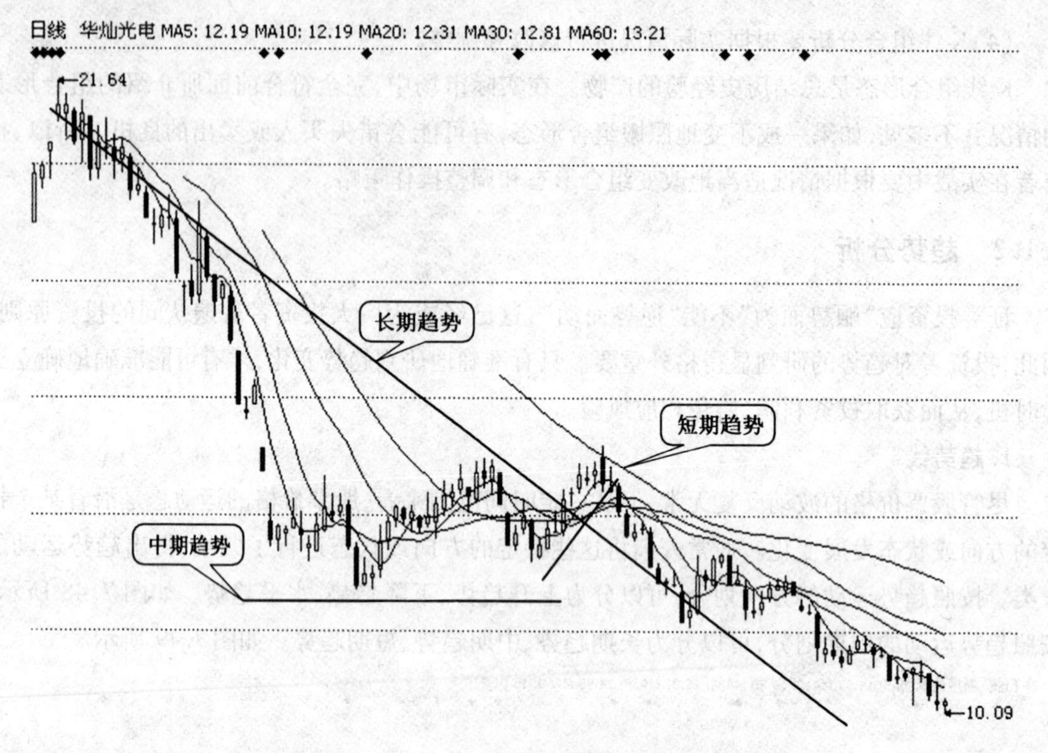

图 7.49　长期趋势、中期趋势、短期趋势

趋势线就是根据股价上下变动的趋势所画出的线段，趋势线是技术分析中所使用的最简便也是最有价值的技术分析指标之一。其与趋势运动的分类相似，也分为上升趋势线、下降趋势线、水平趋势线和长期趋势线、中期趋势线、短期趋势线。趋势线的绘制方法如下：

在目前各种股票分析软件中都可以通过画线工具绘制趋势线。

①在 K 线图界面中，找到“画线”按钮，单击鼠标左键调出画线工具箱，如图 7.50 所示。

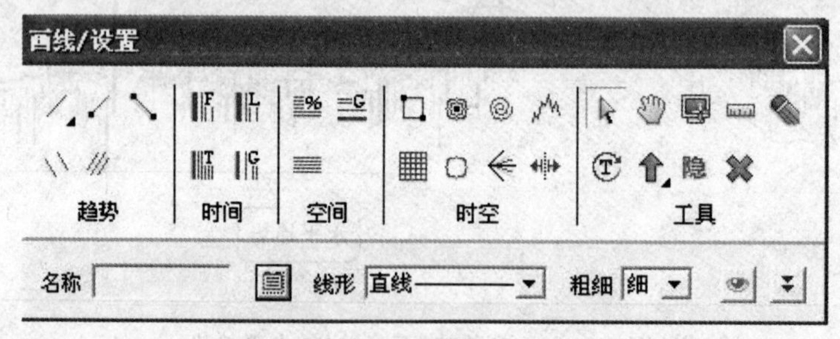

图 7.50　趋势线的绘制对话框

②选择画线工具中的图标 ⟋，该图标用于绘制“趋势线”。

③然后将鼠标移动到 K 线图中，此时鼠标箭头会显示为十字光标，将光标定位到要绘制

趋势线的起始点。这时不要放开鼠标左键,并将十字光标移动一下,界面中就出现一根直线。我们可以进行360°的定位将直线延伸到要绘制趋势线的各个点上。这样连接起来就形成了一根趋势线,如图7.51所示。

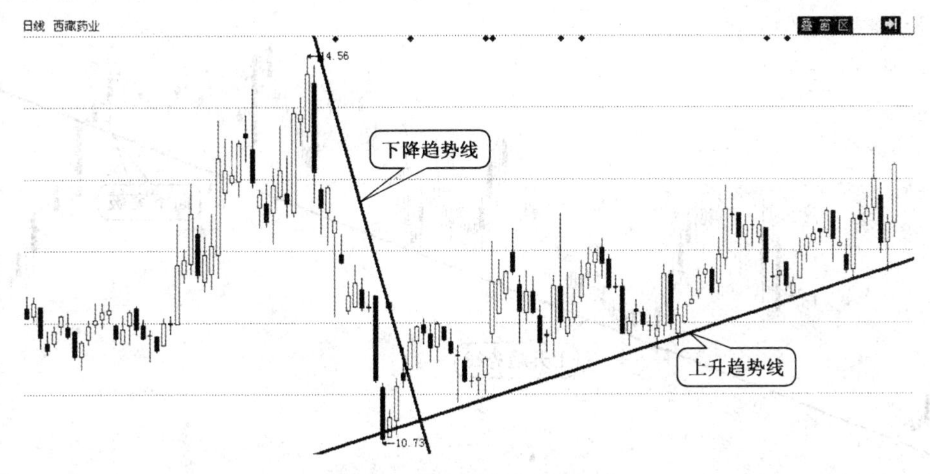

图7.51　趋势线绘制界面

趋势线在实际运用时需要注意几点:第一,趋势线表明了当股价向其固定的方向移动时,它非常有可能沿着这条趋势线继续波动。趋势线一旦确认,股价上涨和下跌至趋势线附近时往往会对股价的波动产生一定的支撑和阻力作用,因此可以作为买卖的参考。如图7.52所示。

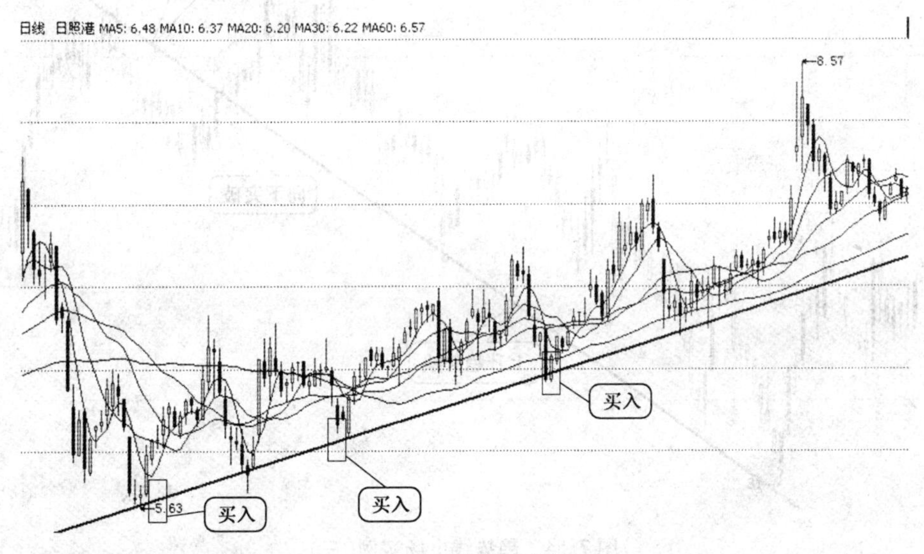

图7.52　趋势线市场实例(一)

第二，当趋势线被有效的上涨或下跌所突破时，往往预示着行情已经发生逆转，投资者应该考虑买入或是卖出股票，以获取利润或减少损失。如图 7.53 所示。

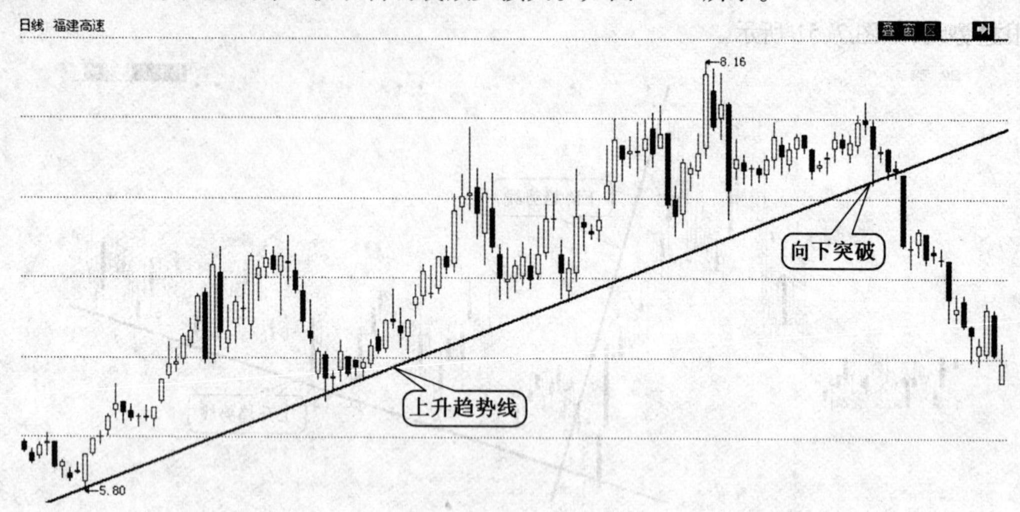

图 7.53　趋势线市场实例(二)

第三，当股价有效突破趋势线后，通常会产生反作用力，原有的趋势线支撑会变成阻力，而阻力会变成支撑。如图 7.54 所示。

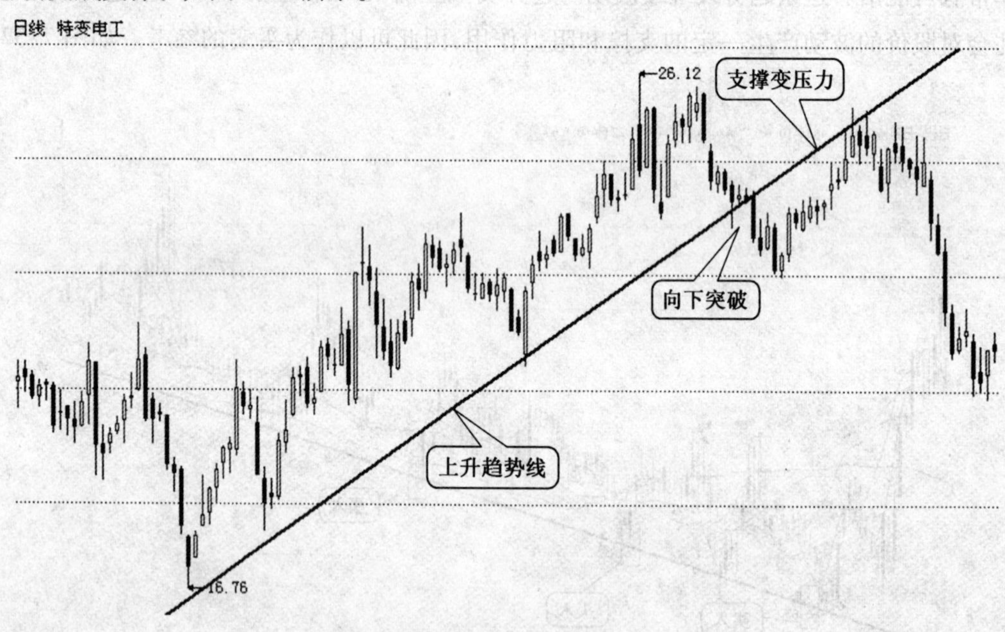

图 7.54　趋势线市场实例(三)

2. 支撑线和阻力线

支撑线和阻力线是趋势线在运用中的一种延伸，其形成原因一般为股价在某区域内上下波动，并且在该区域内累积成交量极大，那么股价冲过或跌破此区域后，该区域便自然成为股价的支撑线或阻力线。这些曾经有过大成交量的价位时常由阻力线变为支撑线，或由支撑线变为阻力线；阻力线一旦被冲过，便会成为下个跌势的支撑线；而支撑线一经跌破，将会成为下一个涨势的阻力线。如图7.55所示。

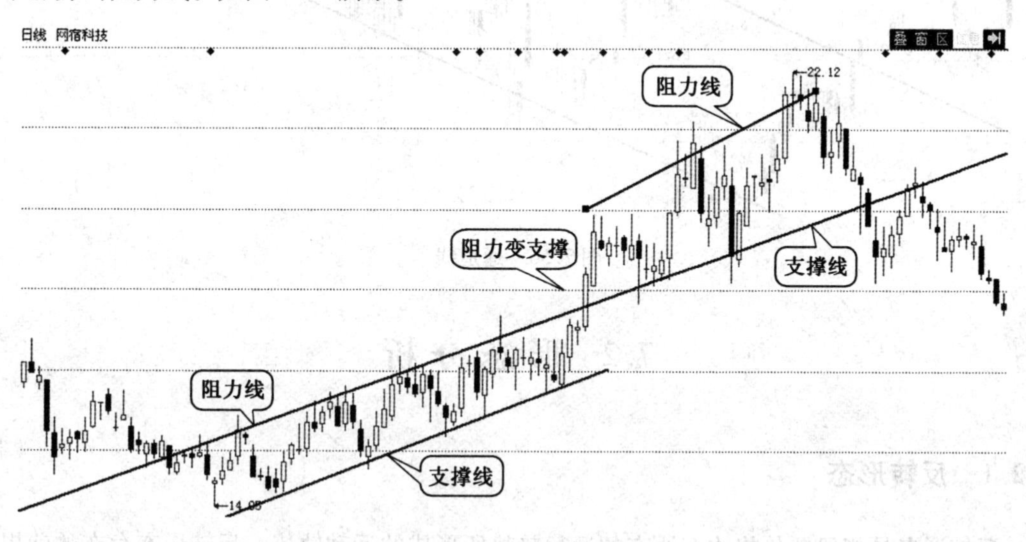

图7.55　支撑线和阻力线

3. 通道线

通道线又称轨道线，是趋势线概念的延伸，也是基于趋势线的一种分析方法。当股价沿着趋势上涨到某一价位水准会遇到阻力，回档至某一水准价格又获得支撑，股价就在接高点的延长线及接低点的延长线之间上下来回波动。当通道线确立后，股价就非常容易找出高低位所在，投资者可依此判断来操作股票。如图7.56所示。

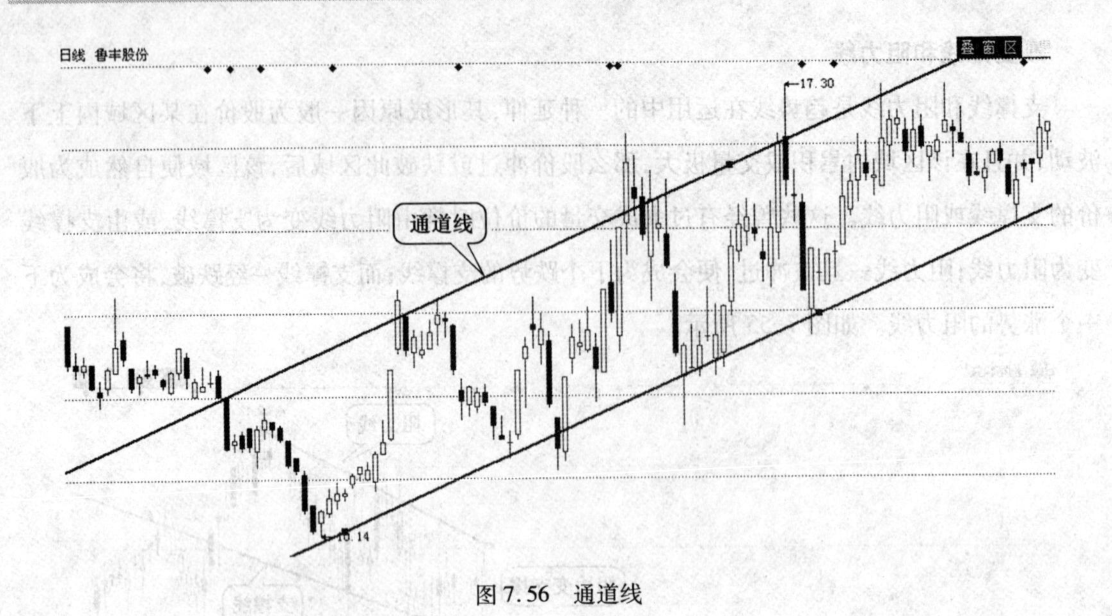

图 7.56 通道线

7.2 形态分析

7.2.1 反转形态

反转形态是指股票价格改变原有的运行趋势所形成的运动轨迹。反转形态存在的前提是市场原先确有趋势出现，而经过横向运动后改变了原有的方向。反转形态的规模，包括空间和时间跨度，决定了随之而来的市场动作的规模，也就是说，形态的规模越大，新趋势的市场动作也越大。

1. 头肩形

头肩形是一种典型的反转形态，它将带来明显的大势反转，头肩形一般分为头肩顶、头肩底以及复合头肩三种类型。

(1)头肩顶。

头肩顶是最为常见的反转形态之一。顾名思义，图形由左肩、头、右肩及颈线组成，如图7.57 和图 7.58 所示。

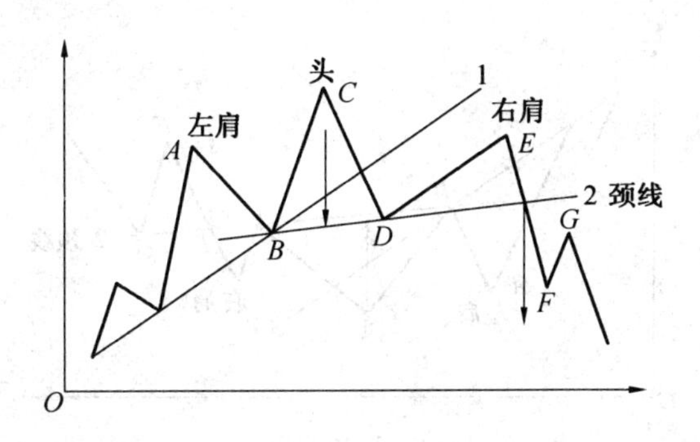

图7.57　头肩顶示意图

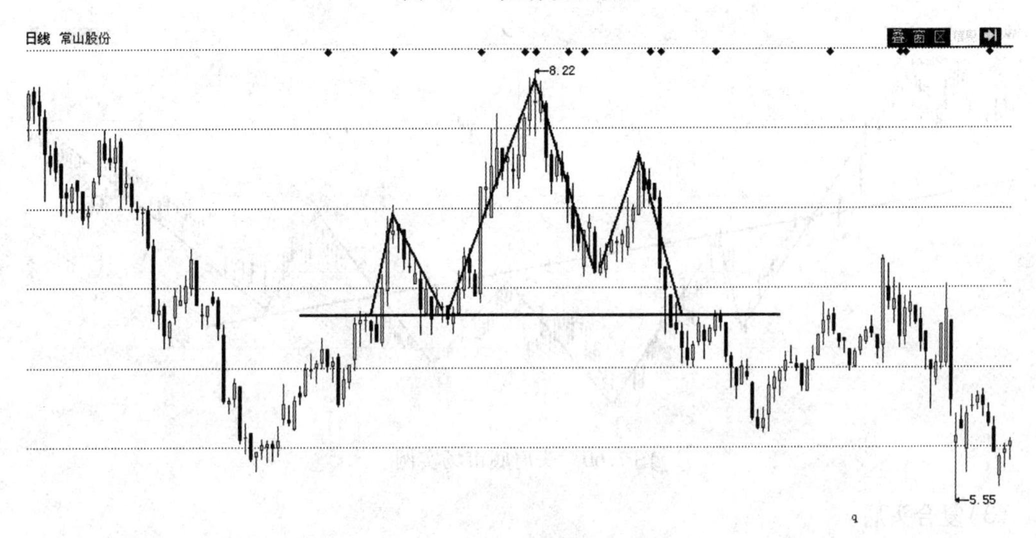

图7.58　头肩顶市场实例

(2)头肩底。

头肩底是跟随下跌市势而行,并发出市况逆转的讯号。图形由左肩、头、右肩及颈线组成,如图7.59和图7.60所示。

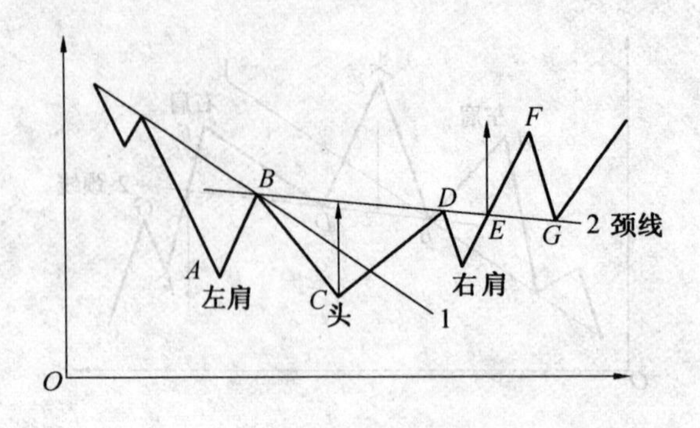

图 7.59　头肩底示意图

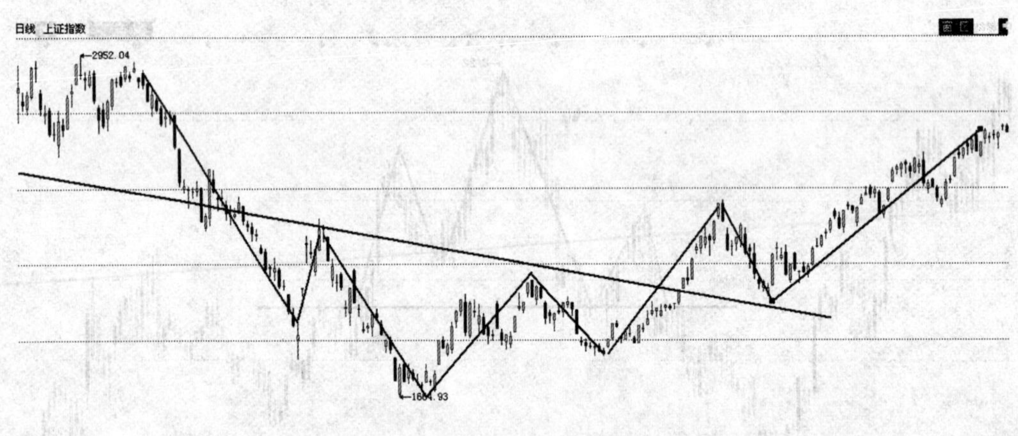

图 7.60　头肩底市场实例

(3)复合头肩。

由于股价变动是市场多种因素合力作用的结果,因此表现在股价演变的图形上,会出现激烈的多空争斗,来回拉锯式的波动,往往产生复合头肩的图形。

2. 双重形

双重形也是一种比较重要的反转形态。它与头肩形相比,就是没有肩部,只是由两个等高的峰或谷组成。

(1)双重顶。

双重顶也称“M 头”,双重顶形态的出现预示着股价即将下跌。如图 7.61 和图 7.62 所示。

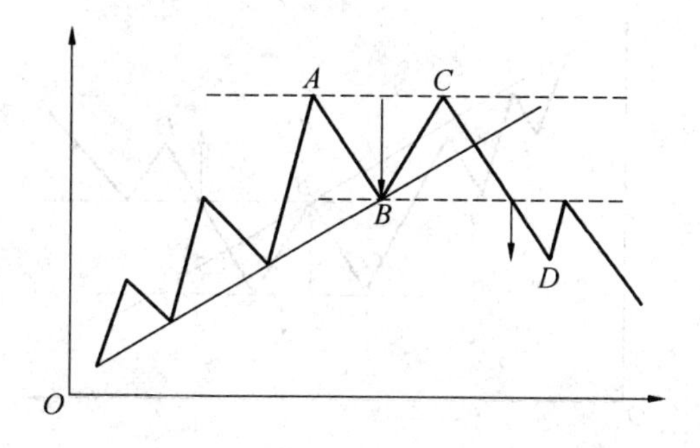

图 7.61　双重顶示意图

图 7.62　双重顶市场实例

(2)双重底。

双重底也称“W 底”,一旦双重底形态形成后,投资者可抓紧时机买进。如图 7.63 和图 7.64 所示。

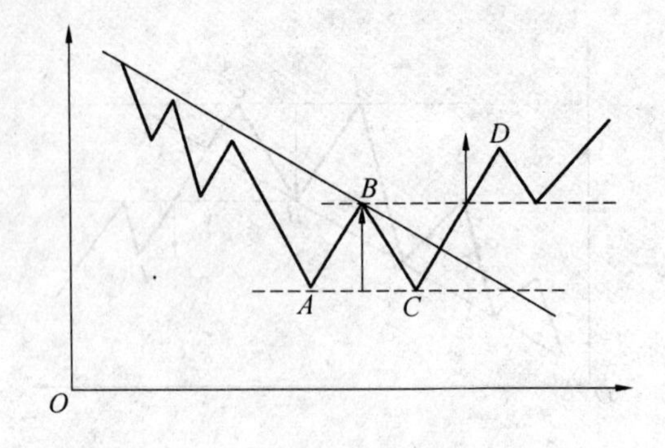

图 7.63 双重底示意图

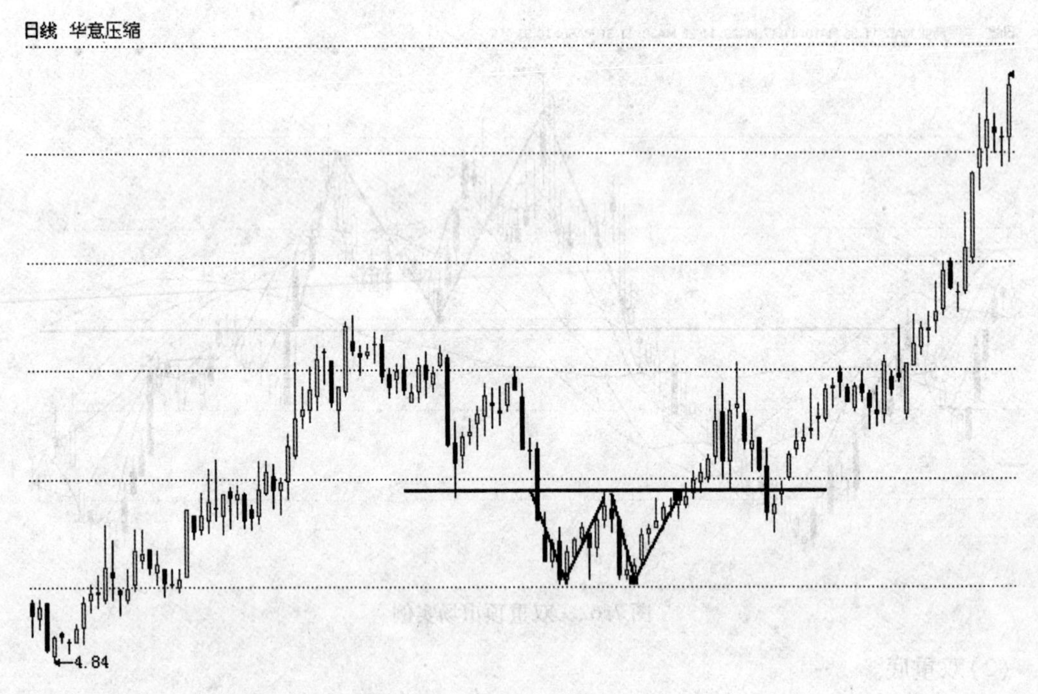

图 7.64 双重底市场实例

(3)多重顶(底)。

多重顶(底)是双重形的一种扩展形式,也是头肩形的变形。

7.2.2 持续形态

1.三角形

三角形包括对称三角形、上升三角形和下降三角形。

(1)对称三角形。

由一系列的价格变动所组成,其变动幅度逐渐缩小,亦即每次变动的最高价,低于前次的水准,而最低价比前次最低价水准高,呈一压缩图形。如图7.65和图7.66所示。

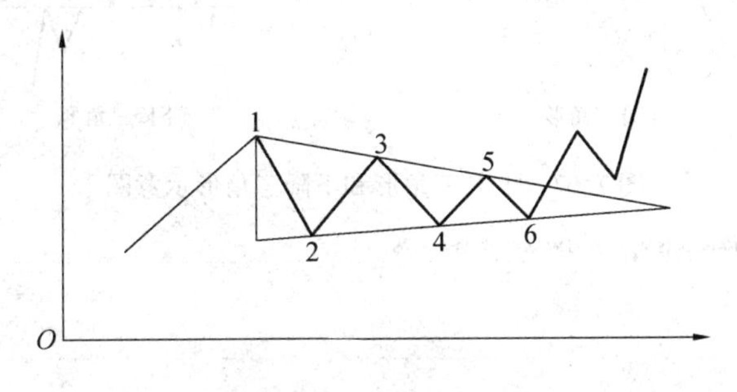

图7.65　对称三角形示意图

日线 天通股份 MA5: 9.32 MA10: 8.96 MA20: 8.51 MA30: 8.33 MA60: 7.61

←2.90

图7.66　对称三角形市场实例

(2)上升三角形和下降三角形。

上升三角形是对称三角形的变形体。上升三角形比起对称三角形来,有更强烈的上升意识,多方比空方更为积极。通常以三角形的向上突破作为这个持续过程终止的标志;下降三角形的基本内容和上升三角形基本相似,只是方向相反。下降三角形同样是多空双方的较量表现,然而多空力量却与上升三角表所显示的情形相反。如图7.67、图7.68和图7.69所示。

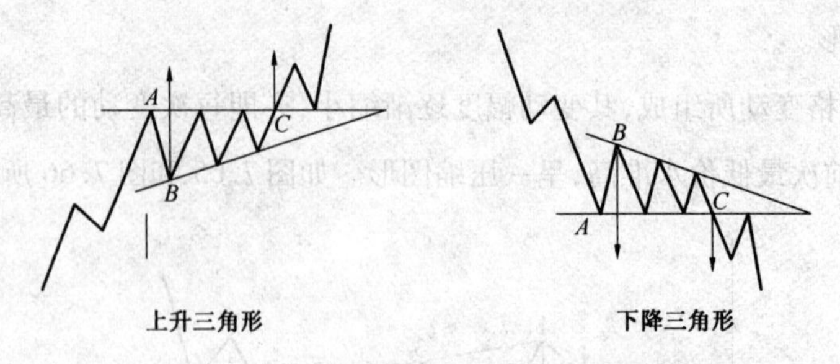

图 7.67　上升三角形和下降三角形示意图

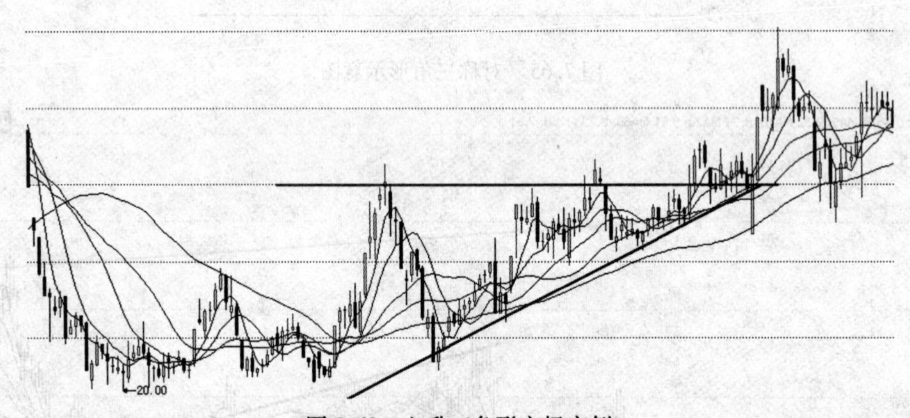

图 7.68　上升三角形市场实例

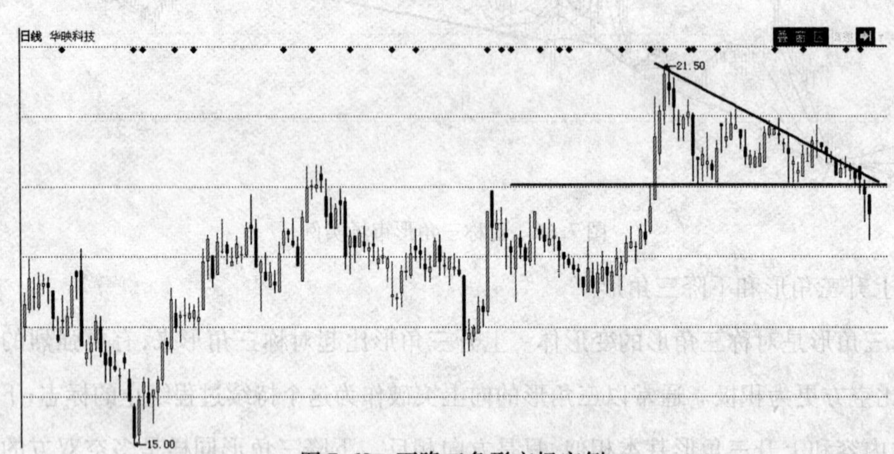

图 7.69　下降三角形市场实例

2. 矩形

矩形又叫箱形，它是指股价在两条水平界限之间上下波动而形成的形态，如图 7.70、图 7.71和图 7.72 所示。

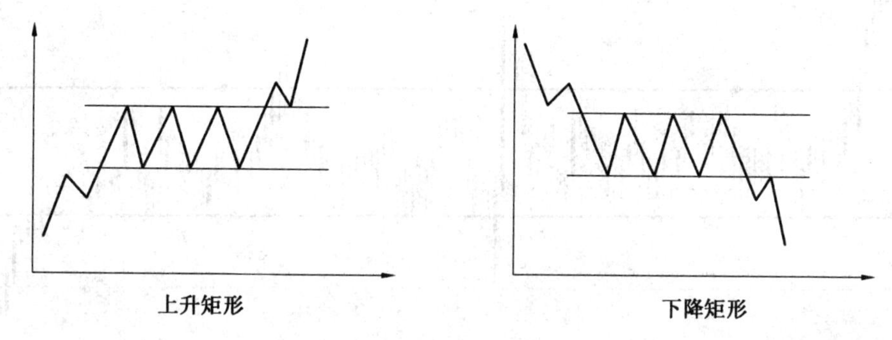

图 7.70 矩形示意图

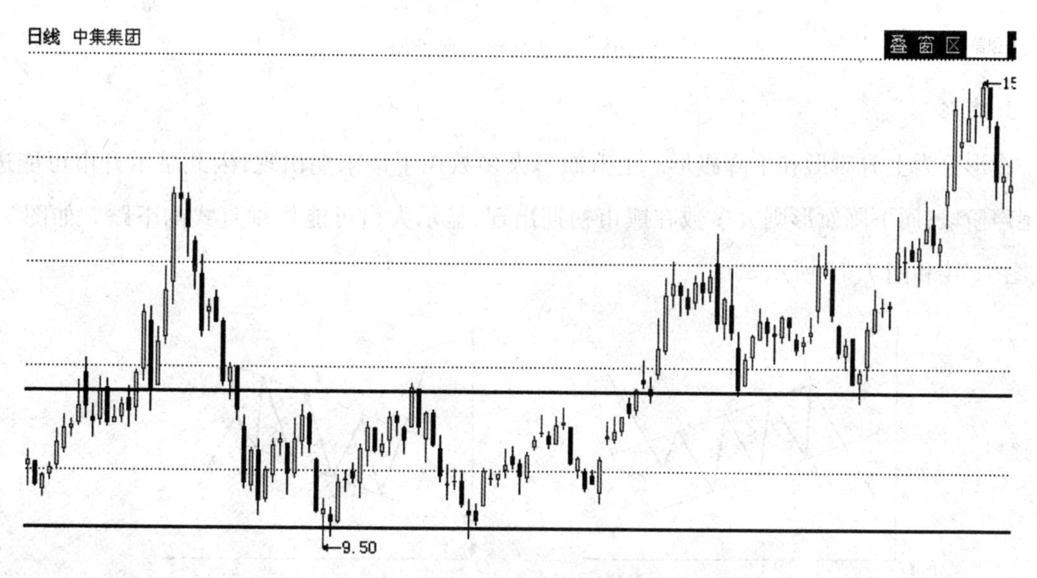

图 7.71 上升矩形市场实例

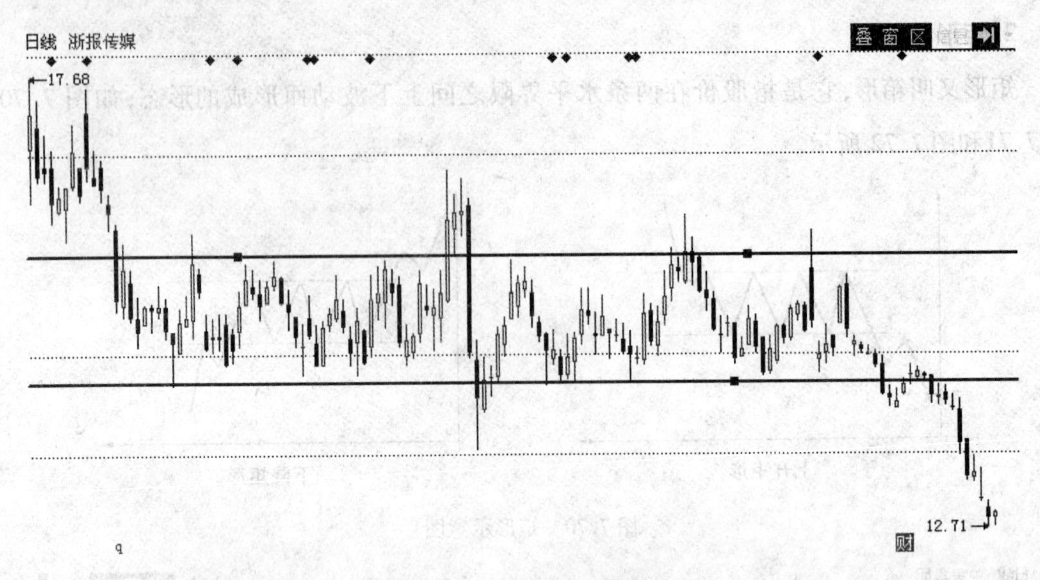

图 7.72　下降矩形市场实例

3. 旗形

旗形分为上升旗形和下降旗形。上升旗形大多数在牛市末期出现,因此暗示升市可能进入尾声阶段;而下降旗形则大多数在熊市初期出现,显示大市可能作垂直式的下跌。如图 7.73、图 7.74 和图 7.75 所示。

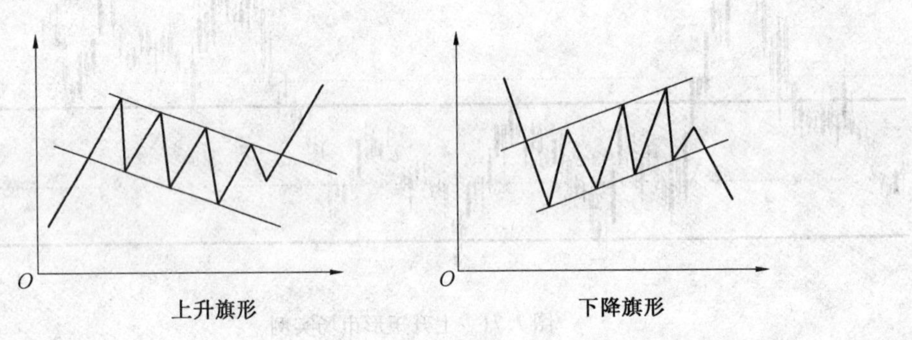

图 7.73　旗形示意图

图7.74　上升旗形市场实例

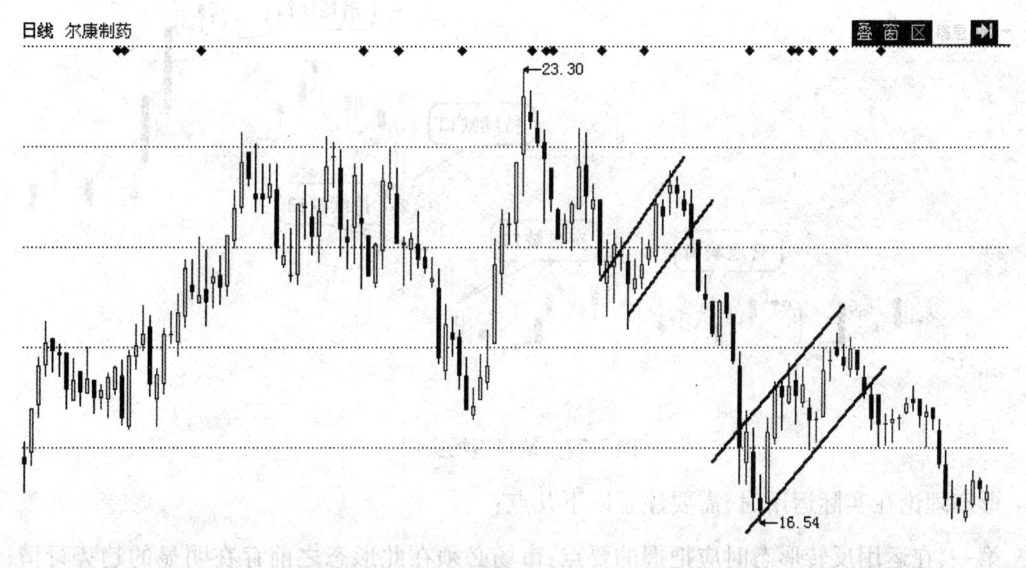

图7.75　下降旗形市场实例

7.2.3　缺口

缺口是指股价在快速大幅变动中有一段价格没有任何交易，显示在股价趋势图上是一个真空区域，这个区域称之“缺口”，它通常又称为跳空。缺口分析是技术分析的重要手段之一。

缺口可以分普通缺口、突破缺口、持续性缺口与消耗性缺口四种。如图 7.76 和图 7.77 所示。

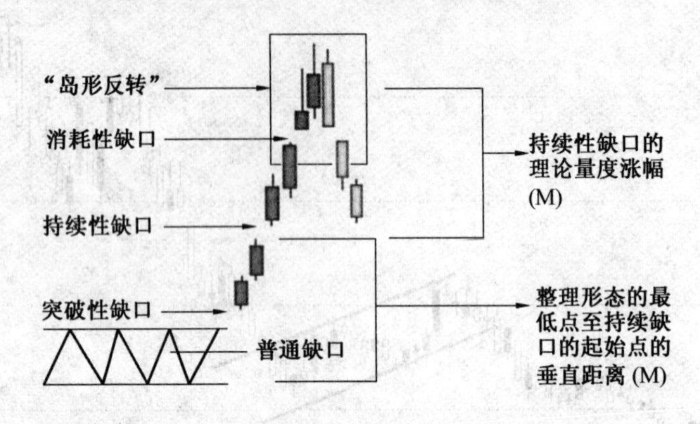

图 7.76　缺口示意图

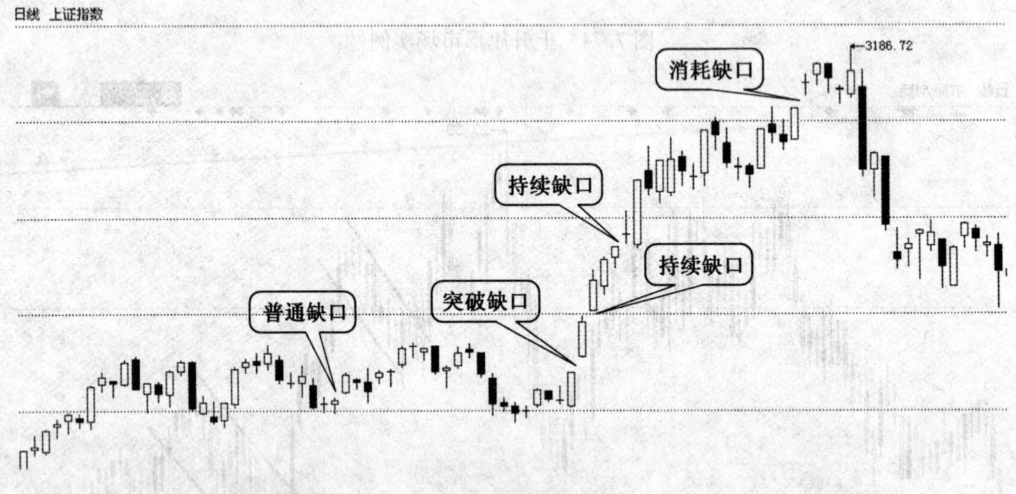

图 7.77　缺口市场实例

形态理论在实际运用时,需要注意以下几点:

第一,在运用反转形态时应把握的要点:市场必须在此形态之前存在明显的趋势行情;最重要的趋势线被有效突破;如果反转形态形成在底部位置,那么在该形态出现向上突破的后半段则要求伴随着成交量的逐渐放大。

第二,在运用持续形态时应把握的要点:形态形成过程中成交量呈现逐步明显减少,迅速萎缩的倾向;在持续形态形成过程中股价上涨较为缓慢,并伴随较大的成交量;持续形态形成时振幅越大,一旦向上突破之后涨幅往往越大。

第三,在运用缺口理论时应把握的要点:一般的缺口都会填补;在一次上升或下跌的过程里,缺口出现愈多,显示其趋势愈快接近终结。

7.3　指标分析

7.3.1　移动平均线 MA

移动平均线是将某一段时间股指或股价的平均值画在坐标图上所连成的曲线,用它可以研判股价未来的运动趋势。移动平均线常用线有5天、10天、30天、60天、120天和240天的指标。其中,5天和10天的短期移动平均线。是短线操作的参照指标,称为日均线指标;30天和60天的是中期均线指标,称为季均线指标;120天、240天的是长期均线指标,称为年均线指标。如图7.78所示。

【操作要点】

①上升行情初期,短期移动平均线从下向上突破中长期移动平均线,形成的交叉叫黄金交叉(简称金叉)。

②短期移动平均线向下跌破中长期移动平均线形成的交叉叫死亡交叉(简称死叉)。

③在上升行情进入稳定期,5日、10日、30日移动平均线从上而下依次顺序排列,向右上方移动,称为多头排列。预示股价将大幅上涨。

④在下跌行情中,5日、10日、30日移动平均线自下而上依次顺序排列,向右下方移动,称为空头排列,预示股价将大幅下跌。

⑤在上升行情中股价位于移动平均线之上,走多头排列的均线可视为多方的防线;当股价回档至移动平均线附近,各条移动平均线依次产生支撑力量,买盘入场推动股价再度上升,这就是移动平均线的助涨作用。

⑥在下跌行情中,股价在移动平均线的下方,呈空头排列的移动平均线可以视为空方的防线,当股价反弹到移动平均线附近时,便会遇到阻力,卖盘涌出,促使股价进一步下跌,这就是移动平均线的助跌作用。

⑦移动平均线由上升转为下降出现最高点,和由下降转为上升出现最低点时,是移动平均

线的转折点。预示股价走势将发生反转。

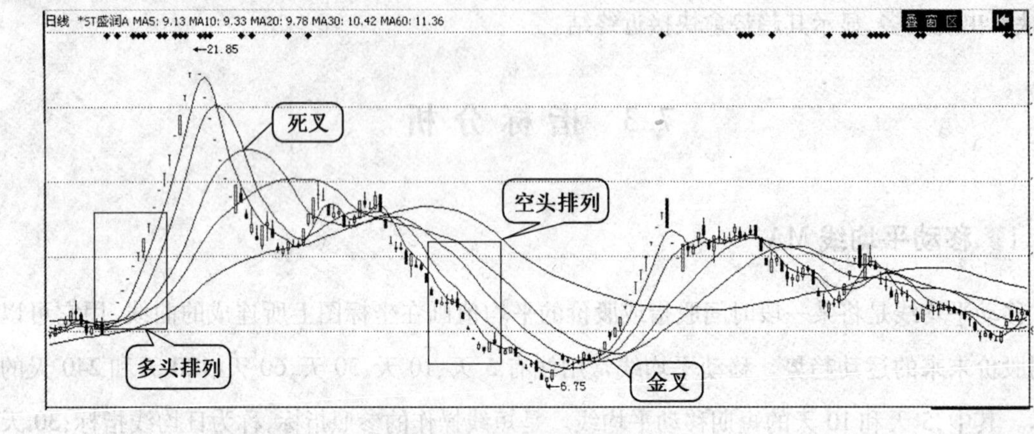

图 7.78　移动平均线市场实例

7.3.2　乖离率 BIAS

BIAS 乖离率指标的测试建立在如果股价偏离移动平均线太远,不管股价在移动平均线之上或之下,都有可能趋向平均线,而乖离率则表示股价偏离趋向指标所占的百分比值。如图 7.79 所示。

通常介绍乖离率指标超买和超卖数值的界定用法如下:6 日乖离率小于-4 是买进的时机,大于+4.5 是卖出的时机;12 日乖离率小于-5.5 是买进的时机,大于+6 是卖出的时机;24 日乖离率小于-8 是买进的时机,大于+9 是卖出的时机。

【操作要点】

①当证券价格在移动平均线之上时,乖离率为正值;当证券价格在移动平均线之下时,乖离率为负值;当证券价格与移动平均线一致时,乖离率为零。

②正的乖离率越大,表示短期获利越大,则获利回吐的可能性越高;而负的乖离率越大,则空头回补的可能性就越高。

③在大势上升时,会出现多次高价,可于先前高价的正乖离率点出货。同理,在大势下跌时,也会使负乖离率加大,可于前次低价的负乖离率时进场买进。

④如果市场是多方(空方)强势,则可考虑将买进时机的负乖离率绝对值调低(高),同时可考虑将卖出时机的正乖离率绝对值调高(低)。

⑤盘局中的正负乖离率不易研判进出，应与其他技术指标一起研判。同时，要利用支撑线与压力线进行判断。

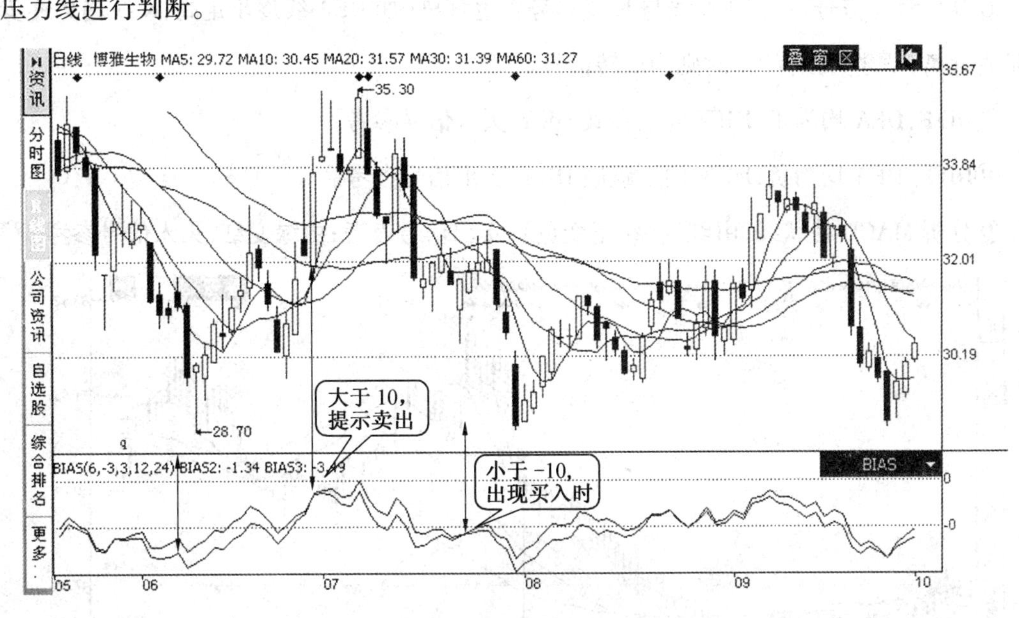

图 7.79　乖离率市场实例

7.3.3　指数平滑异同移动平均数 MACD

MACD 是根据移动平均线较易掌握趋势变动方向的优点发展出来的，是最常用的一种技术分析指标。它使用了正负值（DIFF）和异同平均值（DEA）这两个指标，另外还使用了红绿柱状指标，来判断买进与卖出的时机和讯号。如图 7.80 所示。

【操作要点】

①DIFF 向上突破 DEA 为买进信号，但在 0 轴以下交叉时，仅适宜空头补仓。

②DIFF 向下跌破 DEA 为卖出信号，但在 0 轴以上交叉时，仅适宜多头平仓。

③DIFF 与 DEA 在 0 轴线之上，市场趋向为多头市场，若两者在 0 轴线之下，市场趋向空头市场。

④价格处于上升的多头走势，当 DIFF 慢慢远离 DEA，造成两线之间乖离加大，多头应分批获利了结，可行短空。

⑤价格线呈盘局走势时，会出现多次 DIFF 与 DEA 交错，可不必理会，但须观察图形的乖

离程度,一旦加大,可视为盘局的突破。

⑥寻找背离信号。当 DEA 线与 K 线趋势发生背离(如 DEA 线逐步走高,K 线趋势逐步走低是底背离,反之为顶背离)时则为反转信号。

⑦DIFF、DEA 均为正,DIFF 向上突破 DEA,买入信号参考。

⑧DIFF、DEA 均为负,DIFF 向下跌破 DEA,卖出信号参考。

⑨分析 MACD 柱状线,由红变绿(正变负),卖出信号参考;由绿变红,买入信号参考。

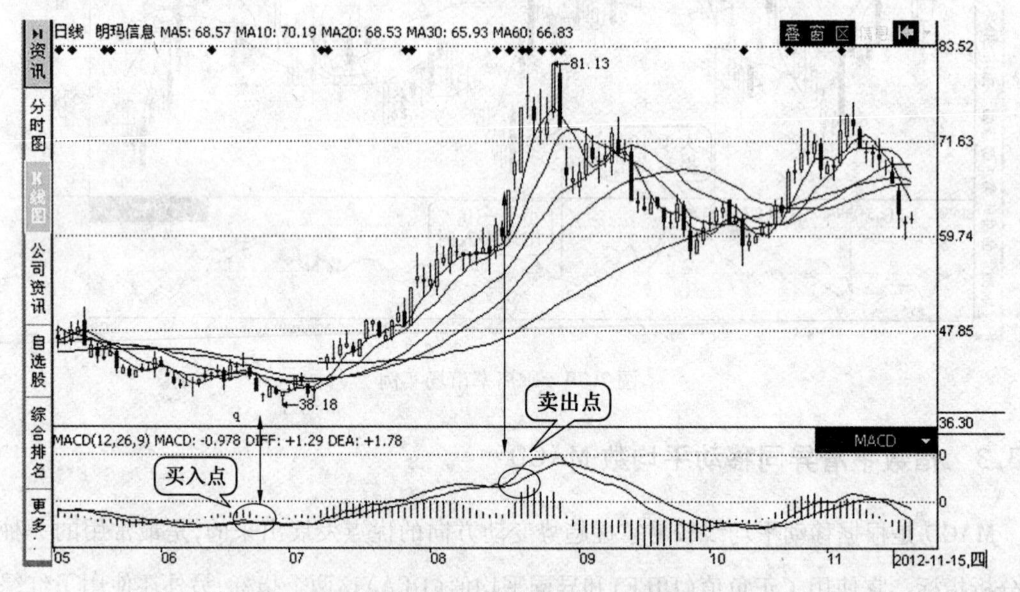

图 7.80 指数平滑异同移动平均数市场实例

7.3.4 相对强弱指标 RSI

RSI 是通过比较基期内收盘价的平均涨幅和平均跌幅来分析买卖双方的相对力量,从而判断证券价格的走势,是目前应用比较广泛的技术分析工具之一。如图 7.81 所示。

【操作要点】

①受计算公式的限制,不论价位怎样变动,RSI 的值均在 0 与 100 之间。

②RSI 保持高于 50 表示为强势市场,反之低于 50 表示为弱势市场。

③RSI 多在 70 与 30 之间波动。当六日指标上升到达 80 时,表示股市已有超买现象,假如一旦继续上升,超过 90 以上时,则表示已到严重超买的警戒区,股价已形成头部,极可能在

短期内反转回转。当六日 RSI 下降至 20 时,表示股市有超卖现象,假如一旦继续下降至 10 以下时则表示已到严重超卖区域,股价极可能有止跌回升的机会。

④每种类型股票的超卖超买值是不同的。例如在牛市时,通常蓝筹股的强弱指数若是 80,便属超买,若是 30 便属超卖,至于二三线股,强弱指数若是 85 至 90,便属超买,若是 20 至 25,便属超卖。

⑤当强弱指标上升而股价反而下跌,或是强弱指标下降而股价反趋上涨,这种情况称之为“背驰”。当 RSI 在 70 至 80 上时,价位破顶而 RSI 不能破顶,这就形成了“顶背驰”,而当 RSI 在 30 至 20 下时,价位破底而 RSI 不能破底就形成了“底背驰”。这种强弱指标与股价变动,产生的背离现象,通常是被认为市场即将发生重大反转的讯号。

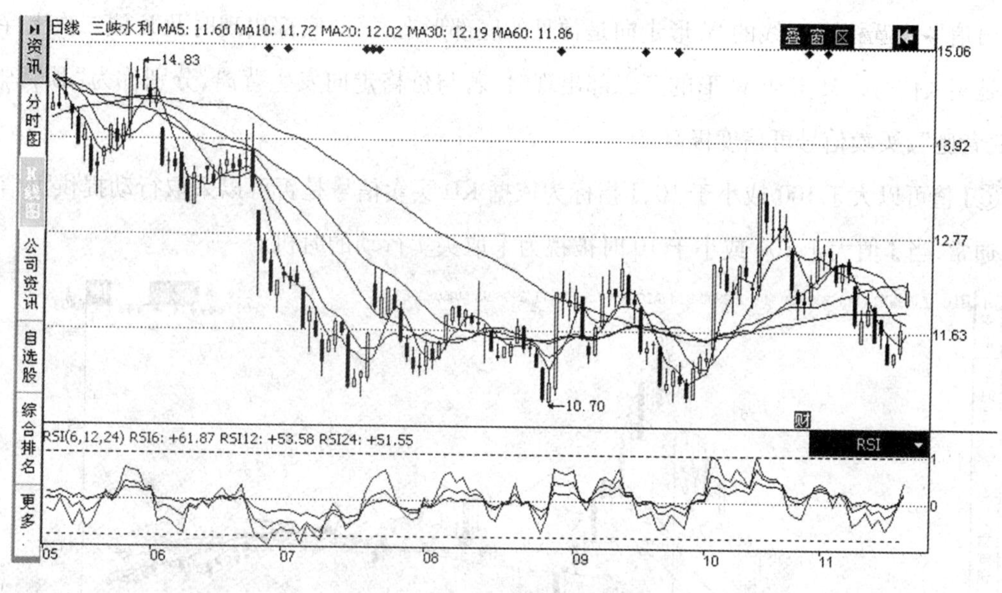

图 7.81 相对强弱指标市场实例

7.3.5 随机指标 KDJ

KDJ 指标分析的理论依据是,当价格上涨时,收市价格倾向于接近当日价格区间的上端;反之,则倾向于下端。KDJ 采用两条图线——K% 和 D%,简称 KD 线。KDJ 综合了 MA,RSI 的一些优点,主要研究最高价、最低价与收盘价的关系,以分析价格走势的强弱及超买和超卖现象。实际操作中,K 线与 D 线常常配合 J 线的指标使用($J=3K-2D$),目的是求出 K 值和 D

值的乖离程度,从而领先 K 值、D 值找出头部和底部。如图 7.82 所示。

【操作要点】

①一般而言,K 线由下转上为买入信号,由上转下为卖出信号。

②KD 都在 0 ~100 的区间内波动,50 为多空均衡线。如果处在多方市场,50 是回档的支持线;如果处在空方市场,50 是反弹的压力线。

③K 线在低位上穿 D 线为买入信号,K 线在高位下穿 D 线为卖出信号。

④K 线进入 90 以上为超买区,10 以下为超卖区;D 线进入 80 以上为超买区,20 以下为超卖区,宜注意把握买卖时机。

⑤高档区 D 线的 M 形走向是常见的顶部形态,第二头部出现时及 K 线二次下穿 D 线时是卖出信号。低档区 D 线的 W 形走向是常见的底部形态,第二底部出现时及 K 线二次上穿 D 线时是买入信号。M 形或 W 形的第二部出现时,若与价格走向发生背离,分别称为“顶背驰”和“底背驰”,买卖信号可信度极高。

⑥J 值可以大于 100 或小于 10,J 指标为依据 KD 买卖信号是否可以采取行动提供可信判断。通常,当 J 值大于 100 或小于 10 时被视为采取买卖行动的时机。

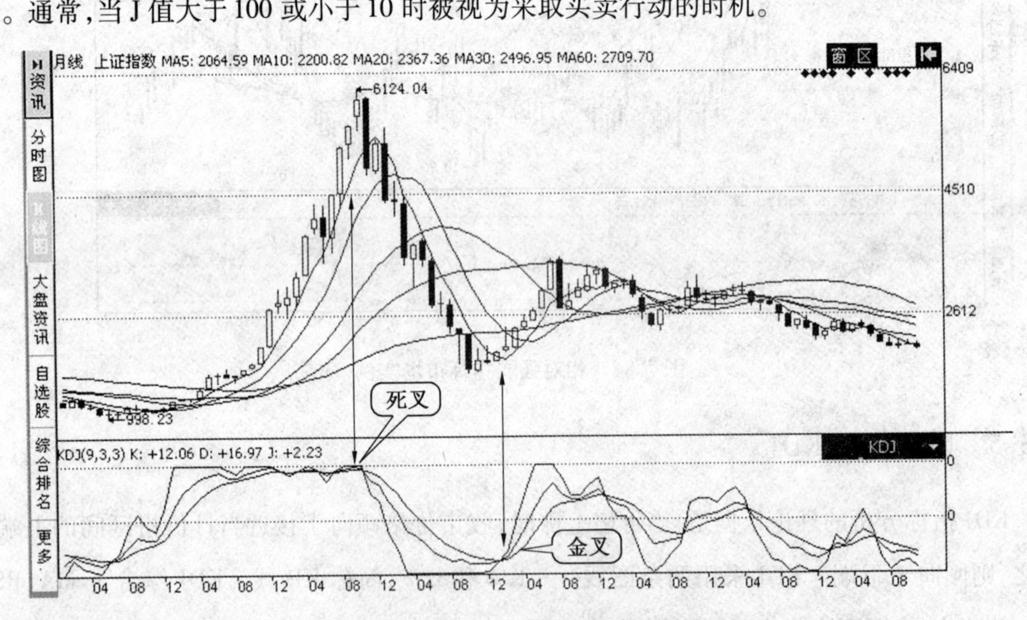

图 7.82　随机指标市场实例

7.4.6　布林线 BOLL

布林线指标是一个路径型指标，由上限和下限两条线构成一个带状的路径。股价超越上限时，代表超买；股价超越下限时，代表超卖。布林线指标的超买超卖作用，只能运用在横向整理的行情。如图 7.83 所示。

【操作要点】

①布林线利用波带可以显示其安全的高地价为。

②当易变性变小，而波带变窄时，激烈的价格波动有可能随即产生。

③高低点穿越波带边线时，立刻又回到波带内，会有回档产生。

④波带开始移动后，以此方式进入另一个波带，这对于找出目标值相当有帮助。

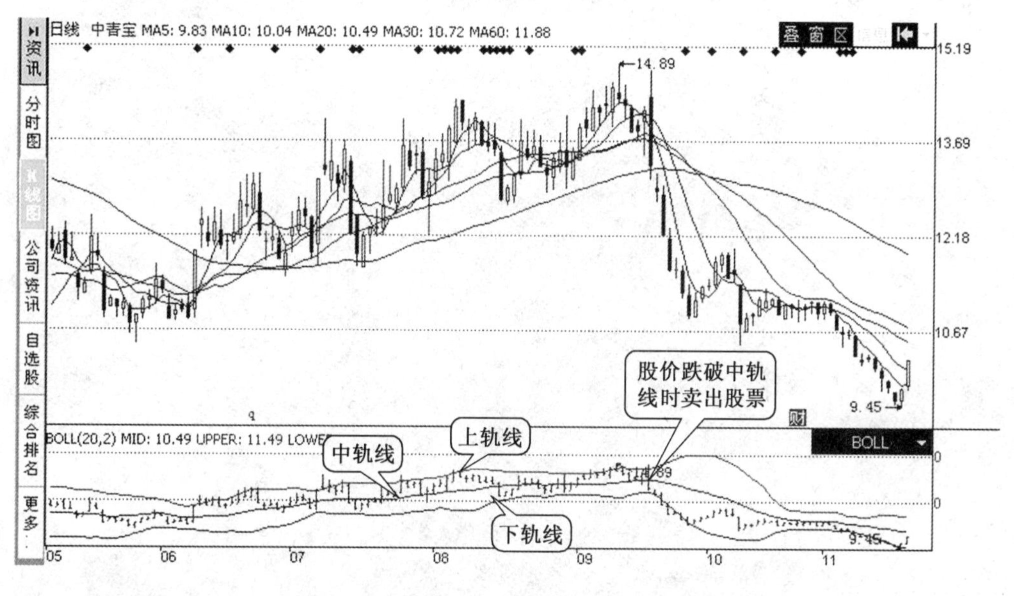

图 7.83　布林线市场实例

【实训项目小结】

本实训项目主要介绍了证券投资过程中的几类技术分析方法，内容包括 K 线及 K 线组合分析、趋势分析、形态分析、指标分析等，通过这部分内容的学习同学们可以巩固证券投资的基本知识，培养专业素质，也有助于提高同学们股票投资的成熟度。

【实训项目任务】

任务一:认知K线,且在股票行情软件找寻符合K线组合形态的股票。(上机操作)

任务二:在股票K线图界面画出趋势线。(上机操作)

任务三:在股票软件中找寻能够体现出反转形态和持续形态的股票。(上机操作)

任务四:在当前股票市场中找寻存在几类缺口形态的股票。(上机操作)

任务五:运用各种指标进行股票分析,并实践运用各种指标的操作要点。(上机操作)

实训项目8

Item 8

证券信息采集

【实训目标与要求】

证券信息是证券行情判断的基础,信息是否准确、全面将影响到后续行情判断的精准度,因此,如何有效搜集证券信息并作出判断至关重要。

本实训项目中,我们学习的主要目标是学会准确、及时地获取各类财经信息,从而为研判购买股票提供参考依据。

本实训项目要求学生通过学习,能够从市场纷杂的信息中准确的提取出适合证券研判的信息,为证券投资分析做好、做足准备工作,并了解如何收藏和查询相关资讯网站资料。

【实训项目准备】

1. 选择一台能够正常运行并且连接网络环境的计算机。

2. 可登录上交所、深交所、中国证监会等网站相关数据采集点的网络资源。

3. 检查相关软件网络连接和证券行情数据接收是否正常。

4. 实训前了解本次实训的目的与要求,认真预习相关知识,保证实训的连续性,达到预期的实训效果。

【实训项目内容】

1. 证券信息采集方法;

2. 证券资讯网站的收藏。

8.1 证券信息采集方法

证券信息一般包括国家宏观经济政策、相关法律法规、上市公司基础资料(包括年度及中期报告、重大信息披露等等)、证券经营机构基础资料、证券交易行情信息以及其他与证券市场相关的各类信息资料。面对庞杂的信息,快速寻找、获取与投资决策有关的股市信息,并筛选出其中有价值的内容,对投资者来讲至关重要。

8.1.1 解读党和政府机构的各类报告

党和政府机构的各类报告是总结过去、规划未来,指导我国政治经济未来发展方向的重要文件,其中包含重要的经济信息,投资者应该细细地品读报告内容,抓准关键点,明确选股思路,确定投资计划。

党和政府机构的各类报告主要包括:党代表大会领导人所做的重要讲话、各级政府在人民代表大会会议和政治协商会议上所做的政府工作报告和政府机构做出的各种发展规划文件。

解读好这些重要文件,抓住市场的投资热点,对证券投资者有着重要的投资意义。例如,2011 年 11 月 1 日,国家发展改革委、商务部、海关总署、国家工商总局、国家质检总局联合印发的《关于逐步禁止进口和销售普通照明白炽灯的公告》表示,中国将分为五个阶段逐步淘汰白炽灯:2011 年 11 月 1 日至 2012 年 9 月 30 日为过渡期;2012 年 10 月 1 日起禁止进口和销售 100 瓦及以上普通照明白炽灯;2014 年 10 月 1 日起禁止进口和销售 60 瓦及以上普通照明白炽灯;2015 年 10 月 1 日至 2016 年 9 月 30 日为中期评估期;2016 年 10 月 1 日起禁止进口和销售 15 瓦及以上普通照明白炽灯,或视中期评估结果进行调整。以上消息让 LED 节能灯生产企业备受振奋,同时也“点亮”了 A 股市场上相关概念股。行业类股票之一的雷曼光电(300162)在此利好消息下股价连续拉升。

十八大报告首次提出“努力建设美丽中国”,受此鼓舞,A 股市场中的“美丽中国”概念股集体井喷,蒙草抗旱(300355)、大禹节水(300021)、福建金森(002679)、创业环保(600874)等相关个股集体拉升。

8.1.2　利用证券行情分析软件进行信息采集

市面上很多的证券行情分析软件都嵌入了强大的数据和信息功能，投资者可以利用行情分析软件提供的平台，快速地查到所需的证券市场信息。我们以同花顺证券行情分析软件为例来进行介绍。

首先，运行同花顺证券行情分析软件，在功能区找到“数据”一项，点击该项右侧的黑色小按钮，如图 8.1 所示。

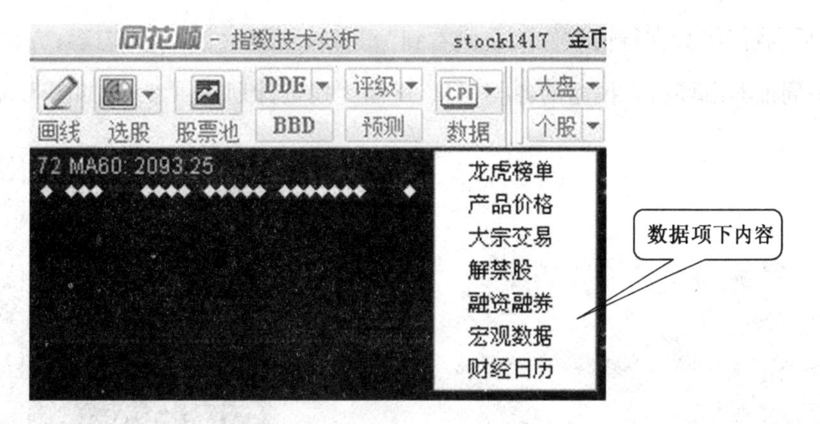

图 8.1　数据项

点击黑色小按钮后，将显示出数据项下的具体内容，单击其中的宏观数据一项，此时，界面显示出宏观数据的具体内容，如图 8.2 所示。

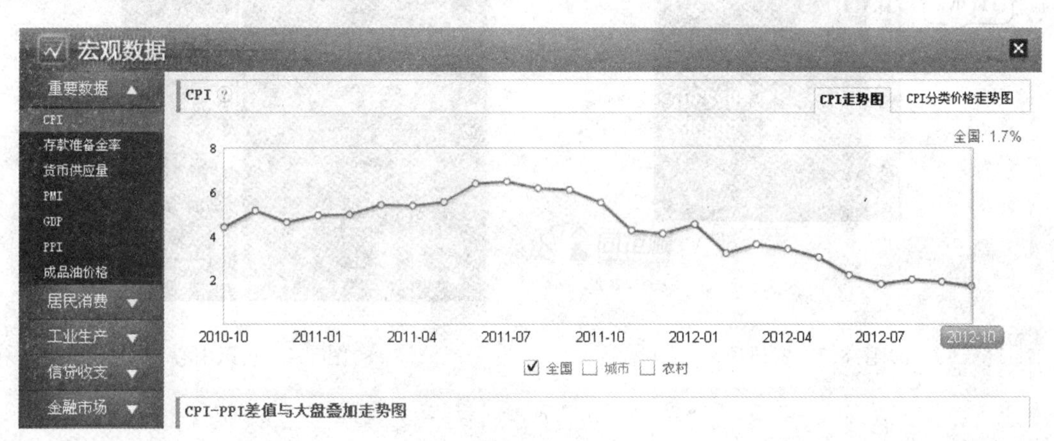

图 8.2　宏观数据

接着,我们就可以根据界面显示的相关数据进行证券信息的采集。

当然,如果我们想查看新股申购、每日交易提示等信息的话,也可以利用行情分析软件来实现。我们以查看“每日交易提示”为例来进行介绍。

第一步,在运行的行情软件窗口中找到“资讯”一项,单击,如图 8.3 所示。

第二步,点击完“资讯”按钮后,将显示出“资讯中心”菜单栏,我们便可以根据自己的需要进行证券信息的查看,如图 8.4 所示。

第三步,在这里我们根据例子要求点击“股市日历”来查看每日特别提示,点击“股市日历”后,我们将会在行情软件的右侧看到“每日特别提示”的具体内容,方便我们快速地掌握未来一周证券市场将要披露的各类信息,进而为投资计划提供参考,如图 8.5 所示。

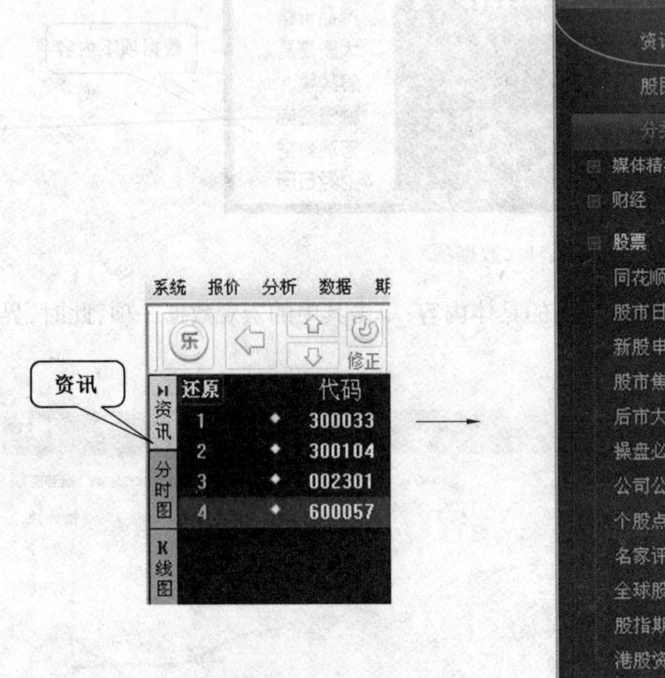

图 8.3　资讯项

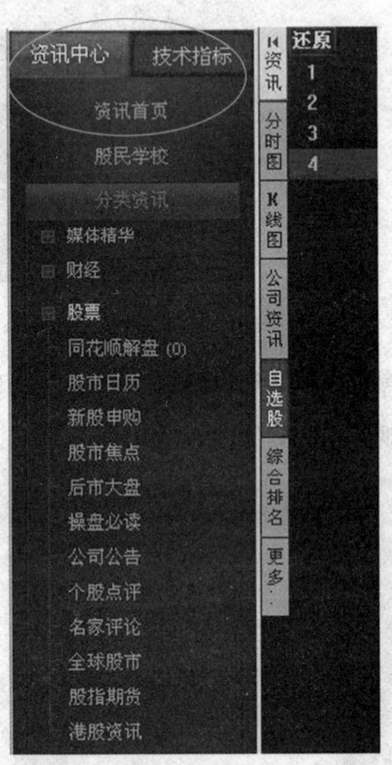

图 8.4　资讯中心

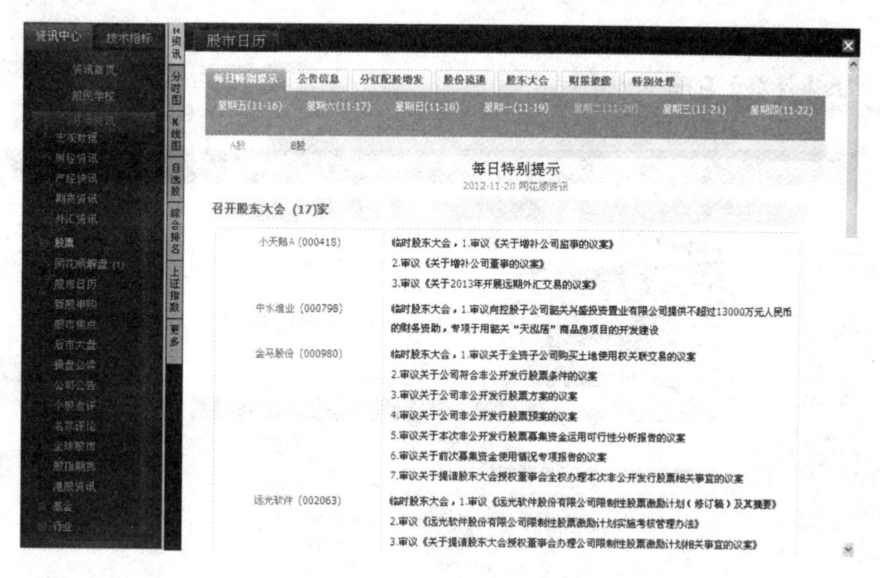

图 8.5　股市日历

8.1.3　利用公开渠道的网站进行证券信息采集

发达的网络环境有着丰富的信息资源，投资者可以充分利用网站的财经内容，浏览、搜集证券信息。登录网站主页后浏览各项内容，找到需要的相关信息，用鼠标左键点击进入，即可阅读其中的详细内容。

1. 政府网站

政府网站是投资者查询国家、地区及行业经济信息的最准确来源，也是这些信息的首发地。投资者利用这些信息做出投资决策时，一定要“追根溯源”，查找到这些信息的原始颁布地，这可以在最大程度上避免信息传播过程中的“误差”。另外，政府网站中的统计数据、新闻及有关记录，也是投资者应重点关注的信息，参见图 8.6 和图 8.7。

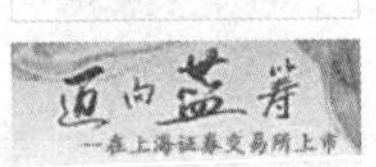

图 8.6　上交所网站

图 8.7　相关政府网站

2. 综合网站证券频道

综合类网站聚集着各类丰富的信息，证券信息只是其冰上一角，但这完全不能忽视网站证券信息传播的速度与准确性，参见图 8.8 和图 8.9。

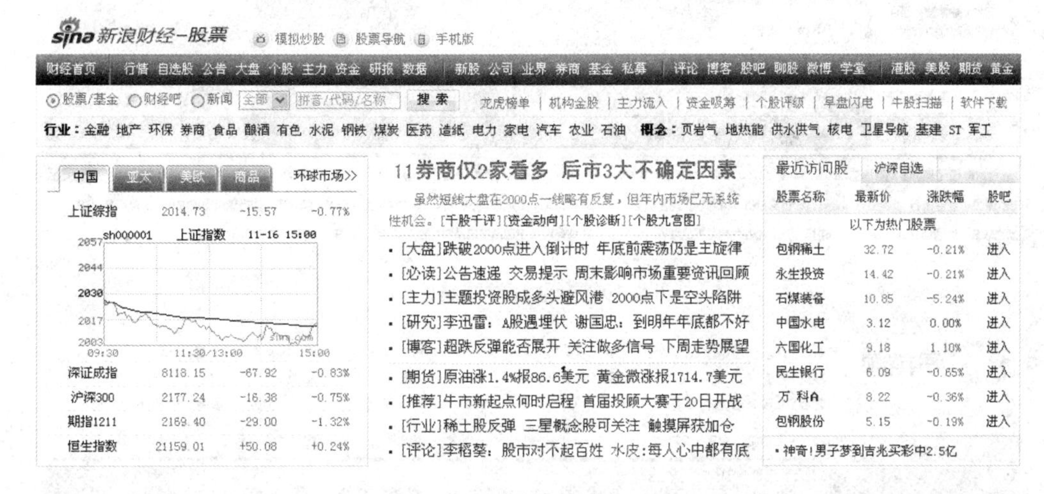

图 8.8　综合网站证券频道(一)

图 8.9　综合网站证券频道(二)

3. 专业证券财经网站

证券财经网站专注于证券信息的准确传播，具有比较强的可信度。参见图 8.10 和图 8.11。

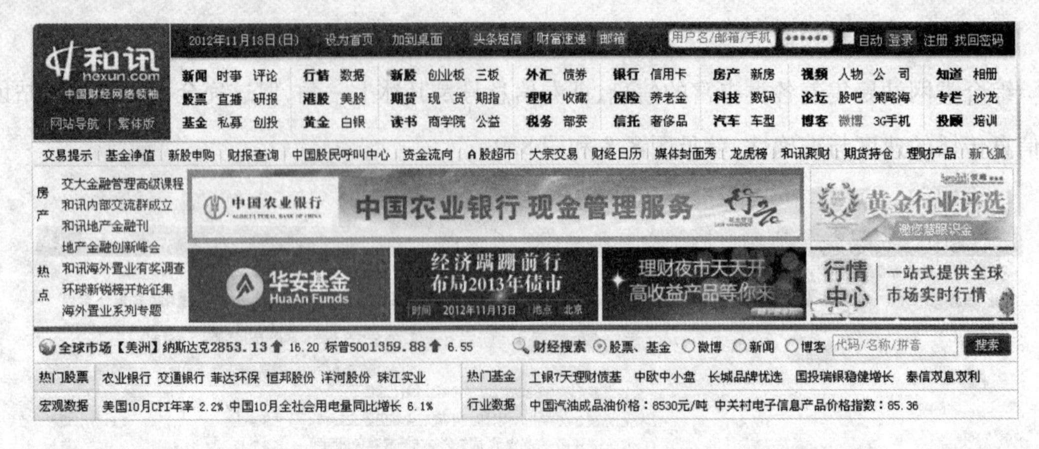

图 8.10　专业证券网站(一)

图 8.11　专业证券网站(二)

4. 股票交流论坛

投资者可以根据自己的习惯选择一个进行论坛注册。如图 8.12 和图 8.13 所示。

图 8.12　股票论坛(一)

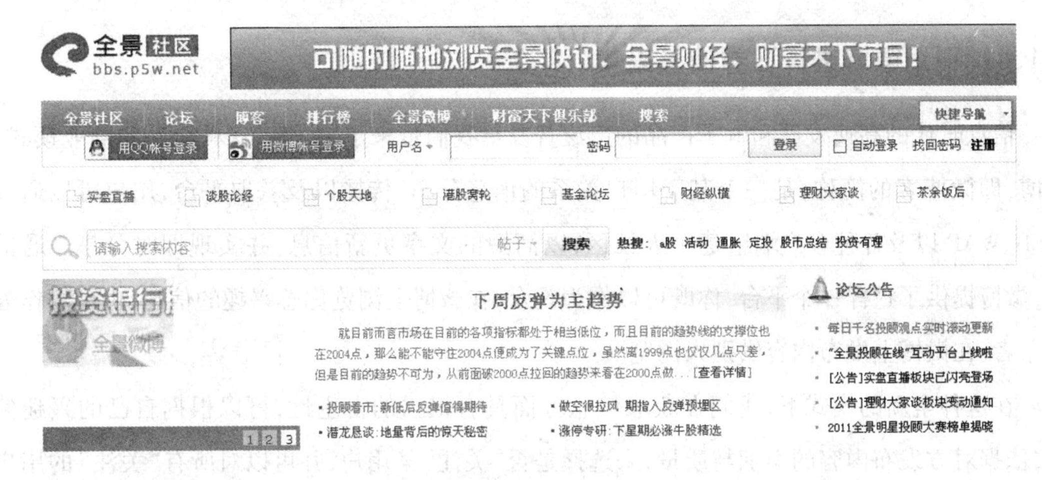

图 8.13　股票论坛(二)

5. 股票交流博客

投资者的成长,除了得益于自己的学习、思考、经验与感悟外,与人交流必不可少,在交流的过程中,不仅能了解新信息、学习新知识,还能够启发分析问题时的新视角与新方法。投资者可以根据自己的兴趣爱好关注一些知名的财经博客。如图 8.14 和图 8.15 所示。

图 8.14　股票类博客(一)

图 8.15　股票类博客(二)

8.1.4 利用微博进行证券信息采集

信息时代的高速发展和电子产品的广泛普及给我们带来了“微博”这种全新的商业模式。微博,即微博客的简称,是一个基于用户关系的信息分享、传播以及获取平台,用户可以通过WEB、WAP以及各种客户端组建个人社区,以简短的文字更新信息,并实现即时分享。通俗讲,微博提供了这样一个平台,你既可以作为观众,在微博上浏览你感兴趣的信息;也可以作为发布者,在微博上发布内容供别人浏览。

在这种全新的模式下,我们在获取信息方面具有很强的自主性,可以根据自己的兴趣偏好,依据对方发布内容的类别与质量,来选择是否“关注”某用户,并可以对所有“关注”的用户群进行分类;又因微博的内容简短,不需长篇大论,所以能够很理想的达到信息共享、快速传递的目的。而在我国国内提供微博服务的运营商有新浪、腾讯、网易、搜狐等多家互联网公司,作为证券投资者可以充分利用微博平台,关注一些证券财经类的微博用户,获取较为及时的证券信息。

我们现在以某一种方式为例来介绍如何利用微博进行证券信息采集。

首先,我们要注册成为微博用户或是开通微博服务;然后,利用搜索引擎搜索“证券微博”(用户也可以根据自己的需要修改成其他的搜索关键词),点击搜索,如图8.16所示;接着在搜索结果中单击某一链接,我们在这里选择“证券微博圈-财经频道-新浪网”进入证券微博圈,如图8.17,图8.18所示;证券微博圈为微博用户提供了“证券分析师、机构人士、资本市场学者、证券媒体、民间炒股名人、证券机构、证券咨询机构”等多个微博频道,最后,用户可以根据自己的喜爱对以上微博频道下的用户添加关注,如图8.18所示,至此,我们就可以利用手中的电子产品(手机、平板电脑、电脑等)随时随地获取证券信息。

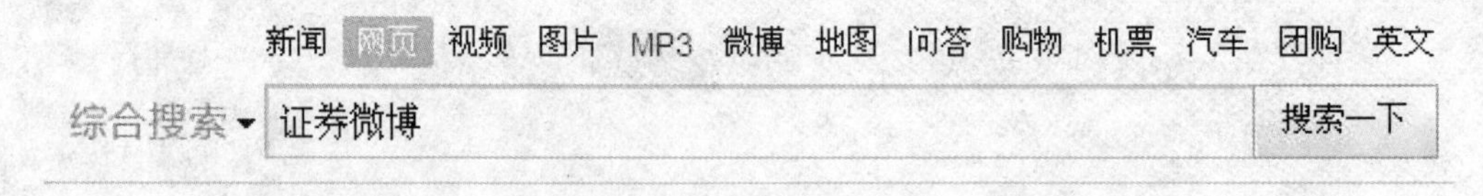

图8.16 证券微博搜索(一)

证券微博　搜索一下

证券微博_中国首家证券微博_证券时报网旗下微博
证券时报网腾讯微博联合打造在线客服 立即注册 已有帐号 立即登录 帐号 密码 下次自动登录
忘记密码?使用腾讯微博帐号/QQ帐号登录 这里的事 实战解盘房产税基金年报比亚迪...
t.stcn.com/ 2012-11-18 - 网页快照

证券微博圈_财经频道_新浪网
券商、咨询机构、专家学者、分析师、股市牛人集体入驻证券微博圈
finance.sina.com.cn/stock/focus/t/ 2012-11-18 - 网页快照

新浪证券的微博 新浪微博-随时随地分享身边的新鲜事儿
欢迎来到新浪证券主页 页面加载中，请稍候......
weibo.com/stocknews88 2012-11-18 - 网页快照

证券微博圈_腾讯财经_腾讯网
证券微博圈 证券微博圈 腾讯财经 腾讯微博蒲公英 登录微博 进入微博 注册 退出 近日，众多知名股市专家学者、实力券商研究所所长、证券投资咨询机构、证券分析师、...
finance.qq.com/zt2011/zqwbq/ 2012-11-16 - 网页快照

图 8.17　证券微博搜索(二)

sina 新浪财经　财经首页 | 新浪首页 | 新浪导航

证券微博圈－微言大利
券商、机构、分析师、炒股高手齐聚新浪微博

微博广场 | 证券微博圈 | 券商机构 | 基金公司 | 专家分析师 | 证券媒体圈 | 公司董秘圈 | 证券官方微博　股票行情

导语

全国著名的实力券商、咨询机构、证券圈知名人士集体入驻新浪微博，为广大投资者带来最及时最权威的投资资讯，还在等什么，快来关注他们吧！

证券微博圈包含几十家顶级的券商和证券咨询机构，邀请了大批资本市场学者，获得股市资深人士力挺，有风云股海的操盘高手，各路财经传媒圈大佬云集于此；他们将成为您股票投资的最佳帮手，微言之间蕴藏大利。

申请入驻的机构和各界人士请微博私信@新浪证券或发邮件至liuchen3@staff.sina.com.cn，也可以直接致电010-62675855咨询，联系人是刘先生。

分享到微博

机构集体微博

天相投顾　最具规模的独立证券咨询机构
东北证券　研究所具有一个强大的投资团队
山东神光　首批具有证券咨询资格的机构

优秀微博展示

新浪证券 +加关注　交易大赛 +加关注　纽交所 +加关注　纳斯达克 +加关注　王九洲 +加关注　IPO观察 +加关注

微博热门搜索：中石油 601857　搜索

热词：中国石油 中信证券 高送转 西南药业 三板概念股 西藏发展 绿大地 中国宝安 稀土

图 8.18　证券微博圈

证券信息的采集方式除了上述这几种方法外，还有实地访查了解信息、阅读财经期刊报纸、加入财经主题的QQ群，查看券商研究报告、利用搜索引擎搜索证券信息，订阅电子杂志以

及其他渠道信息等方法获取证券信息,投资者可以根据个人习惯进行选择。

8.2 证券资讯网站的收藏

8.2.1 创建收藏文件夹

通过前面的内容我们可以看到,提供证券财经资讯信息的网站非常多,为方便投资者在短时间内快速地找到自己需要浏览的网站,则创建归类的收藏夹就显得很有必要了。

第一步,打开浏览器“收藏”菜单,在下拉菜单中选择“整理收藏夹”,如图 8.19 和图 8.20 所示。

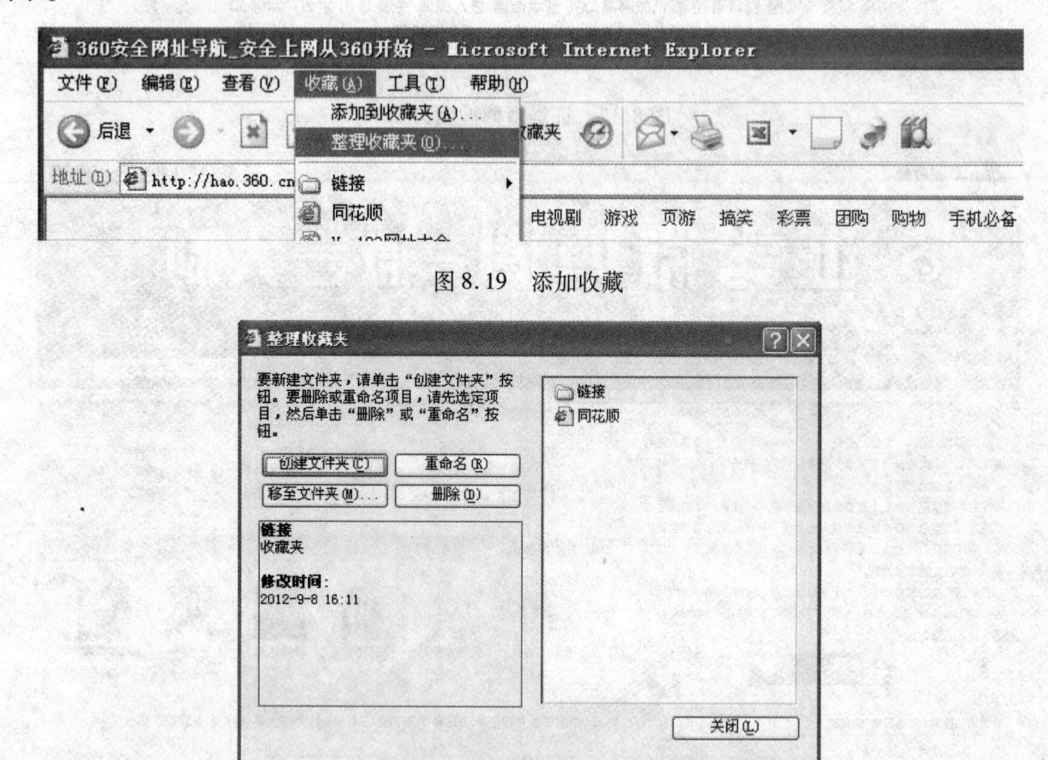

图 8.19 添加收藏

图 8.20 整理收藏夹

第二步,点击图 8.21 中的“创建文件夹”,此时在“整理文件夹”界面的右边将出现一个名为“新建文件夹”的新文件夹,如图 8.22 所示。

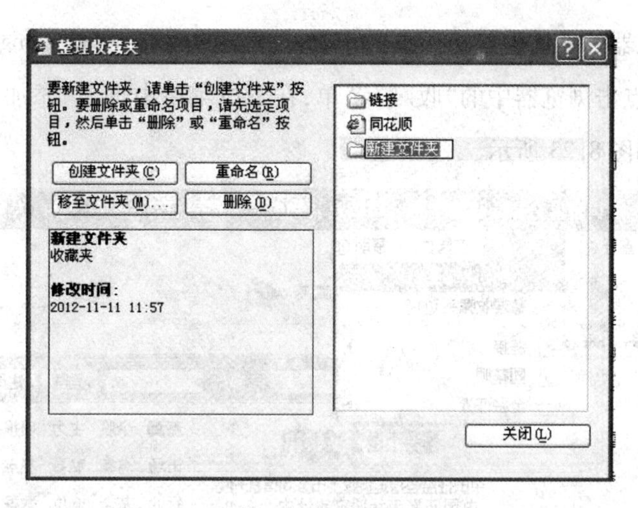

图 8.21　新建文件夹

我们可以根据自己对网站的归类偏好将“新建文件夹”命名为相应的类别。例如，我们在这里将其命名为“金融证券”。然后点击“关闭”按钮，自动返回至主页面，如图 8.22 所示。

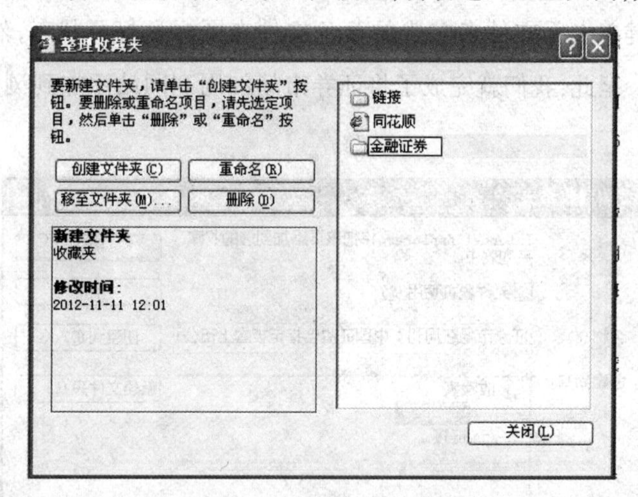

图 8.22　新建“金融证券”文件

至此，创建新文件夹的任务便成功完成。

8.2.2　向文件夹添加证券网站

创建“金融证券”的收藏文件夹后，投资者即可向其中添加相关证券网站。下面以添加证券市场红周刊网站为例，说明如何添加证券网站。

第一步,在浏览器的地址栏中输入证券市场红周刊的网址:www.ihongpan.com,按回车键登录该网站。然后点击浏览器中的"收藏"菜单,在下拉菜单中点击"添加到收藏夹",此时会弹出一个对话框,如图 8.23 所示。

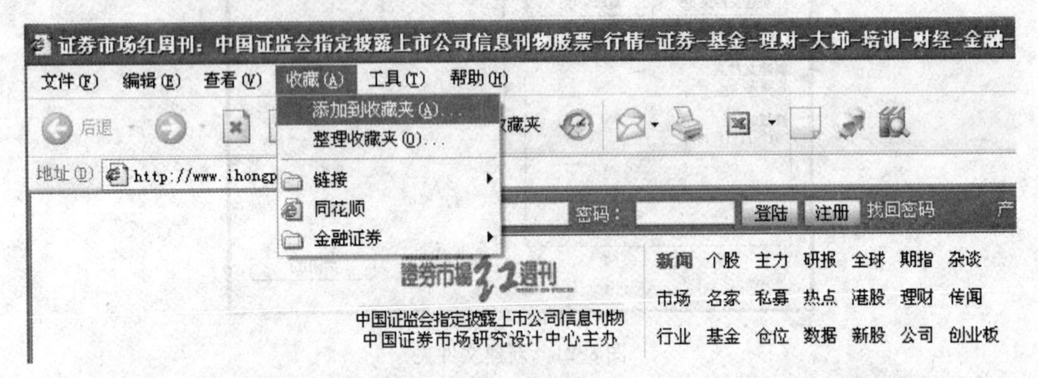

图 8.23 收藏网站

第二步,在随后出现的"添加到收藏夹"界面中点击"创建到"按钮,然后选择"金融证券"文件夹。用鼠标左键单击后文件夹左边的黄色文件夹图标呈打开状态,然后点击"确定"即可,如图 8.24 所示。至此,我们就完成了将证券市场红周刊网站添加到浏览器收藏夹的这一工作。

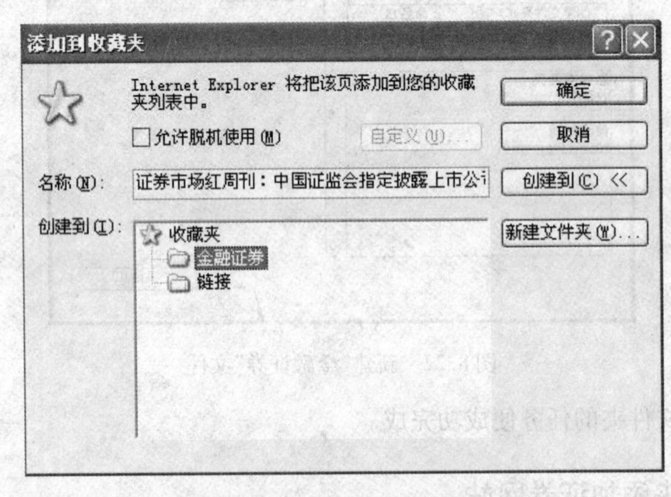

图 8.24 收藏"金融证券"文件夹

我们可以根据以上步骤,将自己收集的或喜欢的证券财经信息类网址收藏到不同的文件夹中,这将为我们查找相关信息带来极大的方便。

8.2.3　通过收藏夹快速登录网站

通过收藏夹登录到有关证券网站的操作非常简单,继续上边的例子,我们在打开浏览器以后,点击“收藏”→“金融证券”→“证券市场红周刊……”,即可快速登录到该网站浏览信息,如图8.25所示。

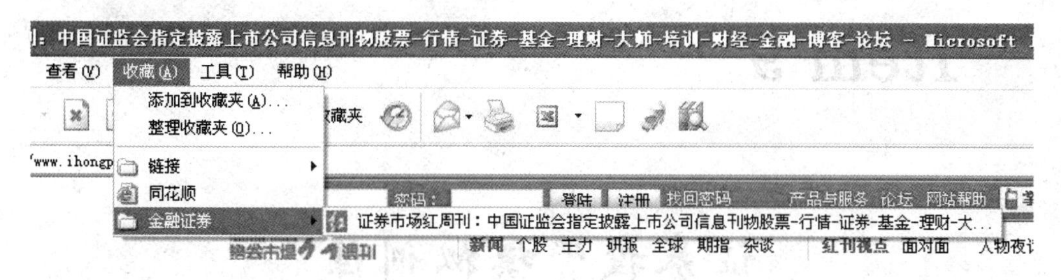

图8.25　快速登录收藏的网站

【实训项目小结】

本实训项目主要介绍了几种证券信息采集的方式,同学们应全面掌握这几种方法,并选取其中一到两种方法进行强化;同时,我们在这里还介绍了如何建立专属于自己的证券资讯收藏夹,请同学们自己体验一下操作流程。

【实训项目任务】

任务一:通过公开渠道采集证券信息,进行汇总。

任务二:阅读已采集的证券信息,进行分析,并形成一份股评报告(报告样本见附录5)。

任务三:在浏览器中建立属于自己的证券资讯收藏夹,并向其中添加内容。

实训项目9

Item 9

证券投资模拟训练

【实训目标与要求】

模拟交易是学习证券投资的一种很好的手段。通过模拟交易可以增加学生的学习兴趣，提高学生对实际市场的探索欲。

本实训项目主要通过证券模拟交易平台帮助学生了解证券投资的基本过程，掌握证券交易的操作流程，培养证券投资实战的能力。

本实训项目要求学生通过证券交易系统进行模拟交易后，能熟练地进行证券的买卖、撤单、查询交易结果、盈亏状况等操作，并对证券投资的风险特征有一个初步的市场认识。

【实训项目准备】

1. 选择一台能够正常运行并且连接网络环境的计算机。

2. 检查是否安装有证券分析软件系统和证券模拟交易系统，并且以上各系统能够正常运行。

3. 检查相关软件网络连接和证券行情数据接收是否正常。

4. 实训前了解本次实训的目的与要求，认真预习相关知识，保证实训的连续性，达到预期的实训效果。

【实训项目内容】

1. 证券投资模拟交易细则；

2. 证券投资模拟交易账户的建立；

3. 证券投资模拟交易的操作流程；

4. 证券投资模拟的技巧。

9.1　证券投资模拟交易细则

9.1.1　交易时间

每天上午9:30～11:30,下午13:00～15:00进行模拟交易。模拟炒股接受24小时委托(清算时间除外),非交易时间和清算时间,用户的委托将参加下一次开市后的撮合。

清算时间:每日15:20～15:45,清算时间内不允许下单委托。

交易时间和交易所规定的交易时间是同步的,在国家法定节假日只接受委托,但不会撮合成交。

9.1.2　交易制度

1. 交易种类

支持上交所和深交所两大交易所上市的A股股票、封闭式基金、国债、企业债券。清算同证券营业部基本一致。即证券T+1,权证T+0,资金T+0。

2. 交易类型

支持分红、派息、送股等业务,只针对A股。比例根据交易所公布的公告来执行。不支持新股申购、市值配售、增发申购、配股等交易。不支持派送权证、行权等操作。

9.1.3　交易手续费(表9.1)

表9.1　证券投资模拟交易费率表

交易所	证券类型	买卖方向	印花税率	手续费率	过户费率
深圳A股	股票	卖出	0.001	0.001	0
		买入	0	0.001	0
	权证	卖出	0	0.001	0
		买入	0	0.001	0
	国债	卖出	0	0.001	0
		买入	0	0.001	0
	企业债券	卖出	0	0.001	0
		买入	0	0.001	0
	投资基金	卖出	0.001	0.001	0
		买入	0	0.001	0

续表 9.1

交易所	证券类型	买卖方向	印花税率	手续费率	过户费率
上海 A 股	股票	卖出	0.001	0.001	0.001
		买入	0	0.001	0.001
	权证	卖出	0	0.001	0
		买入	0	0.001	0
	国债	卖出	0	0.001	0
		买入	0	0.001	0
	企业债券	卖出	0	0.001	0
		买入	0	0.001	0
	投资基金	卖出	0.001	0.001	0
		买入	0	0.001	0

注:表中费率应根据交易所交易规则的变化适时进行调整

9.1.4 成交规则

撮合系统每 10 秒进行一次交易撮合,处理买单、卖单、撤单。

1. 成交价格

按照交易所公布的最新成交价撮合,而不是按照买卖盘的价格撮合。

买入时如果最新成交价等于委托价,按照委托价成交,如果最新价小于委托价,按照最新价撮合成交,涨停不能买入。

卖出时如果最新成交价等于委托价,按照委托价成交,如果最新价高于委托价,按照最新价撮合成交,跌停不能卖出。

2. 成交数量

模拟炒股的撮合考虑了真实交易的成交数量,即使委托价格合适,如果没有成交量,也不会成交。如果真实交易的成交数量小于委托数量,则部分成交,仅撮合真实交易的成交数量,剩余的委托仍保留在撮合队列,等待新的成交明细。(真实交易的成交数量可以从行情软件的成交明细中看到)

对于没有成交的委托,或者部分成交的委托,可以撤单。当天的委托如果没有成交,收市以后自动作废,不参加下一交易日的撮合。

3. 涨跌停限制

股票涨停时,以涨停价提交的委托,放入撮合等待队列,并且记录当时买一量,如果阶段成交量大于买一量,可成交数量是阶段成交量和当时的买一量的差,以这种方式模拟在真实交易市场排队的情形。模拟炒股无法考虑真实市场中,买一上的撤单。如果涨停板被打开,价格低于委托价,则按照现价成交。

例如:600804(鹏博士)上午开市后涨停,用户在 10:10 以涨停价委托买入 100 手,此时的成交量是 51 000 手,涨停板上买一的单子是 5 000 手,如果涨停板没有被打开,只有阶段成交量大于 5 000 手时,用户的委托才等到可以成交。如果成交量到了 56 010 手,则用户成交 10 手(56 010-51 000-5 000),剩下的部分等待更多的成交量。

股票跌停时,以跌停价提交的委托,放入撮合等待队列,并且记录当时卖一量,如果阶段成交量大于卖一量,可成交数量是阶段成交量和当时的卖一量的差,以这种方式模拟在真实交易市场排队的情形。模拟炒股无法考虑真实市场中,卖一上的撤单。如果跌停板被打开,价格高于委托价,则按照现成交。(阶段成交量:提交委托时刻起该股票的真实成交量)

9.2　证券投资模拟交易账户的建立

随着证券业的蓬勃发展,人们的投资意识逐步提高,但大多数投资者在进入风险较大的证券二级市场时并未接受过任何培训,以至盲目投资,达不到预期的投资效果。模拟交易就可以让投资者在正式进行证券投资之前,熟悉证券市场,了解相关知识,认识自己的操作能力和市场风险,是新手上路之前一个很好的训练过程。模拟交易是一种虚拟交易,可以通过模拟交易来了解真实的交易过程,它将提供真实的数据资料和免费的图表分析系统。一切行情、图表和虚拟浮动盈亏都与真实交易完全一样,让模拟投资者能够体验到证券交易的乐趣。

部分网站和专业软件公司可以提供证券投资模拟交易的平台,主要包括同花顺金融服务网 www. 10jqka. com. cn、股城网 www. gucheng. com、叩富网 www. cofool. com 等公司的软件产品,投资者可自行选择喜欢的模拟交易系统。一些软件公司也为大专院校学生提供了模拟软件,这些模拟软件是证券类课程教学的实训平台,对教学也会有很大的帮助。本实训项目采用的是同花顺金融服务网提供的模拟交易系统作为本项目的实训平台,因网站内容存在更新情况,若内容有所变化,以实际网站内容为准。

同花顺提供了一个模拟炒股的平台,在进行模拟炒股之前,用户需要注册和创建炒股账户,然后才能获取虚拟资金并进行相关的模拟炒股操作。在同花顺模拟炒股平台中,注册和创建账户有两种方式,一是登陆同花顺软件创建账户,二是通过网页申请创建账户。

9.2.1　登陆同花顺软件创建账户

启动同花顺模拟炒股软件,单击“免费注册”按钮,如图 9.1 所示。

图 9.1 免费注册

随即打开注册页面，在其中填写“安全邮箱\手机号码（建议参加模拟投资的用户选择安全邮箱注册）、注册账号、密码”的信息，填写完毕后点击“下一步”按钮，如图 9.2 所示。

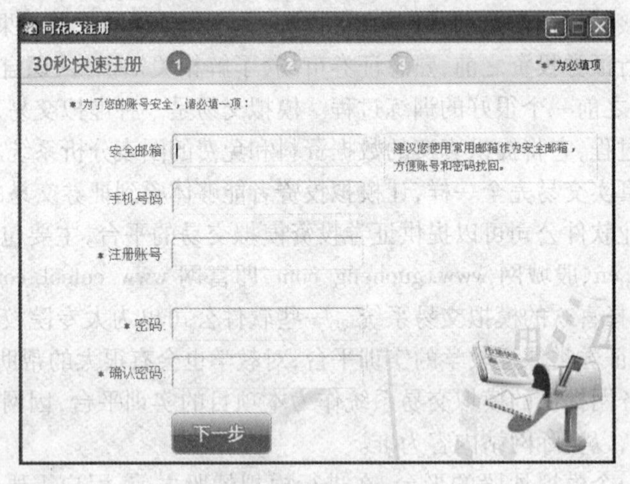

图 9.2 注册页面

资料填写无误后，将弹出一个新的页面，提示用户去已注册的安全邮箱完成验证，如图 9.3所示。

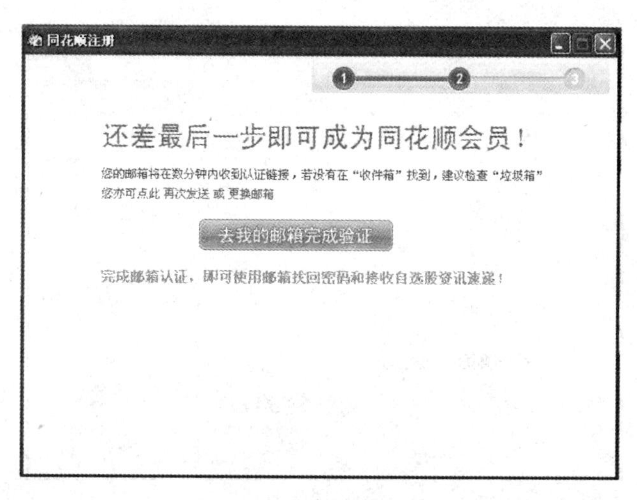

图9.3　完成验证

登陆邮箱后，找到“同花顺金融服务网”发送的邮件，点击邮件中的网页链接，随即转入图9.4，同时之前的注册页面提示用户“恭喜您注册成为同花顺会员”，如图9.5所示，到此用户注册过程完毕。

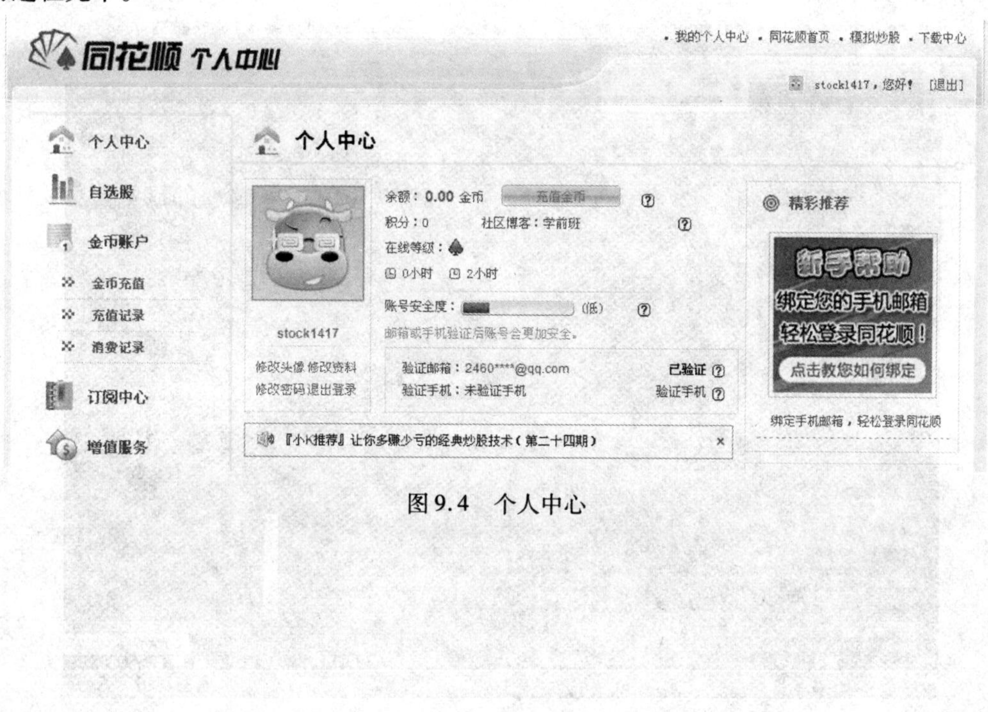

图9.4　个人中心

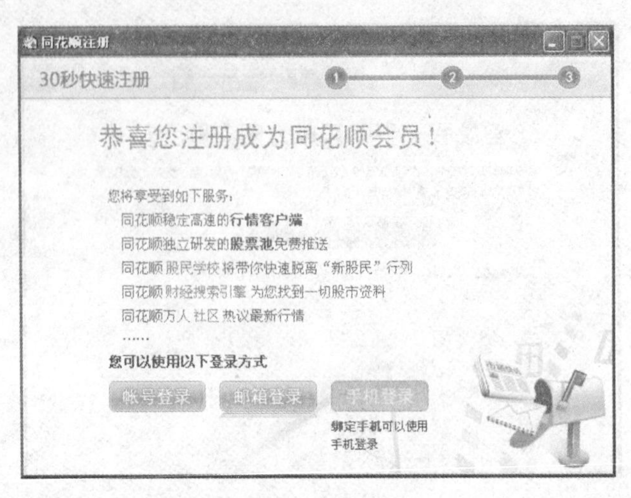

图 9.5　注册成功

注册完成后，点击图 9.5 中的“账号登录”或是“邮箱登录”启动同花顺模拟炒股软件。软件启动后，选择菜单栏“理财”→“模拟炒股”一项，然后单击，进入模拟炒股免费开通画面，如图 9.6 和图 9.7 所示。

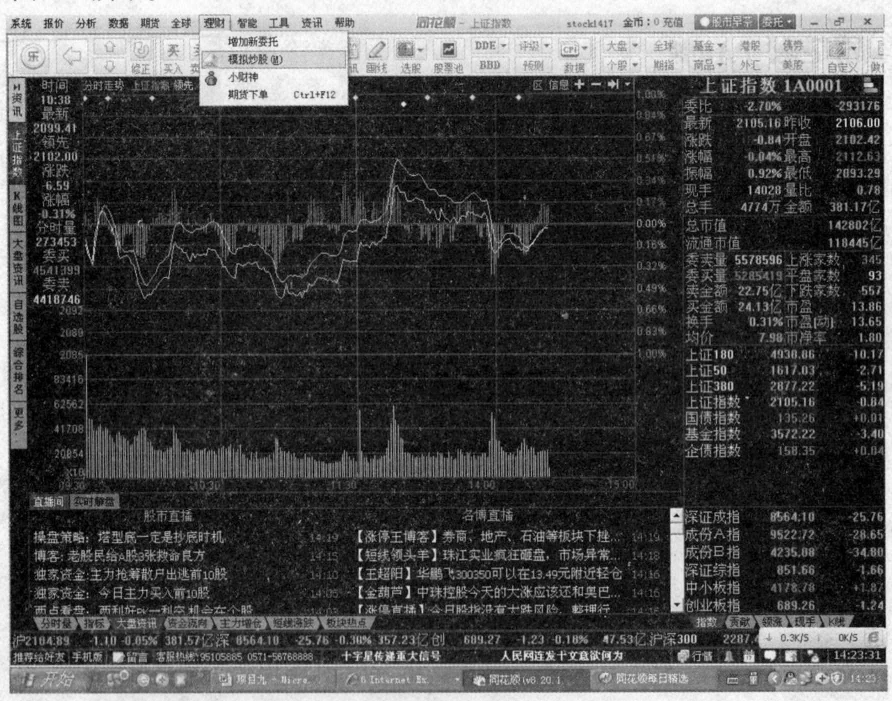

图 9.6　模拟炒股

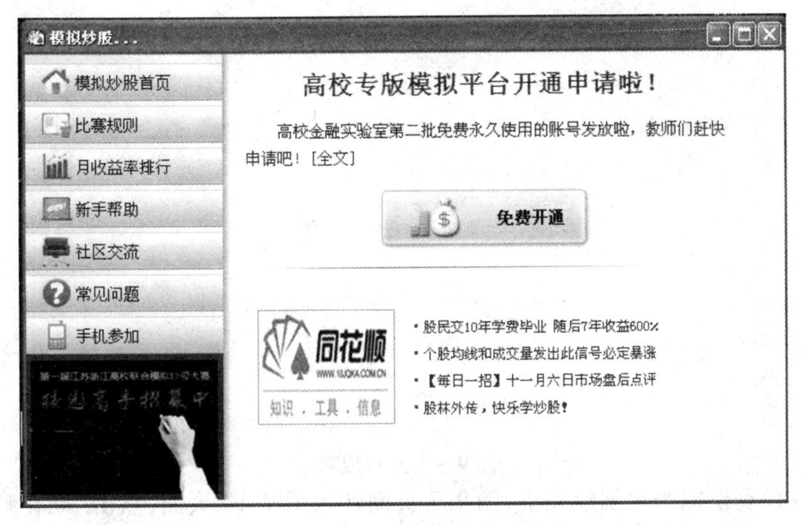

图9.7　免费开通

点击图9.7画面中的“免费开通”，页面转入图9.8，填写随机给出的验证码，点击“提交”即可，点击完成后，页面提示用户“恭喜您开户成功”，点击“返回”按钮，如图9.9所示。

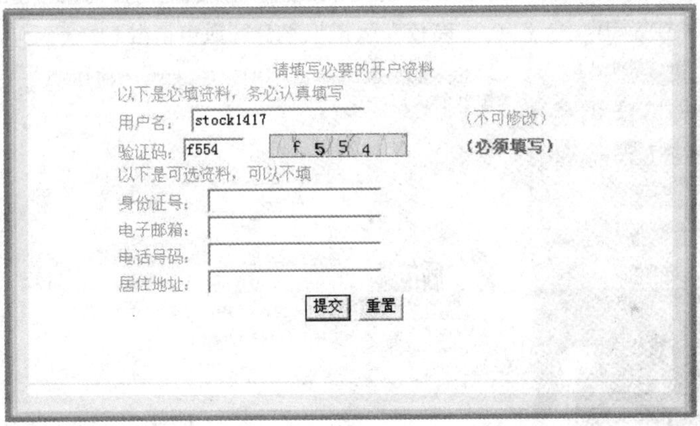

请填写必要的开户资料
以下是必填资料，务必认真填写
用户名：stock1417　（不可修改）
验证码：f554　f 5 5 4　（必须填写）
以下是可选资料，可以不填
身份证号：
电子邮箱：
电话号码：
居住地址：
提交　重置

图9.8　提交申请

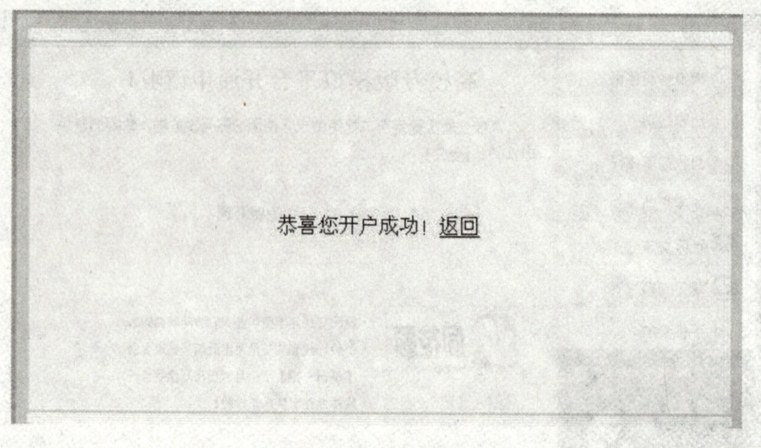

图9.9　开户成功

到此证券投资模拟账户创建完毕，图9.7页面转入图9.10页面，点击“同花顺交易区”模拟软件随即弹出与真实投资相似的模拟炒股网上交易系统，如图9.11所示，至此用户便可以开始自己模拟投资的体验过程了。

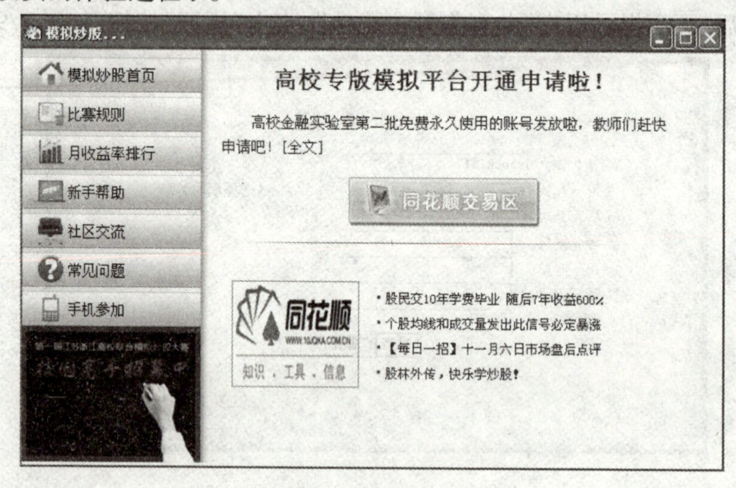

图9.10　模拟平台开通申请

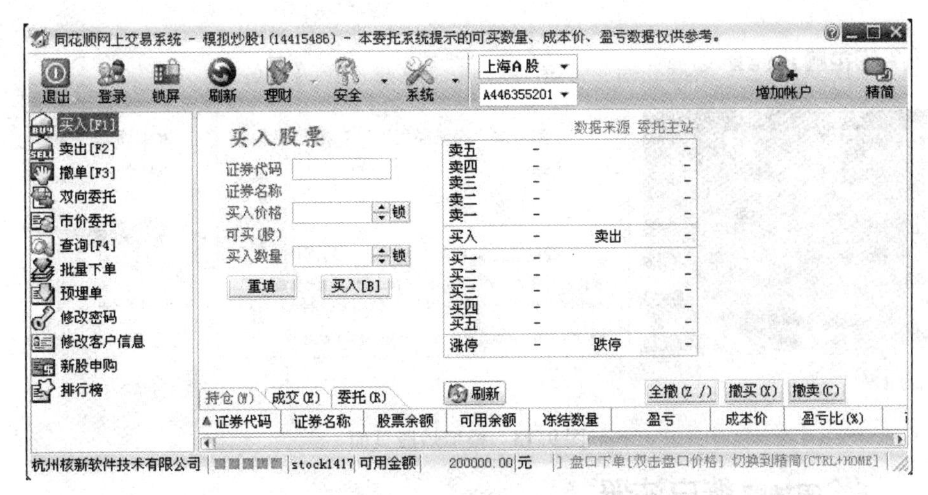

图 9.11　模拟炒股网上交易系统

9.2.2　通过网页申请创建账户

在浏览器中登陆同花顺金融服务网站 www.10jqka.com.cn，然后点击网页右上角的“模拟炒股”，进入注册页面，注册模拟交易账户，如图 9.12 所示。

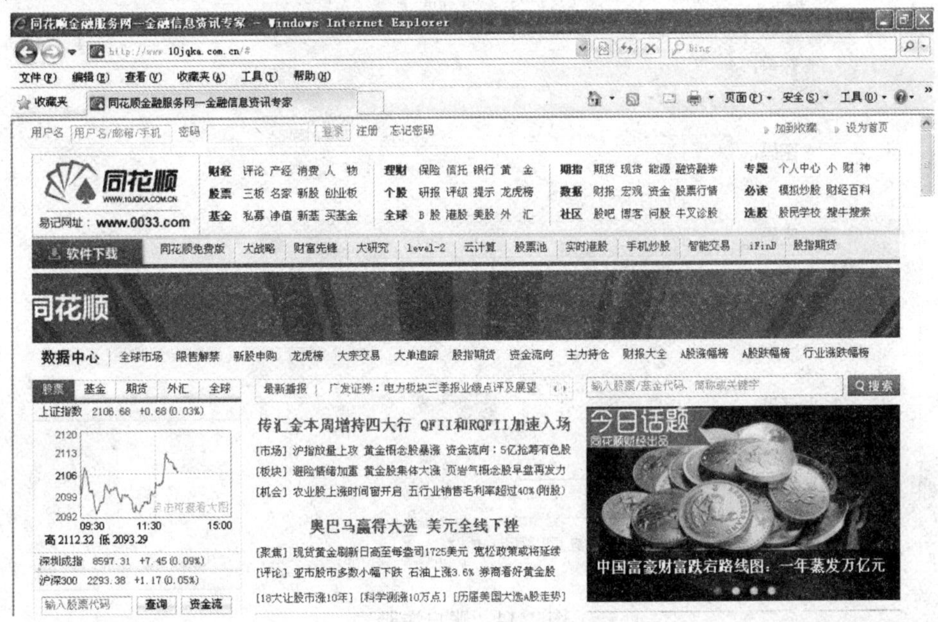

图 9.12　注册模拟交易账户

点击“模拟炒股”后，网页转入图 9.13 页面，然后点击“我要注册”，填写账户信息，并提交注册信息，如图 9.14 所示。

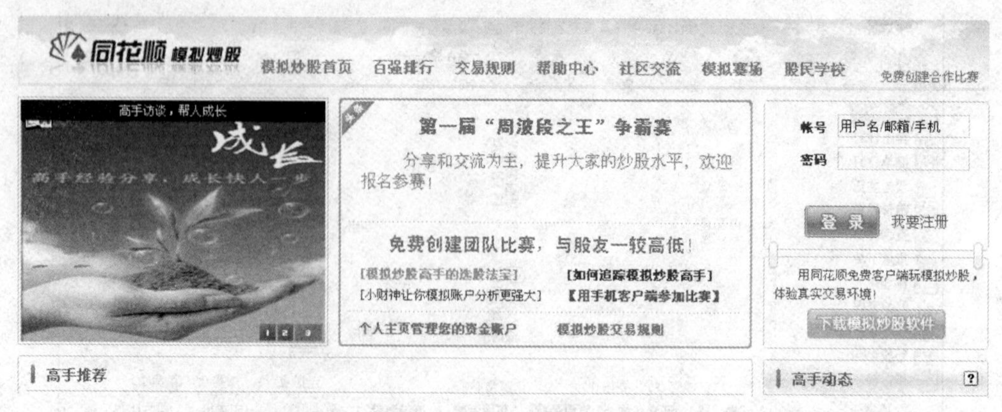

图 9.13　模拟炒股页面

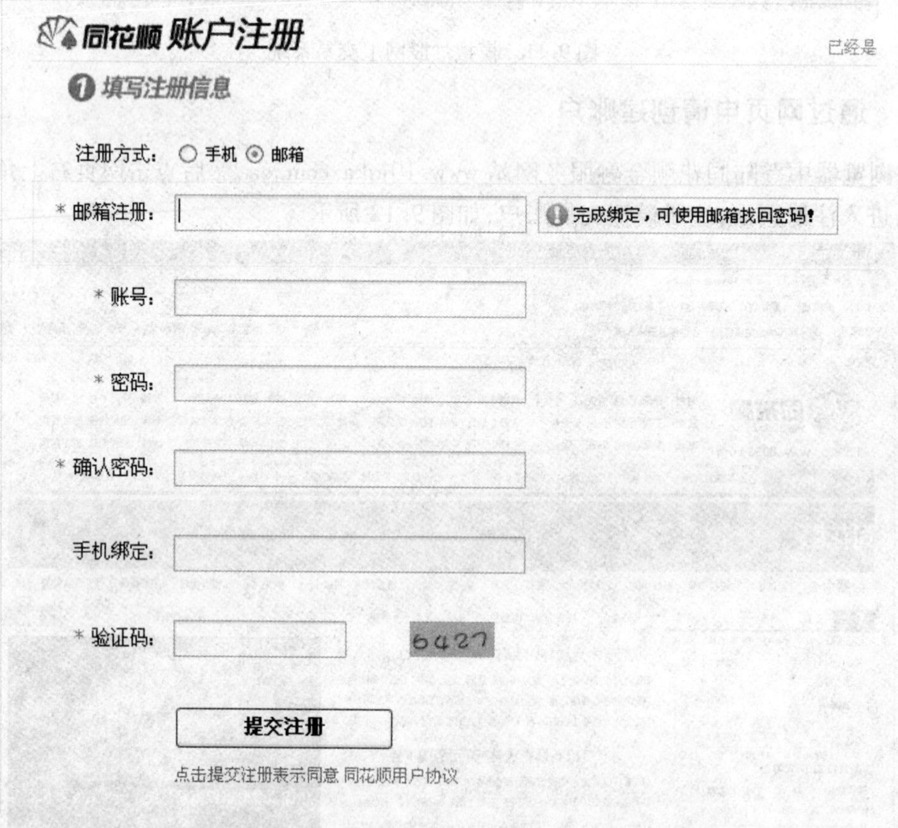

同花顺 账户注册

已经是

❶ 填写注册信息

注册方式：○ 手机 ⊙ 邮箱

* 邮箱注册：　　完成绑定，可使用邮箱找回密码！

* 账号：

* 密码：

* 确认密码：

手机绑定：

* 验证码：　　6427

提交注册

点击提交注册表示同意 同花顺用户协议

图 9.14　账户注册

提交注册信息后，需要用户进一步完成认证过程，同花顺为客户提供了手机验证和邮箱验证两种方式，可根据个人喜好选择其中一种方式，如图 9.15 所示。

同花顺 账户注册

❷ 完成双重认证，即可选择使用手机或邮箱找回密码和登录同花顺！

还差最后一步即可成为同花顺会员！

提交短信中的验证码即可成为同花顺会员，快来认证吧！

手机验证码：

提交验证码>>

没有收到短信？

倒计时21s重新发送验证码

或者请耐心稍等一分钟，手机接受可能有延迟，如果还没收到看看手机号码对不对，如果都不是，试试以下操作：

再次发送短信　或　更改手机号码

您亦可编辑短信345434到057188300033，完成注册！重新获得验证码

还差最后一步即可成为同花顺会员！

同花顺已经向您的邮箱 zhaoqqmm@163.com 发送了认证邮件，快去认证吧！

马上登录邮箱>>

没有收到邮件？

看看邮箱对不对，或者邮件是不是进了垃圾箱，如果都不是，试试以下操作：

再次发送邮件　或　更改邮箱发送

图9.15　双重认证

完成认证后，便成功地完成同花顺账户注册的部分，接下来，再转到图9.13的页面，录入之前设定好的账号和密码，点击登录，如图9.16所示。

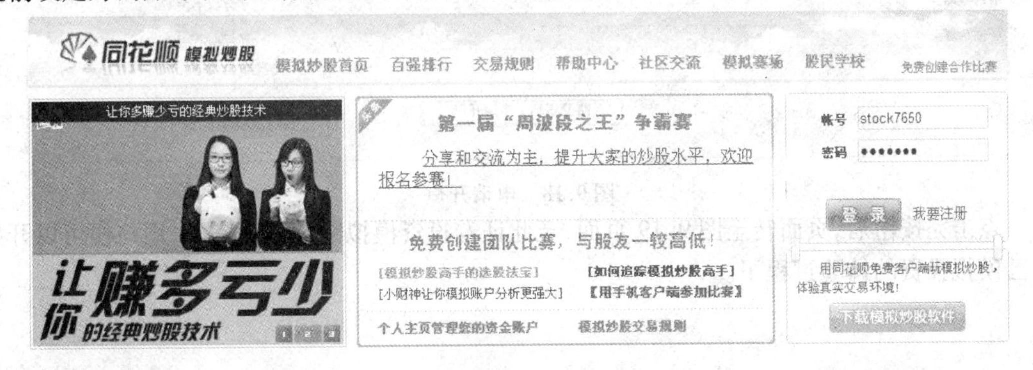

图9.16　登录页面

成功登录后，页面转入图9.17，点击“免费开通模拟炒股”，并填写相关的验证码，点击“提交资料，申请开户”按钮，如图9.18所示。

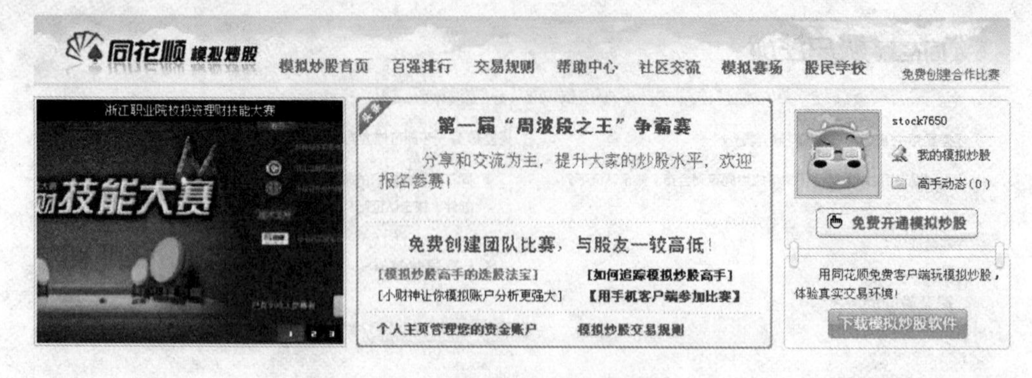

图 9.17　免费开通模拟炒股

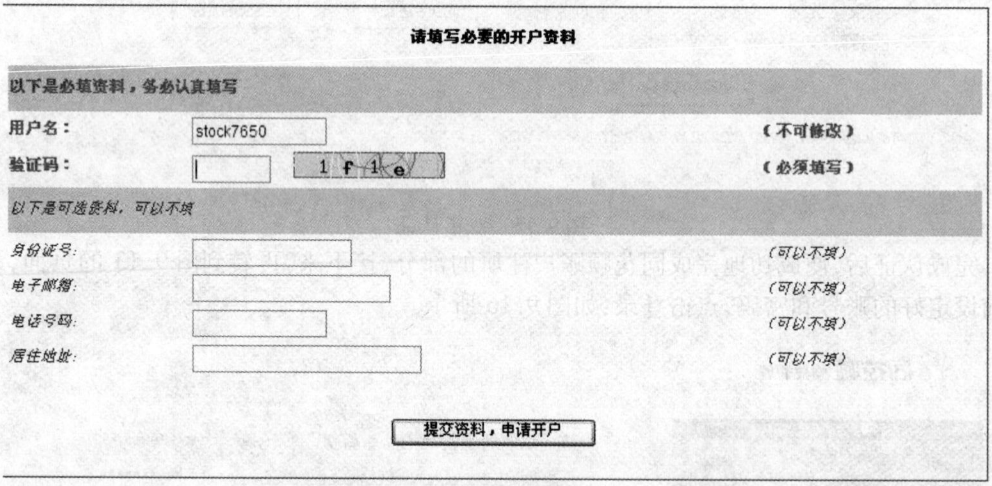

请填写必要的开户资料

以下是必填资料，务必认真填写

用户名：stock7650　（不可修改）

验证码：　1 f 1 e　（必须填写）

以下是可选资料，可以不填

身份证号：　（可以不填）

电子邮箱：　（可以不填）

电话号码：　（可以不填）

居住地址：　（可以不填）

提交资料，申请开户

图 9.18　申请开户

点击完按钮后，页面转至图 9.19 页面，至此证券投资模拟账户创建完毕，用户便可以开始自己模拟投资的体验过程了。

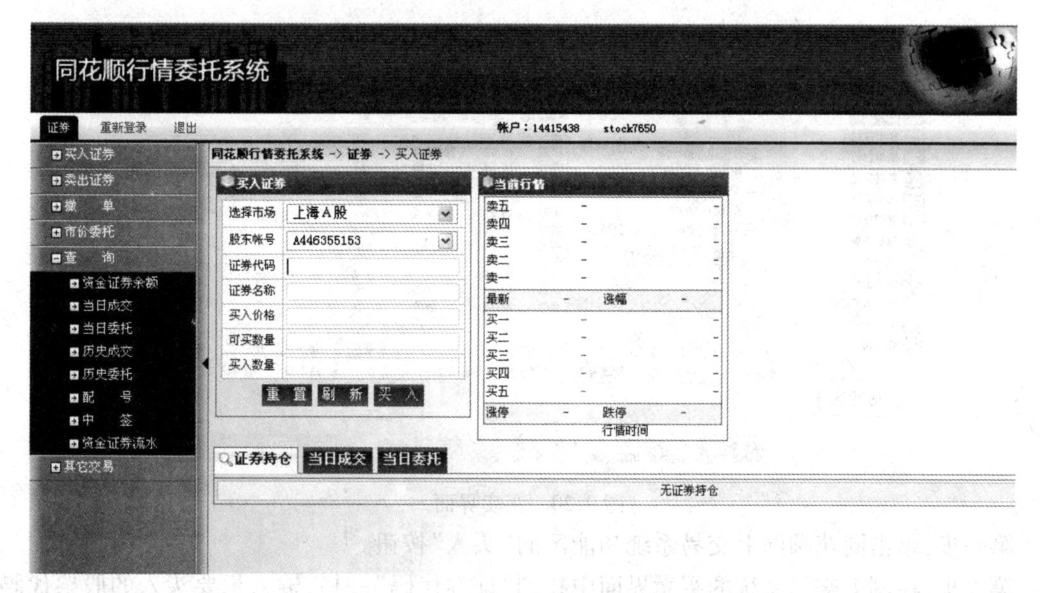

图9.19　证券投资模拟账户创建完毕

需要说明的是，模拟交易与实际交易开户环节略有不同。在实际交易的开户流程中，投资者需要到具有中国证券登记结算有限责任公司开户代理资格的证券公司营业部分别开立上交所、深交所的股东账户卡，以及自己选定的证券营业部开立资金账户后，即可以进行沪深两市的证券买卖。

9.3　证券投资模拟交易的操作流程

创建自己的模拟账户之后，投资者输入已注册的用户名和密码，便可以进入模拟炒股环境进行各种证券的交易了。本节以同花顺模拟炒股软件为平台，介绍证券投资模拟交易的操作流程。

9.3.1　委托买卖

同花顺网上委托模拟交易系统能够实现限价、市价、批量、双向委托买卖的功能，同时，也提供了预埋单的操作功能。

1. 限价委托买卖

限价委托是指在向证券公司提交委托单时，既指定交易数量，又指定交易价格的一种委托方式。以买入股票为例，我们来介绍限价委托买卖的操作流程，如图9.20所示。与买入股票相比，卖出股票仅仅是方向上有所不同。

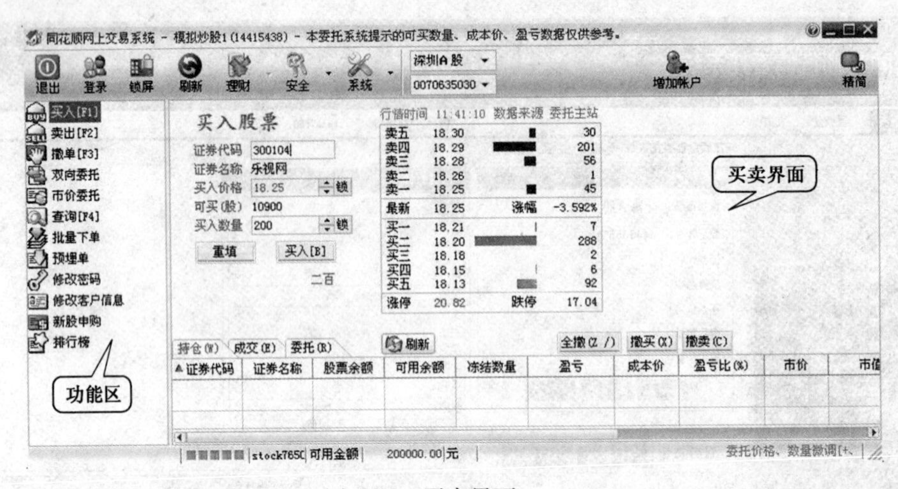

图 9.20　买卖界面

第一步,单击同花顺网上交易系统功能区的“买入”按钮。

第二步,在网上交易系统的买卖界面中找到“证券代码”一栏,输入想要买入的股票代码,如输入“300104”,系统将自动显示出“乐视网”股票价格的即时信息。

第三步,根据自己的买卖意愿填写买入价格和买入数量。我们在这里填写的买入价格是18.25 元,买入数量 200 股,然后点击买卖界面中的“买入”按钮,系统显示委托确认界面,如图 9.21 所示,接着点击“是(Y)”按钮,系统弹出提示对话框,如图 9.22 所示,点击按钮“确定”,至此一笔完整的限价委托股票买入流程就结束了。

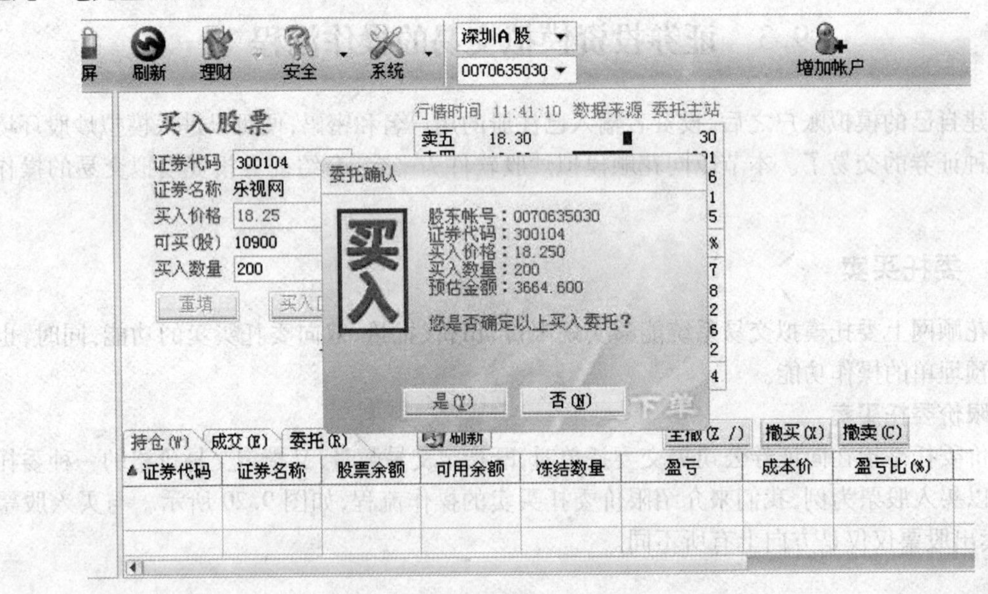

图 9.21　买入申请

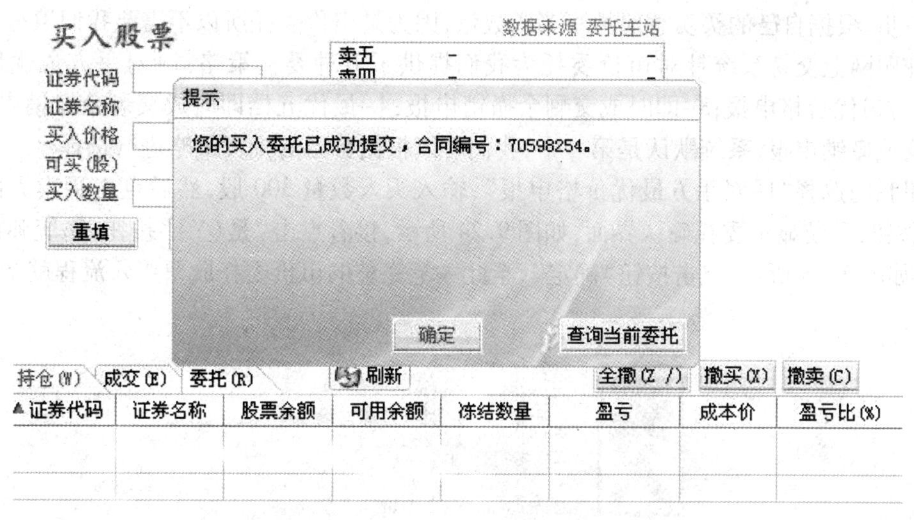

图9.22　买入委托提交成功

2. 市价委托买卖

市价委托是指仅指定交易数量而不给出具体交易价格，但要求按该委托进入交易撮合系统时以市场上最好的价格进行交易。市价委托的好处在于它能保证即时成交。现在以买入股票为例来介绍市价委托买卖的操作流程。与买入股票相比，卖出股票仅仅是方向上有所不同。

第一步，单击同花顺网上交易系统功能区的"市价委托"按钮，然后选中该目录下的"买入"。

第二步，在网上交易系统的买卖界面中找到"证券代码"一栏，输入想要市价买入的股票代码，如输入"300350"，系统将自动显示出"华鹏飞"股票价格的即时信息，如图9.23所示。

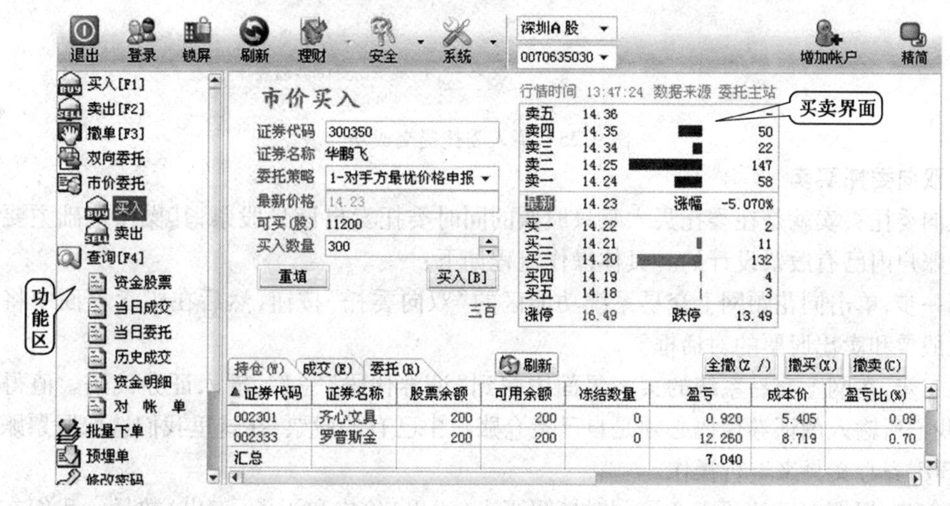

证券代码	证券名称	股票余额	可用余额	冻结数量	盈亏	成本价	盈亏比(%)
002301	齐心文具	200	200	0	0.920	5.405	0.09
002333	罗普斯金	200	200	0	12.260	8.719	0.70
汇总					7.040		

图9.23　买卖界面"证券代码"

第三步，根据自己的买卖意愿填写买入数量，因为是市价委托所以不需要我们填写买入价格。同花顺网上交易系统针对市价委托为我们提供了五种委托策略：1-对手方最优价格申报；2-本方最优价格申报；3-即时成交剩余撤销申报；4-最优五档即时成交剩余撤销申报；5-全额成交或撤销申报，系统默认是第一个，我们可以根据自己的投资策略进行选择。

这里我们选择“1-对手方最优价格申报”，输入买入数量300股，然后点击买卖界面中的“买入”按钮，系统显示委托确认界面，如图9.24所示，接着点击“是(Y)”按钮，系统弹出提示对话框，如图9.25所示，点击按钮“确定”，至此一笔完整的市价委托股票买入流程就结束了。

图9.24　买入委托确认

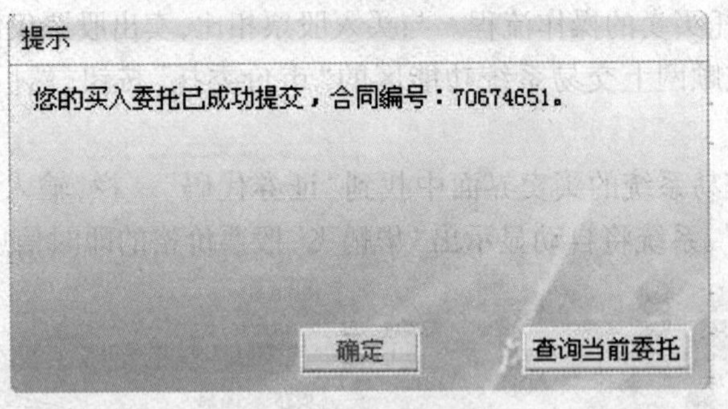

图9.25　买入委托提交成功

3. 双向委托买卖

双向委托买卖就是在委托买入某只股票的同时委托卖出该只股票，其操作基础主要基于投资者账户内已有股票设计的。具体操作流程如下：

第一步，单击同花顺网上交易系统功能区的“双向委托”按钮，然后在买卖界面中将显示出买入股票和卖出股票的对话框。

第二步，在网上交易系统的买卖界面中找到“证券代码”一栏，输入证券代码。值得注意的是，我们所输入的证券代码必须是自己持仓账户中已有的股票，在这里我们选取股票账户中的002301齐心文具来进行操作。

第三步，根据自己的买卖意愿同时填写买入(卖出)价格和买入(卖出)数量。我们在这里填写:买入价格5.28元,买入数量300股;卖出价格5.55元,卖出数量200股(因为已有持仓股票数量为200股,所以我们可卖的股票数量最多只有200股),如图9.26所示。

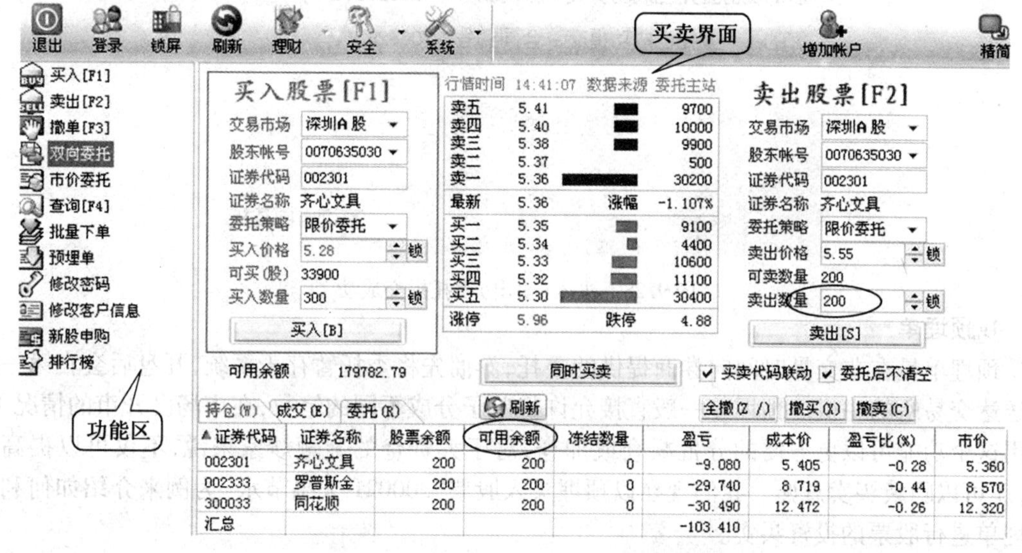

证券代码	证券名称	股票余额	可用余额	冻结数量	盈亏	成本价	盈亏比(%)	市价
002301	齐心文具	200	200	0	-9.080	5.405	-0.28	5.360
002333	罗普斯金	200	200	0	-29.740	8.719	-0.44	8.570
300033	同花顺	200	200	0	-30.490	12.472	-0.26	12.320
汇总					-103.410			

图9.26　填写买入(卖出)价格和数量

第四步,信息填写完毕后,点击"同时买卖"按钮,系统显示委托确认界面,如图9.27所示,接着点击"是(Y)"按钮,系统弹出提示对话框,如图9.28所示,点击按钮"确定",至此一笔完整的双向委托买卖股票的流程就结束了。

图9.27　买入(卖出)委托确认

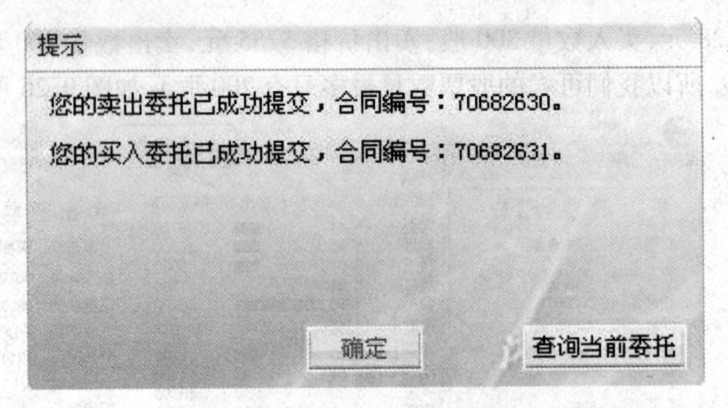

图 9.28　买入(卖出)委托提交成功

4. 预埋单

预埋单是在非交易时间向券商提供的委托,券商先将委托暂存于系统,开盘后会在第一时间送达交易所的主机。预埋单一般直接允许将单子分成不同的笔数,在市场已开市的情况下,使用这个功能可以更方便的分批减仓或加仓,对于大资金的金融炒家来说,不仅可以提高效率,还可以隐蔽买卖意愿。我们现在以预埋买入股票"300021 大禹节水"为例来介绍如何利用预埋单进行股票的投资买卖。

第一步,在同花顺网上模拟交易系统的功能区单击"预埋单"选项,如图 9.29 所示。

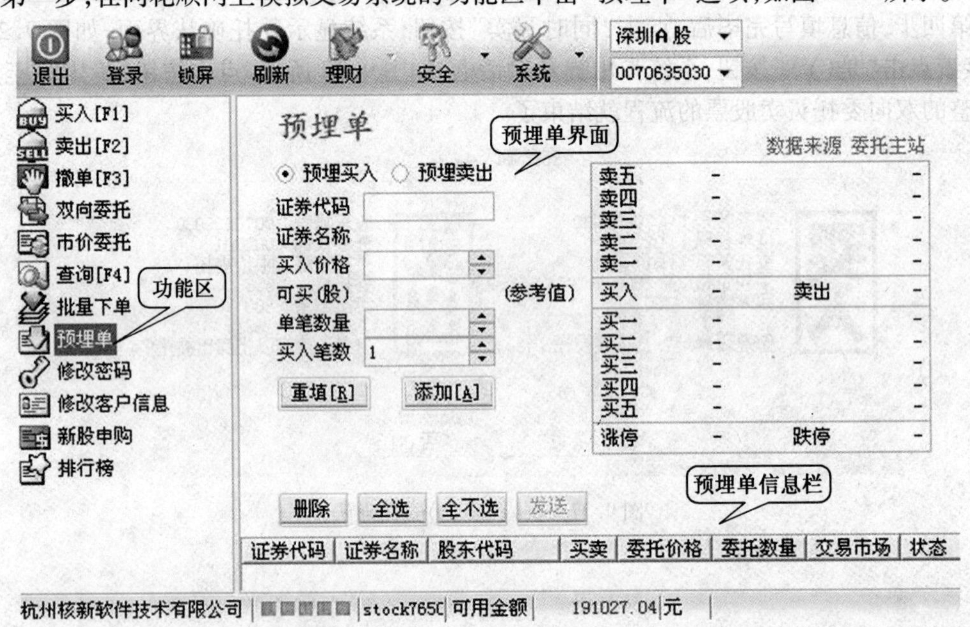

图 9.29　预埋单界面

第二步,在预埋单界面我们选择"预埋买入",输入证券代码 300021 以及预埋买入的价格 7.98 元,然后,确定单笔数量 200 股,买入笔数 3 笔,总共预埋买入 600 股,点击"添加"按钮,这时,在预埋单信息栏中将显示刚刚预埋买入的股票委托信息,如图9.30所示。

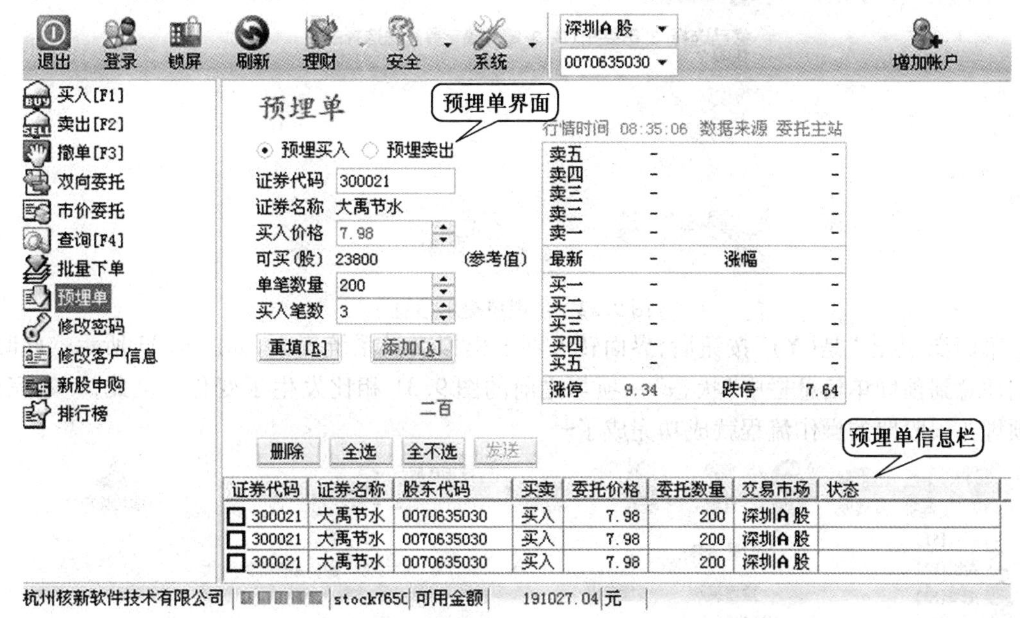

图9.30　预埋单信息栏

第三步,点击“全选”→“发送”,系统将显示“提示信息”对话框,点击“是(Y)”按钮,如图9.31和图9.32所示。

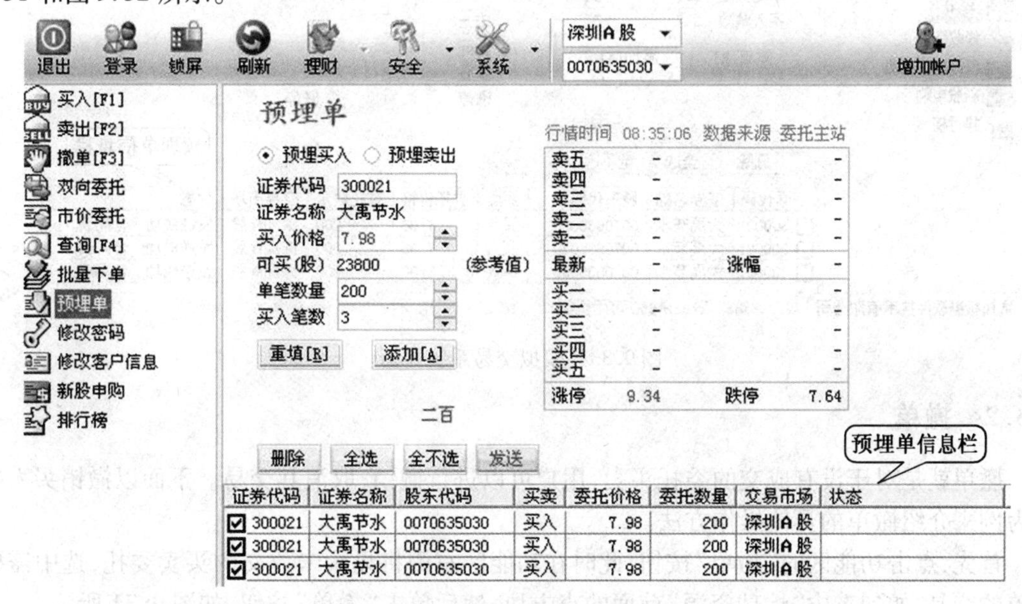

图9.31　预埋单确认

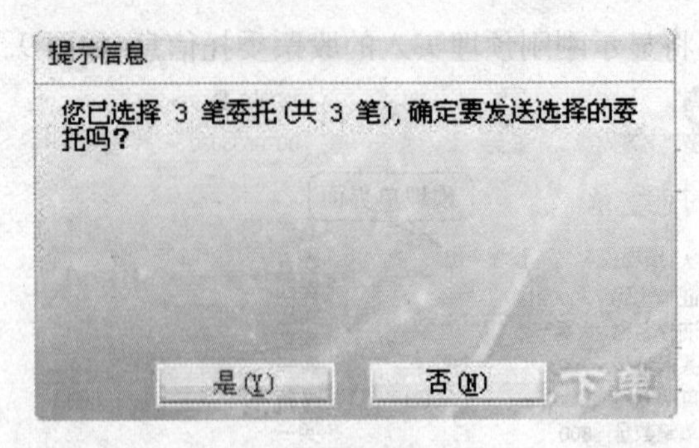

图 9.32 预埋单提示信息

第四步,点击“是(Y)”按钮后,界面转入网上模拟交易系统界面,如图 9.33 所示。此时,我们注意到预埋单信息栏中“状态”一项与之前的图 9.31 相比发生了变化。至此,一笔完成的预埋买入股票的操作流程就成功完成了。

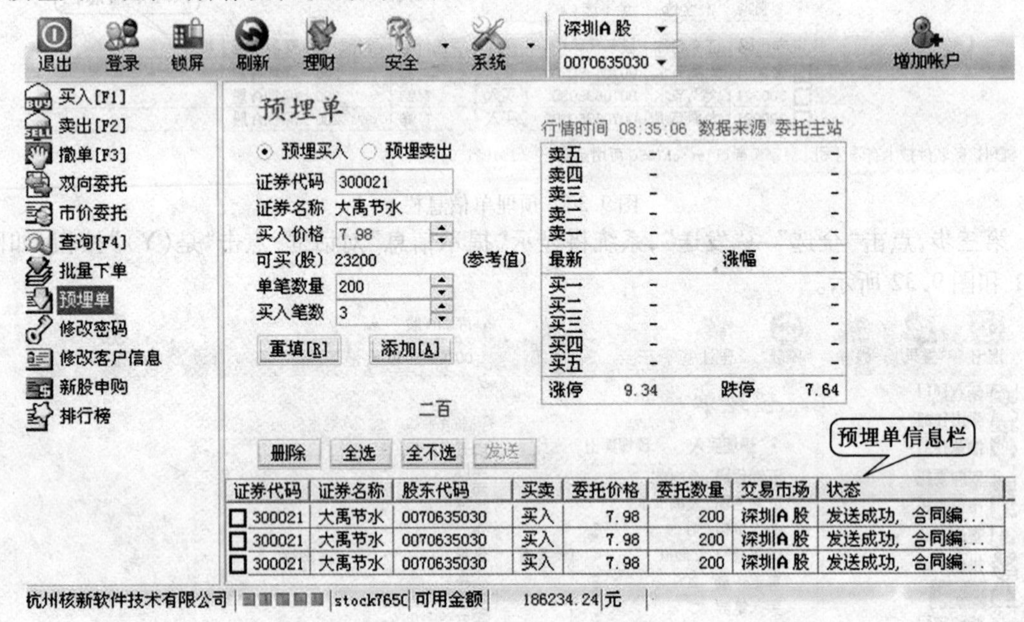

图 9.33 模拟交易系统界面

9.3.2 撤单

撤单就是对于没有成交的委托买卖,用户可以进行撤销,取消其交易。下面以撤销买入委托为例来介绍撤单的具体操作方法。

首先,点击功能区的“撤单”按钮,此时在功能区右侧将显示未成交的买卖委托,选中需要撤单的交易,如勾选中“怡球资源”前面的小方块,然后单击“撤单”按钮,如图 9.34 所示。

图9.34　撤单界面

其次,在单击“撤单”按钮后,系统弹出提示信息,单击“是(Y)”按钮,确定撤单,如图9.35所示。

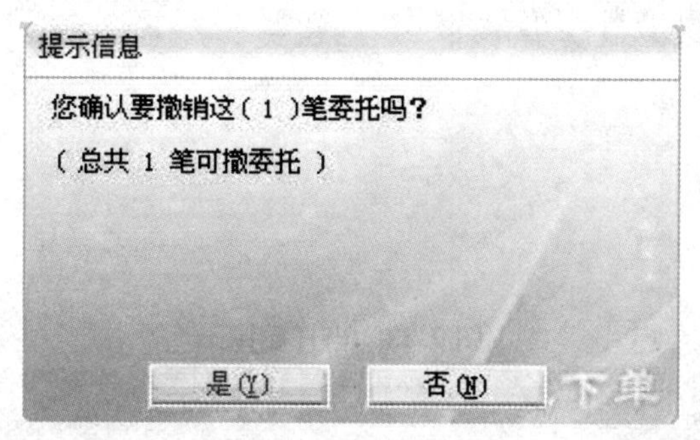

图9.35　撤单提示信息

最后,系统提示撤单成功,如图9.36所示。

图9.36　撤单委托提交成功

9.3.3　查询

对于账户的交易情况和资金状况,我们可以利用同花顺网上委托模拟交易系统功能区的“查询”功能进行快捷查询。对于自己的委托我们可以查询是否交易成功(图9.37、图9.38),

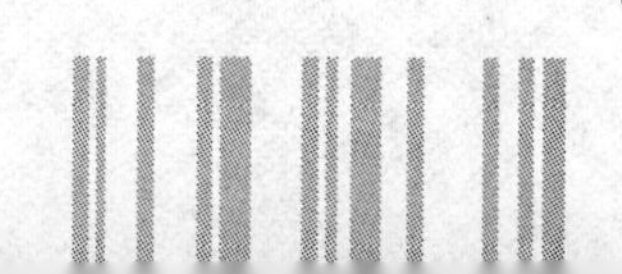

也可以查询交易账户的资金余额和股票持仓情况(图9.39),了解账户的盈亏情况等。

买入[F1]
卖出[F2]
撤单[F3]
双向委托
市价委托
查询[F4]
资金股票
当日成交
当日委托
历史成交
资金明细
对 帐 单

成交时间	证券代码	证券名称	操作	成交数量	成交均价	成交金额	合同编号	成交编号
13:00:48	002301	齐心文具	买入	200	5.400	1080.000	70598304	195948727
13:03:15	002333	罗普斯金	买入	200	8.710	1742.000	70598286	195950550
13:05:11	300104	乐视网	买入	200	18.250	3650.000	70598254	195951177

图9.37　当日成交

买入[F1]
卖出[F2]
撤单[F3]
双向委托
市价委托
查询[F4]
资金股票
当日成交
当日委托
历史成交
资金明细
对 帐 单

委托时间	证券代码	证券名称	操作	备注	委托数量	成交数量	撤消数量	委托价格	订单
明细 11:56:02	002333	罗普斯金	买入	全部成交	200	200	0	8.710	限价
明细 11:56:31	300033	同花顺	买入	未成交	200	0	0	12.500	限价
明细 11:56:51	002301	齐心文具	买入	全部成交	200	200	0	5.400	限价
明细 11:54:14	300104	乐视网	买入	全部成交	200	200	0	18.250	限价

图9.38　当日委托

退出 登录 锁屏 刷新 理财 安全 系统 深圳A股 0070635030 增加帐户 精简

买入[F1]
卖出[F2]
撤单[F3]
双向委托
市价委托
查询[F4]
资金股票
当日成交
当日委托
历史成交
资金明细
对 帐 单
批量下单
预埋单
修改密码
修改客户信息
新股申购
排行榜

人民币

资金余额 200000.00 可取金额 0.00
冻结金额 0.00 股票市值 9008.00
可用金额 191027.04 总 资 产 200035.04

最近查询时间:2012-11-14 14:11:03

修改成本价

证券代码	证券名称	股票余额	可用余额	冻结数量	盈亏	成本价	盈亏比(%)	市价	市值
002301	齐心文具	200	0	200	0.920	5.405	0.09	5.410	1082.000
002333	罗普斯金	200	0	200	10.260	8.719	0.59	8.770	1754.000
300033	同花顺	200	0	200	21.510	12.472	0.86	12.580	2516.000
300104	乐视网	200	0	200	2.350	18.268	0.06	18.280	3656.000
汇总					35.040				9008.000

杭州核新软件技术有限公司 stock765 可用金额 191027.04元

图9.39　资金股票

9.4　证券投资模拟的技巧

证券投资中,风险和收益是互相伴随而存在的。一般来说,投资风险与收益之间存在着正相关,投资者的目的只有一个,那就是尽可能降低风险,尽可能增加收益,但投资者最终目的的实现程度取决于他们各自的素质,最重要的是取决于他们在投资技巧上的应用情况。

投资者的心理预期、知识水平、个人精力、可投入资金的来源、资金的大小,资金投入时间的长短等,都是影响投资者采取不同投资策略和投资方法的因素。所以,就投资策略和方法而言,会多种多样。下面列举一些主要的投资技巧。

9.4.1　小股轮涨

股市投资中所谓的小股是指资本额较小的股票,有时虽然其表面价值较大,但因在股市上的价位较低,其实际资本额较小的股票也是小股。小股轮涨的现象,大多发生在多头市场或空头市场的尾声,但也有时出现在底部未定,处于反弹行情的中途。

在发生长期多头市场后的小股轮涨时,不论大、中、小型股票都已有一段不小的涨幅,有心的投资大户欲将大中型股票价格继续提高,必须投入更多的资金,而且获利也比较有限,所以在多头市场的末期,采取本轻利重的小型股票予以顺利脱手。

在发生长期空头市场后的小股轮涨时,无论大、中、小型股票都已有一段不小的跌幅,有心的投资大户介入大中型股票,虽也可以轻易做高,但做高后的卖出压力必然加重,所以,此时选择小型股票予以轮流做升,以图恢复市场买方人气热络,更可在“比价心理”之下使行情起步止跌。

反弹的小股轮涨,有时是有心的大户的“试盘”行为,有时是短线中户获利搅和,此种现象均为涨后都再回跌,时间既短也不能持久。

9.4.2　板块联想涨跌

总体上看各股票的涨跌是有一定联系,有一定规律可循的。联想涨跌法就是根据相关股票陪衬涨跌的特征而买卖股票的一种操作技巧。

采用这种方法买卖股票时,可将拟投资股票分为三种情况分别加以考虑。

第一种情况是新上市的股票。新上市的股票连涨多个停板后,再正式买卖成交是股市惯性之一,但其上市后涨停板的多寡,往往与当时大势情况的好坏有着极大关系。大势好时,新股上市涨停板较多,甲种新股上市后涨停数的多寡,也可作为乙种新股上市后的参考。

第二种情况是同类股票。如果甲化纤股涨升,乙化纤股也将随之上涨,同样的电器股、建筑股、食品股等也是如此。虽然个别股票的涨跌幅度会有所不同,但随后跟进强势涨升的同类未涨股票也能获得利润。

第三种情况是同值股票。当股票价格纷纷由票面面值以下涨至票面面值以上时,即为面值以下股的联想涨跌,此时,当某些面值以下股翻升至面值以上时,就应注意到其他面值以下股并予以买进,因为这样很有可能获利。另外当某些面值以下股上涨遭到阻力,而有的已经冲关涨升时,则也可联想其余股票也将会冲破阻力而上涨。

9.4.3 投资三分法

投资是经济主体(包括个人)以获得一定未来收益为目的而预先垫付一定量的货币或实物的支出行为。各种投资活动都是有风险的,只不过是风险的大小程度不同而已。多数人的愿望是投资收益大,风险小,但这很难做得到。于是一些投资专家发明了分析投资法,以降低投资风险,确保投资收益。投资三分法就是最常见、最流行的一种方法,它的主要做法是将自己的资金分成三部分,分别投资于低、中、高三种风险的投资对象上,以求在降低风险的同时,获得较为满意的收益。其中,选择低风险的投资对象是为了给自己设立投资准备金,以便在投资亏本时补充资金,争取翻本。比较流行的投资三分法是,资金 1/3 存入银行;1/3 购买有价证券(包括股票和债券等);1/3 购置不动产。

在有价证券的投资上,也是采取三分法来进行投资,以 1/3 的资金购买风险较低的债券和优先股;以 1/3 的资金购买有发展前景的成长性股票;以 1/3 的资金购买收益较高的普通股股票。

投资活动是有风险的,为防范风险,投资者也可以采用三分法来进行投资,做法是:以 1/3 的资金存入银行;1/3 的资金用来购买风险相对较小的债券;1/3 的资金投资于能带来高额收益的股票。这样做得好处是,买股票赔了有债券和存款在,债券再赔了还有存款。我们银行的支付能力是足以令人放心的,而我国债券的风险也并不大。因此可以说,用这种三分法进行投资是万无一失的。

9.4.4 投资金字塔

这里要介绍的是最佳投资组合——理财金字塔,虽然并非万能和百分百地正确,但到现在为止,从理论上和实践上都还是合理的,可行的。

投资金字塔是指投资应该在最大限度内保障自己以及家庭的消费开支,之后才能考虑保本和冒风险获利。蓝筹股票债券以及保守性基金,可以作为保本用途,占资本比较多;至于二线股则用作增长用途;那么,四五线股、认股证和期指这样大风险的投资一般来讲用比例最少的资本。

这个理财金字塔务必从最基本做起,如果没做到,千万不能“跳级”,做更高层次的。这说明一个问题,无论干什么事,都要巩固根基,不然的话,就像墙上芦苇,一经风吹雨打就要折断,投资亦是如此,根基巩固后,能够立于不败之地,就该以致富为目标,大胆出击了。股票的作用,除了蓝筹股作为长期稳固收益及保值之外,其他比较高风险性的股票都是为了达到出击致富的目标。股票的一个优点就是买卖容易,而且看中利润往往十分有吸引力。一些股票一年上升十几倍或者几十倍。股票虽然可以带来高高利,但风险亦成正比例。

蓝筹股票长期放在保险箱里,几年才拿出来看看股价有否升值。若渴望快速致富,我们便不可以只拣蓝筹股,应该拣一些实力二线股做出击之用;运用另外一小部分本钱,作最大风险的投资。

股票在投资组合中负起的作用是用蓝筹保本,寄望二线股有理想增长,再投机望致富。但一定要一步一步稳扎稳打,千万不要未投资,先投机。未买蓝筹,先买认股权证是过于冒险的行为。

9.4.5 顺势投资法

所谓顺势投资法则指在股票市场中,“小炒家”由于资金不足、消息闭塞,不能像“大炒家”那样操纵股票市场,只好跟着“大炒家”左右的股势或股价走,做个“顺风客”,跟着股价的趋势进行买进卖出。这种办法捞不到大利,也不会吃大亏。

投资者在采用此技法时,必须注意以下几点:首先,虽说是“顺势走”,但也得分析一下股市的大趋势。只有当股价已形成中期或长期涨跌趋势时,投资者才有机会顺势购进或售出股票,而且以做多种交易为宜。如果行情涨跌趋势不稳定,作为小额的投资者,此时最好多观望一下,切莫冒险跟进,不然悔之晚矣。其次,要常常注意和提早发现行情的变动趋势,古话说得好,先下手为强,后下手遭殃。趁“大炒家”还未动作时,抢先购进售出,否则顺势购进,很可能抢到的是高价股票;顺势售出,卖出的股票极可能被杀到最低价,左右夹攻,两头受损。

9.4.6 投资趋势法

在一般情况下,许多股票的价格都呈现某种趋势性变动,上升趋势或下降趋势一旦出现,便可维持相当长的时间,投资者如果确认股票价格已形成某种趋势,就要继续保持自己的地位,直至出现某种迹象表明趋势已经改变时方可改变其地位。这里所说的趋势是指长期趋势,这种投资策略不允许投资者利用股票价格的短期波动来获利。例如,投资者可以给自己买进的股票确定一个最高价和最低价,然后按月计算这种股票的平均市场价格。如果本月平均价格低于最高价一定比例,就可以认为股价呈下降趋势,他便将股票全部售出,等到他卖出的股票价格由最低价回升了一定比例后,就可认为股价呈上升趋势,再将股票买回来,由于股票价格呈趋势性变动,他可以从股票价格上涨中获得好处,同时又能避免股票价格过分下跌给他带来损失。

采取这种投资法的关键要求有两条:一是股价涨跌的趋势必须明确;二是必须能尽早看准趋势。其弱点是如果看不准趋势,就无法进行投资。再就是如果趋势是短期的,也不能采用。

9.4.7 买卖平均法

指两种购进股票的策略,即"买平均高"和"买平均低"的办法。

在股票长期投资中,有一种分阶段购入股票的操作方法,即按一定时间间隔逐次购入某种股票。这分两种情况:一是看准某种股票价格的上升趋势,用全部资金按其上涨的不同阶段分次买入;另一种是估计某种股票可能出现下跌情况,则按该股票价格下跌的不同阶段分次投入资金,前者当股价上升超过最后一次买入股票的价格时,便可成批出售股票,获得较高的利润。而后者必须在价格回升超过购买价格时,才能获得利润。可见两者同是为了获得利益,同是分次投入,但是投入时的价格走向不一致,或者说相反,这又决定了两者得利的时间也不一致。这两种投资对策就分别被称为买平均高投资法和买平均低投资法。

从它们的投资过程不难看出,买平均高投资法在股价突然下跌时就会失去获利机会;而买平均低投资法如果不到或者不能返升到比原价格更高的时候,也是无法取得利润的。前者获利快,但风险大;后者获利慢,但只要不是买入劣质股票,则风险较小。

9.4.8 匀低成本法

采用加码匀低成本的方法反亏为盈。其在股市上较为流行的有两种。

1. 平均成本法

高档套牢后,股价跌到相当程度,再照原持有股加码买进,如高价买进某股票 2 000 股予以匀低成本。采取此种买进方式,股价一旦回升一半,即可够本,如回升一半以上,则可获利。

2. 倍数买进法

如果你有实力,在股价跌落之后,加倍或加数倍买进以匀低成本。如原来你买进的 2 000 股 4 元股票,跌落 2.8 元时,你买进 4 000 股,则其平均成本为 3.2 元,将来股价回升到 3.2 元一股,则可保本,升至 3.6 元,可赚 2 400 元。

9.4.9 追涨杀跌法

绝大多数投资人,无论是新手还是老手,都喜欢买从高点跌落至低点的股票。他们认为,买进低价的股票比较安全,认为这些股票要不是跌幅过深,就是股价已接近底部,而即将回升了。

但事实上并非如此,相反,往往是高者越高低者越低。多数人认为价位太高、风险大的股票,以后的涨幅往往价位极低,值得投资的股票,涨幅却往往太小。对以往各个时期,各种股票的趋势进行研究的结果也印证了这个结论,即"涨者越涨,跌者越跌"。通常业绩不佳的股票,其股价也难有良好的表现;而在多头行情中初创高价的股票,确实值得介入的热门股,果断的投资人应避开那些表现极差,以后甚至可能创下新低点的股票。

通常,一种股票的价格必须经过调整打底之后,才会直冲新高点,然后争取突破。而打底徘徊的时间可能短至一两个月,也可能长达十个月。

当一种股票度过徘徊打底期,逐渐恢复上扬趋势,并且接近新高点之际,就是考虑买进的适当时机。股价脱离底部时,就应该抢购这种股票。因此,当一般投资人认为某股票的价值已太高而犹豫不决时,一位果断而明智的投资人就应该毅然将它买进;然后,在它已渐升了一大段,而一般投资人又对这种股票发生兴趣时,果断将它卖出。

在行情开始启动的时候,或者在涨势起步前期及中期开始买进,就可获利;同样,能够在一轮股票涨势已经结束、跌势开始形成的时候,或者在跌势的前期及中期抛出手中持股,就可确保利润,避免亏损,这就是"追涨杀跌"法。在千变万化的股票市场中,的确只有"追涨杀跌"才能赚钱。

9.4.10 轮换拔档法

轮换拔档,是指投资人出卖自己的持股,等价位下降之后再补回来的一种方式。这倒不是因为投资人对股价的后市看坏,也不是真正有意获利了结,只希望趁价位高时,先行卖出,以便自己赚自己的一段差价。通常,拔档时卖出到买回之间,不会相隔太久,最短一两天,最长的也不过一两个月。

拔档的动机有两种:其一为行情上涨一段后卖出,回降后补进的"挺升行进间拔档";其二为行情挫落时,趁价位仍高时卖出,等跌低时再予买回的"滑降间拔档"。"挺升行进间拔档"系多头逢行情上升之际,见价位已涨升不少,或遇到沉重的压力区,干脆自行卖出,希望股价回落,以化解上升阻力,等待行情再度冲刺。"滑降间拔档"则为套牢的多头,或多头自知实力弱于卖方,于是在股价尚未跌低之前,先行卖出,待价位跌落后再买回反攻。

拔档做对了,可降低成本,增加利润;万一做错了可能吃力不讨好。

9.4.11 回补投资法

回补投资法是指在股票市场的投资中,当投资者手中持有的某种股票上涨时,即刻售出股票,先赚一部分利润到手。等到股票价格往下跌时,再用低价购进股票,补回原先出售的股票数额。一般情况下,投资者从卖出到购进股票的时间差不会间隔太长,最短的时差只有一两天,最长的也不超过一两个月。

回补投资法的实际运用时:首先,投资者在股价上升一段时间后立刻抛出股票,当股价回落后又随即回补;其次,如果股价下跌,那么趁价位还高时马上售出股票,等行情再下跌时再行回补。

回补投资法除了要求投资者密切注意股票行情的升降趋势外,还必须养成善于见好就收的习惯。当卖即卖,当收即收,干净利落。这样做,即或判断失误,损失也不会太大,充其量不过十劳而无功,但是做对了,可以降低成本,增加盈利。

9.4.12 人气投资法

人气投资法是用来估计人气,预测股票行情趋势的一种方法。投资者以观察证券交易所大厅内的人数的增减,即计算人头的情况,据此作为预测股价走势的手段。

如果证券交易所投资人数日益减少,表示人气逐渐萎缩,行情可能会下降;如果交易所的人数零零散散,则反映股价必然是疲软乏力的盘局。如果交易所的人数日益增加,则表明人气日渐扩张,行情可能会上升;如果交易所的人头拥挤熙攘,则反映股价已处于热潮阶段。

人气投资法,依据证券交易所人头多寡增减与股价涨跌的正比例关系推测股市的动向和趋势,虽不可能百分之百正确,但业余投资者、中小投资者又是投资大众的骨干,其买卖行为有抢涨卖跌的特点。当股价盘旋时,投资大众会迟迟不肯进场;当股价上涨时,会纷纷抢买,促使股价持续上涨;而当股价下跌时,则又纷纷沽出,促使股价进一步下跌,随着价格下跌幅度的增大,卖出的人数也日益减少。因此,用证券交易所内人头的增减可以判断股市的动向和股价的涨落。

【实训项目小结】

本实训项目主要介绍了同花顺证券投资模拟交易系统的使用方法,通过该证券模拟交易平台能帮助学生了解证券投资的基本过程,掌握证券交易的操作流程,培养证券投资实战的能力。另外,能够提供证券投资模拟交易体验平台的服务商不止同花顺一家,还有本实训项目开头为各位同学介绍的股城网、叩富网等,他们在使用方法上具有很大的相似性,同学们可以根据个人喜爱进行选择。

【实训项目任务】

任务一:建立模拟交易账户。(上机操作)

任务二:选择股票,应用各种类型的委托买卖。(上机操作)

任务三:通过模拟操练,掌握证券投资的交易技巧。(上机操作)

任务四:查询模拟账户的交易情况和资金状况。(上机操作)

附录1 股市常用术语

[成长股]发行股票的上市公司的销售额和利润额持续增长,而且其速度快于整个国家和本行业的增长。这些公司通常留有大利润作为再投资以促进其扩张。

[蓝筹股]西方赌场中有三种颜色的筹码,蓝色、红色、白色。其中蓝色筹码最值钱。所以套用在股市上,蓝筹股就是指公司业绩优良,在行业和股市种占有重要地位的股票。

[垃圾股]一般指公司经营业绩很差的股票。

[次新股]一般指上市不到两年的股票。

[绩优股]过去几年业绩和盈余较佳,展望未来几年仍可看好的股票。该行业远景尚佳,投资报酬率也能维持一定的高水平。

[潜力股]未被投资者重视,将来会有很大上涨潜力的股票。

[龙头股]对股市具有领导和示范作用的股票。

[跳水]股价突然迅速下滑,且幅度很大的一种盘面现象。

[五无概念股]俗称"三无概念股",实际上为五无概念股。指在股本结构中无国家股、法人股、外资股、内部股、特配股。

[转增股]上市公司将本公司的公积金转为新股,并按原持股比例无偿赠送给股东的一种利润分配方式。

[配股]类似于送股,只不过不是无偿赠送而是有偿购买。即当公司发行新股时按股东所持股份数以持价(低于市价)分配认股。

[牛市]指较长一段时间里处于上涨趋势的股票市场。牛市中,求过于供,股价上涨,对多头有利。

[熊市]指较长一段时间里处于下跌趋势的股票市场。熊市中,供过于求,股价下跌,对空头有利。

[鹿市]指股市投机气氛浓厚,投机者频频炒短线,见利就跑。

[牛皮市]走势波动小,陷入盘整,成交极低。

[大户]手中持有大量股票或资本,做大额交易的客户,一般是资金雄厚的人,他们吞吐量大,能影响市场股价。大户又分为个人大户和机构大户。

[散户]进行零星小额买卖的投资者,通常认为买卖股票时资金小于10万元的投资者。

[庄家]能影响某只股票行情的机构大户投资者。

[主力]能影响许多股票,甚至大盘走势的机构大户投资者。

[建仓]买入股票并有了成交结果的行为。

[补仓]分配买入股票并有了成交结果的行为。

[清仓]一般指股票上涨有盈利后卖出股票并有了成交结果的行为。又称平仓。

[斩仓]指在买入股票后,股价下跌,投资者为避免损失扩大而低价卖出股票。这种投资行为叫斩仓,又称割肉、砍仓、停损。

[全仓]买卖股票不分批分次,而是一次性建仓或一次性平仓斩仓并有了成交结果的行为。

[半仓]买股票仅用50%的资金建仓。

[满仓]已经用尽全部的资金买进股票,再没有充足的资金再继续买进股票了。这时仓位已经填满了。

[持仓量]投资者现在手中所持有的股票金额占投资总金额的比例。

[关卡]指股价上升至某一价位时,由于供求关系转变,导股价停滞不前,该敏感价位区即关卡。

[大盘]描述股市行情整体态势的俗称。

[盘整]股价经过一段急速的上涨或下跌后,遇到阻力或支撑,因而开始小幅度上下变动,其幅度大约在15%左右。

[开平盘]今日的开盘价与前一营业日的收盘价相同。

[护盘]主力在市场低迷时买进股票,带动中小投资者跟进,以刺激股价上涨的一种操作手法。

[洗盘]操盘手为达到炒作的目的,必须于途中让低价买进,意志不坚的轿客下轿,以减轻上档压力,同时让持股者的平均价位升高,以利于施行养、套、杀的手段。

[跳空]股市受到强烈利多或利空消息的刺激,股价开始大幅跳动,在上涨时,当天的开盘价或最低价,高于前一天的收盘价两个申报单位以上,称“跳空而上”;下跌时,当天的开盘价或最高价低于前一天的收盘价两个申报单位,而于一天的交易中,上涨或下跌超过一个申报单位,称“跳空而下”。

[反弹]在空头市场上,股价处于下跌趋势中,会因股价下跌过快而出现回升,以调整价位,这种现象称为反弹。

[回档]上升趋势中,因股价上涨过速而回跌,以调整价位的现象。与之相反的称之为反弹。

[探底]股价持续跌挫至某价位时便止跌回升,如此一次或数次。

[T+0]T 是英文 Trade(交易的意思)的第一个字母。在股票成交的当天就能办理好股票和价款清算交割手续的交易制度。

[T+1]目前沪深两所规定,当天买进的股票只能在第二天卖出,而当天卖出的股票确认成交后,返回的资金当天就可以买进股票。此交易规则简称“T+1”。

[多头]对股市前景看好,认为股价将上涨,先买后卖的人称为多头。

[空头]投资者对股市前景看跌,认为股价现在太高,先卖掉股票,和以股价跌到预期程度时再买进,并赚以差价。这种先卖后买的人称为空头。

[多翻空]原本为多头,但见势不对卖出持股获利了结转为做空。

[空翻多]原本为空头,但见大势变好,买入持股转为做多。

[补空]指空头买回以前借来卖出的股票。

[填空]指将跳空出现时没有交易的空价位补回来,也就是股价跌空后,过一段时间将回到跳空前价位,以填补跳空价位。

[套牢]预测股价将上涨,买进后却一路下跌,或是预测股价将下跌,于是借股放空后,却一路上涨,前者称为多头套牢,后者称为宽头套牢。

[解套]股价回升到买进价的附近,将股票卖出,资金回笼。称之为解套。

[抢帽子]当天先低价买进股票,然后高价再卖出相同种类、相同数量的股票,或当天先卖出股票,然后以低价买进相同种类、相同数量的股票,以求赚取差价利益。

[多杀多]普遍认为当天股价将上涨,于是抢多头帽子的人非常多,然而股价却没有大幅上涨,无法高价卖出,等到交易快要结束时,竞相卖出,因而造成收盘时股价大幅下挫的情形。

[空杀空]普遍认为当天股价将下跌,于是都抢空头帽子,然而股价却没有大幅下跌,无法低价买进,交割前,只好纷纷补进,因而反使股价在收盘时,大幅度升高的情形。

[坐轿子]预测股价将涨,抢在众人前以低价先行买进,待众多散户跟进、股价节节升高后,卖出获利。

[抬轿子]在别人早已买进后才醒悟,也跟着买进,结果是把股价抬高让他人获利,而自己买进的股价已非低价,无利可图。

[追涨]当股价开始上涨时买进股票,称为追涨。

[杀跌]当股价开始下跌时卖出股票,称为杀跌。

[骗线]大户利用股民们迷信技术分析数据、图表的心理,故意抬拉、打压股指,致使技术图表形成一定线型,引诱股民大买进或卖出,从而达到他们大发其财的目的。这种欺骗性造成的技术图表线型称为骗钱。

[对敲]典型的投机手段。投机者利用各种手段开设多个账户,然后以自己为交易对象进行不转移实际股票所有权的虚假交易行为。

[黑马]股价在一定时间内,上涨一倍或数倍的股票。

[白马]股价已形成慢慢涨的长升通道,还有一定的上涨空间。

[多头排列]短期均线上穿中期均线,中期均线上穿长期均线,整个均线形成向上发散态势,显示多头的气势。

[空头排列]短期均线下穿中期均线,中期均线下穿长期均线,整个均线形成向下发散态势,显示空头的气势。

附录2　证券公司名录（截至2012年4月30日）

序号	公司名称	注册资金/亿元	注册地
1	爱建证券有限责任公司	11.00	上海
2	安信证券股份有限公司	28.25	深圳
3	北京高华证券有限责任公司	10.72	北京
4	渤海证券股份有限公司	32.27	天津
5	财富里昂证券有限责任公司	5.00	上海
6	财富证券有限责任公司	21.36	湖南
7	财通证券有限责任公司	14.00	浙江
8	长城证券有限责任公司	20.67	深圳
9	长江证券承销保荐有限公司	1.00	上海
10	长江证券股份有限公司	23.71	湖北
11	川财证券经纪有限公司	0.93	四川
12	大通证券股份有限公司	22.00	大连
13	大同证券经纪有限责任公司	1.00	山西
14	德邦证券有限责任公司	10.08	上海
15	第一创业证券股份有限公司	19.70	深圳
16	东北证券股份有限公司	6.39	吉林
17	东方证券股份有限公司	42.82	上海
18	东海证券有限责任公司	16.70	江苏
19	东莞证券有限责任公司	15.00	广东
20	东吴证券股份有限公司	20.00	江苏
21	东兴证券股份有限公司	20.04	北京
22	方正证券股份有限公司	61.00	湖南
23	高盛高华证券有限责任公司	8.00	北京
24	光大证券股份有限公司	34.18	上海
25	华福证券有限责任公司	5.50	福建

续表

序号	公司名称	注册资金/亿元	注册地
26	广发证券股份有限公司	29.60	广东
27	广州证券有限责任公司	14.34	广东
28	国都证券有限责任公司	26.23	北京
29	国海证券股份有限公司	7.17	广西
30	国金证券股份有限公司	10.00	四川
31	国开证券有限责任公司	58.70	北京
32	国联证券股份有限公司	15.00	江苏
33	国盛证券有限责任公司	5.93	江西
34	国泰君安证券股份有限公司	61.00	上海
35	国信证券股份有限公司	70.00	深圳
36	国元证券股份有限公司	19.64	安徽
37	海际大和证券有限责任公司	5.00	上海
38	海通证券股份有限公司	82.28	上海
39	航天证券有限责任公司	6.00	上海
40	和兴证券经纪有限责任公司	3.31	四川
41	财达证券有限责任公司	14.17	河北
42	恒泰长财证券有限责任公司	0.56	吉林
43	恒泰证券股份有限公司	21.95	内蒙古
44	红塔证券股份有限公司	13.87	云南
45	宏源证券股份有限公司	14.61	新疆
46	华安证券有限责任公司	24.05	安徽
47	华宝证券有限责任公司	15.00	上海
48	华创证券有限责任公司	5.00	贵州
49	华林证券有限责任公司	8.07	深圳
50	华龙证券有限责任公司	21.53	甘肃
51	华融证券股份有限公司	30.03	北京
52	华泰联合证券有限责任公司	10.00	深圳

续表

序号	公司名称	注册资金/亿元	注册地
53	华泰证券股份有限公司	56.00	江苏
54	华西证券有限责任公司	14.13	四川
55	华鑫证券有限责任公司	16.00	深圳
56	江海证券有限公司	13.63	黑龙江
57	金元证券股份有限公司	31.74	海南
58	联讯证券有限责任公司	1.16	广东
59	民生证券有限责任公司	21.77	北京
60	南京证券有限责任公司	18.79	江苏
61	平安证券有限责任公司	30.00	深圳
62	齐鲁证券有限公司	52.12	山东
63	日信证券有限责任公司	6.00	内蒙古
64	瑞信方正证券有限责任公司	8.00	北京
65	瑞银证券有限责任公司	14.90	北京
66	山西证券股份有限公司	24.00	山西
67	开源证券有限责任公司	5.00	陕西
68	上海证券有限责任公司	26.10	上海
69	申银万国证券股份有限公司	67.16	上海
70	诚浩证券有限责任公司	2.01	辽宁
71	世纪证券有限责任公司	7.00	深圳
72	首创证券有限责任公司	6.50	北京
73	太平洋证券股份有限公司	15.03	云南
74	天风证券股份有限公司	8.37	湖北
75	天源证券经纪有限公司	1.84	青海
76	万和证券经纪有限公司	1.25	海南
77	万联证券有限责任公司	11.50	广东
78	五矿证券有限责任公司	8.80	深圳
79	西部证券股份有限公司	12.00	陕西

续表

序号	公司名称	注册资金/亿元	注册地
80	西藏同信证券有限责任公司	6.00	西藏
81	西南证券股份有限公司	23.23	重庆
82	厦门证券有限公司	0.50	厦门
83	湘财证券有限责任公司	29.97	湖南
84	新时代证券有限责任公司	14.63	北京
85	信达证券股份有限公司	25.69	北京
86	兴业证券股份有限公司	22.00	福建
87	银泰证券有限责任公司	10.00	深圳
88	英大证券有限责任公司	12.00	深圳
89	招商证券股份有限公司	46.61	深圳
90	浙商证券有限责任公司	29.15	浙江
91	中德证券有限责任公司	10.00	北京
92	中航证券有限公司	13.26	江西
93	中国国际金融有限公司	10.37	北京
94	中国中投证券有限责任公司	50.00	深圳
95	中国民族证券有限责任公司	13.94	北京
96	中国银河证券股份有限公司	60.00	北京
97	中山证券有限责任公司	13.55	深圳
98	中天证券有限责任公司	10.38	辽宁
99	中信建投证券有限责任公司	61.00	北京
100	中信证券(浙江)有限责任公司	8.85	浙江
101	中信万通证券有限责任公司	8.00	青岛
102	中信证券股份有限公司	110.17	深圳
103	中银国际证券有限责任公司	15.00	上海
104	中邮证券有限责任公司	5.60	陕西
105	中原证券股份有限公司	20.34	河南
106	众成证券经纪有限公司	0.63	深圳

续表

序号	公司名称	注册资金/亿元	注册地
107	华英证券有限责任公司	8.00	江苏
108	第一创业摩根大通证券有限责任公司	8.00	北京
109	摩根士丹利华鑫证券有限责任公司	10.20	上海
110	上海国泰君安证券资产管理有限公司	8.00	上海
111	上海东方证券资产管理有限公司	3.00	上海

附录3 常用画面操作快捷键

操作热键	热键功能
Ctrl-P、Ctrl-N	切至前一天、后一天在以“天”为单位的画面中(例如:涨跌幅排名等),按这两个组合键,就可以把画面往前或往后切一天
-	自动翻页开关如果在某一个画面中按了自动翻页开关“-”,这个画面就会开始每隔若干秒翻一页再按一下开关“-”,它就会停止翻页。相当于系统每隔若干秒按一下 Page Down
↑、↓	技术分析画面中放大、缩小图形
←、→	左右移动游标
Home、End	游标移至最前、最后
Page Up、Page Down	上一个股票、下一个股票或者上一页、下一页
*、/	技术分析画面中上一个指标、下一个指标
Esc	关闭当前窗口一般情况下都是指关闭整个画面窗口。不过也有例外的:在技术分析画面中,如果曾经单击鼠标,显示出明细小窗口,在这种情况下按 Esc 键,就是把这个明细小窗口隐藏起来
+	通过“+”可以切换子功能窗口的显示内容
Tab	在个股分析画面和智能报表画面,通过 tab 依次切换画面下方标签。
Alt-F10	权息校正
Alt-P	打印当前画面
Alt-Z	将当前商品加入到“自选股板块”
Ctrl-Z	将当前商品加入到板块
Ctrl-F1	于技术分析画面显示当前指标说明
Shift-F1	显示当前画面的系统操作说明
F10	当前商品的 F10 资料
11+Enter	当前商品的基本资料(财务数据简表)
01+Enter(或者 F1)	即时分析画面切换至分笔成交明细技术分析画面切换至每日成交明细
02+Enter(或者 F2)	即时分析画面切换至价量分布图
05+Enter(或者 F5)	即时走势画面、技术分析画面、多周期同列画面间循环切换
08+Enter(或者 F8)	在技术分析画面切换周期类型

附录4 网上证券委托协议

委托人：

证券公司：

委托人利用证券公司在因特网(INTERNET)上的网上证券交易站点(网站地址为：　　)以网上交易的形式委托证券公司代理有价证券买卖和银行保证金转账业务时,就甲乙双方应注意的问题达成以下协议,以兹共同信守。

第一条　委托人申请使用证券公司网上委托方式进行交易,必须亲自到证券公司或证券公司授权的代理处办理因特网证券买卖委托和银行保证金转账开户手续。

第二条　委托人承诺其用于网上证券委托的电脑系统是安全可靠的,对于因委托人电脑系统性能、质量或各种故障,感染病毒,以及被非法入侵等原因而给委托人造成的损失,证券公司不承担任何责任。

第三条　委托人开户以及因特网交易功能确认后,证券公司提供密钥盘一只。如密钥盘损坏,委托人必须本人到开户营业部更换新盘,对于委托人因密钥盘丢失引起的一切后果,由委托人自己负责。

第四条　证券公司郑重提醒委托人务必注意交易密码和资金密码的保密以及密钥盘的保管,并建议委托人定期变更密码,不要使用与个人数据有关的密码。凡是使用委托人密码和密钥盘在委托人资金账户进行的一切网上证券交易和银行转账服务,均视为委托人亲自办理之有效委托,证券公司对此不负任何责任。

第五条　证券公司郑重提醒委托人在网上交易结束后应同时关闭交易程序。对于因委托人原因而导致他人冒用委托人名义进行的一切操作,均视为委托人亲自进行之操作,证券公司对此不负任何责任。

第六条　委托人通过因特网下达的证券交易委托和银行转账服务,以证券公司的电脑记录为准。委托人对其委托的各项交易活动的结果承担全部责任。

第七条　证券公司网站提供的资讯仅供参考,委托人据此而作出的投资决策而招致的任何实际或潜在的损失,证券公司不负任何责任。

第八条　本协议项下证券买卖和银行保证金转账均采用电脑无纸化交易。委托人可以利用××证券股份有限公司网上委托查询经委托人确认的委托和清算交割结果以及银行转账对账单,也可亲自到证券公司处索取书面的交割对账清单。

第九条　委托人通过因特网证券交易委托方式所下达的买卖委托均以电脑记录资料为准,因此产生的法律后果由委托人承担。

第十条　对于委托人有下列故意行为之一的,证券公司有权中止其网上交易的资格,并无需做出任何补偿:

1. 可能造成证券公司网站、营业部全部或局部的服务受影响,或危害证券公司网站的运行。

2. 在证券公司网站内从事非法的商业行为,发布涉及政治、宗教、色情或其他违反国家有关法律和政府法规的文字、图片等内容。

3. 对证券公司网站内的任一数据库中数据进行恶意下载。

第十一条　委托人应清楚任何交易方式均有一定风险。例如电话委托有可能给人偷听和证券盗买盗卖,因特网证券交易委托同样有类似的风险。当发生以上情况或类似情况时,证券公司将不负任何法律责任和经济责任。

第十二条　本协议一经签署,委托人即被视作对证券主管机关制定的有关法规及对本协议内容有充分的理解和认可。

第十三条　证券公司有权随业务发展而修改或增补本协议内容,并以书面形式公布或直接通知委托人,委托人如不同意证券公司修改或增补的内容,必须在证券公司公布或通知之日起一周内到证券公司办理中止本协议手续,否则视委托人同意新协议内容。

第十四条　一切涉及本协议所指因特网证券交易委托的争议,双方应友好协商解决,未能达成一致的,任何一方均可将提交苏州仲裁委员会采用仲裁程序解决争议。

第十五条　对委托人采用因特网证券交易委托方式的权利和义务、责任,均以甲、乙双方签署的《代理证券买卖协议书》为准,本协议为《代理证券买卖协议书》的附件。

第十六条　本协议一式两份,甲乙双方各执一份,具有同等法律效力。本协议以双方签字之日起生效,至本协议所指证券账户销户时为止。

委托人(签名):________(或授权代理人):__________

身份证号码:______________________

邮编及通讯地址:____________________

联系电话:________________________

证券账户卡:

证券公司:(盖章)

经办人:_____

年　　月　　日

附录5　实训项目报告样本

实训项目报告

项目名称	
实训目的	
实训要求	
报告内容	一、实验内容 二、实验基本步骤 三、实验数据记录和处理 四、实验结果与分析 五、讨论、建议、质疑
实验结论	

参考文献

[1]吴晓求.证券投资学[M].3版.北京:中国人民大学出版社,2009.
[2]秦艳梅,王忠国.证券交易实践[M].北京:经济科学出版社,2007.
[3]韩大海,王淑英.证券交易[M].2版.北京:机械工业出版社,2009.
[4]中国证券业协会.证券交易[M].北京:中国财政经济出版社,2012.
[5]中国证券业协会.证券投资分析[M].北京:中国财政经济出版社,2012.
[6]刘平.证券投资实训手册[M].北京:机械工业出版社,2010.
[7]黄海沧.证券投资实训教程[M].杭州:浙江大学出版社,2010.
[8]普林格.技术分析[M].北京:中国财政经济出版社,2009.
[9]亚历山大 G J,夏普 W F,等.投资学基础[M].北京:电子工业出版社,2010.
[10]张文云.证券投资实验教程[M].北京:中国金融出版社,2006.
[11]孙可娜.证券投资实训[M].大连:东北财经大学出版社,2006.
[12]王静.证券投资概论[M].北京:中国金融出版社,2006.
[13]张为群.证券投资实验与实训[M].北京:化学工业出版社,2008.
[14]沈强.证券投资理论与实务[M].杭州:浙江大学出版社,2006.
[15]本杰明·格雷厄姆.证券分析[M].6版.北京:中国人民大学出版社,2013.
[16]邢天才,王玉霞.证券投资学[M].3版.大连:东北财经大学出版社,2012.
[17]尼森.股票K线战法[M].北京:中国宇航出版社,2007.
[18]姜国华.财务报表分析与证券投资[M].北京:北京大学出版社,2008.